孙子兵法与经理人统帅之道

洪兵 著

SUN TZU'S ART OF WAR AND THE GENERALSHIP FOR MANAGERS

中国社会科学出版社

图书在版编目(CIP)数据

孙子兵法与经理人统帅之道/洪兵著. —北京：中国社会科学出版社，2005.1（2018.6重印）

ISBN 978-7-5004-4728-3

Ⅰ.①孙⋯　Ⅱ.①洪⋯　Ⅲ.①孙子兵法—应用—企业管理　Ⅳ.①D422.7-64

中国版本图书馆 CIP 数据核字（2004）第 111081 号

出 版 人	赵剑英
责任编辑	黄　山
责任校对	张文池
责任印制	李寡寡

出　　版	中国社会科学出版社
社　　址	北京鼓楼西大街甲 158 号
邮　　编	100720
网　　址	http://www.csspw.cn
发 行 部	010-84083685
门 市 部	010-84029450
经　　销	新华书店及其他书店

印刷装订	北京君升印刷有限公司
版　　次	2005 年 1 月第 1 版
印　　次	2018 年 6 月第 8 次印刷

开　　本	787×1092　1/16
印　　张	15.25
插　　页	2
字　　数	236 千字
定　　价	48.00 元

凡购买中国社会科学出版社图书，如有质量问题请与本社营销中心联系调换
电话：010-84083683
版权所有　侵权必究

目　　录

前　言 ··· 1

导论：孙子与《孙子兵法》 ··· 1

一、计　篇 ··· 11
　　兵者，死生之地，存亡之道。战争是人类社会最残酷的竞争，它是解决政治问题的最后一种手段，它用实力说话，它用流血的方式来最终强迫失败者臣服。战争的结局，直接决定一个国家的命运，并且是用"生"与"死"、"存"与"亡"这惨痛的代价和最极端的选择来决定一个国家的命运。当你在战争中失败，必须接受"死"与"亡"的现实，没有讨价还价的余地，也没有改正错误的机会。因此，国家的主宰者，战争的决策者，对战争问题不能有丝毫忽略，必须认真对待。

二、作　战　篇 ··· 33
　　战争是力量与力量的对抗，从力量的物质基础着眼，从支撑战争力量的各种现实或潜在的资源入手，符合战争认识和实施的规律，并且具有非常重要的现实指导意义。这种指导意义不仅表现在军事领域，也同时表现在其他领域。一位经济领域的战略学家说过：企业竞争必须时刻关注你所掌握的资源，对于竞争者来说，资源总是不足的。

三、谋　攻　篇 ··· 41
　　中国战略所说的"全争"，指的是一种在更大范围和更高层次的战略性对抗。中国战略家力求将血淋淋的战争厮杀提升为战略统帅之间的智力较量，并从中得到一种至善的结果和至美的感觉。这种战略的追求和境界，是西方战略所不具备的。中国战略追求完美的这种特性决定并铸就了它自身的完美，并体现出一种与西方战略完全不同的魅力。

四、形 篇 ··· 60

最辉煌的胜利，最高妙的战略，必须超出一般人的策略思考，超越通常的胜利形式。那种通过浴血奋战才能实现的战略和取得的胜利，不是"善之善者"。保己而不可胜，避免了战争发生，达成自己的战略目的，在表面上看不出智与勇，实际却是大智大勇，是一种隐藏于无形之中不会被常人所察觉到的大智大勇，这才是"善之善者"。

五、势 篇 ··· 74

"势"不仅表现在力量与其周围条件联系而构成最佳的组合形态，而且表现为力量能够充分借助周围条件而成倍地增大自己的能量。力量自身要形成一种最有利于借助外界条件的形态。力量要处于有利的位势上。力量借助于有利的位势而发挥作用，从而形成巨大的能量，达到预期的目的，如圆石从高山上滚动而下。这种借助的过程充满了"顺应"和"惯性"的动感，力量在这种动感中得到猛增——这就是"势"。

六、虚实篇 ··· 87

虚实，反映了力量的两种基本形态，并在双方力量对抗中显现出来。它是反映双方力量对抗的一个非常重要的对立统一范畴。这个范畴揭示了力量对抗的基本规律，形成了"避实击虚"的重要战略战术原则。在把握"虚实"基础上，中国战略强调掌握战场主动，强调如何将我的意志强加于敌。我想战的时候，敌人不得不与我战；我不想战的时候，敌人不得与我战。将残酷的战争放置于"画地而守之"的笑谈之间，把敌人玩弄于股掌之中——这就是中国战略家的气魄！

七、军 争 篇 ··· 111

在现实中，无论什么样的竞争和对抗，都要隐真示假，要趋利避害，要不断变化，而变化无非基于"分"与"合"两种形态。我们把竞争中的无数现象归纳一下，可以发现它们都不会离开孙子说的"以诈立"、"以利动"、"以分合为变"这三个基本要点。我们如果能够深刻理解这三个基本要点，就可以从根本上操纵竞争、对抗中各种各样的复杂现象。

八、九 变 篇 ··· 127

兵无常势，水无常形。用兵之术，知变为大，以变合于事。在中国战略家看来，人们所认识和指导的对象都是变化的。中国战略特别关注这个"变"字，在"变"中将自己掌握的各种战略方法灵活组合起来，在"变"中将对手的弱点暴露出来，在"变"中形成一种有利于自己的战略平衡，在"变"中寻找出奇制胜的良策。"变"，是战略运筹的灵魂；"变"，是战略指导中永恒不变的一个原则。

九、行 军 篇 ……………………………………… 140

合之以文，齐之以武。纵观我们古往今来各个不同领域的管理方法，都离不"文"与"武"这两个字。这两个字分别针对人类本性和行为发生的基本动因而提出来的。人有精神追求的一面，也有物质追求的一面；有其理性的一面，也有其非理性的一面；有趋利的一面，也有避害的一面。"文"，是一种作用于道义的力量，强调思想心理的作用结果，控制着人的精神追求，左右着人的理性施向；"武"，是一种体现于物质的力量，强调有形的生存性的作用结果，控制着人的物质追求，左右着人的非理性施向。"文"，是基于趋利上的诱导；"武"，是基于避害上的制服。

十、地 形 篇 ……………………………………… 152

用现在的战略术语表述，"地"是指战略双方对抗的"空间"，这里面包括地势的高低、距离的远近、自然或人文的地理环境，以及双方兵力部署所形成的战场位置关系等等。古往今来，许多作战成功或者失败的例子，都与地形的选择有关，或者与在某种地形上部署兵力的对错有关。因此，认识和处理好"人"与"地"的关系，借"地之助"去求"兵之利"，反映了战略家和军事家的素质和能力。综观历史，真正的战略家和军事家，都是熟悉地理和地形的专家。

十一、九 地 篇 ……………………………………… 162

把握战略空间，必须考虑自己军队的协同，军队部署则要成为一个严密的整体。孙子将其形象比喻为一种名叫"率然"的恒山之蛇，首尾相接，首尾相顾。部队这种作战状态，是军事将领所追求的一种理想的状态。任何一位军事将领都特别希望他的部队能像"率然"一样，具有完美的整体感和协调感。在军事将领们看来，部队不仅要管理有序，行动迅速，而且要协同一致。无论遇到什么情况，整个部队都能够围绕着一个目的统一行动，首尾相接相至，浑然为一体。

十二、火 攻 篇 …………………………………………… 182

在战略决策中，一种违背"合于利而动"的举动，就是以冲动代替理智，以感情代替利益。在历史上，有许多战略统帅，在关键的时候情绪激动，拍案而起，不计得失，不合于利而动，结果招致了失败。所以，孙子说，战争的决策者千万不可感情用事，"主不可以怒而兴军，将不可以愠而致战"。我们应当牢牢记住孙子的这一提醒。

十三、用 间 篇 …………………………………………… 187

"用间"，是战略上实现"先知"的主要手段。要重视"用间"，要重视用"反间"，要重视用"上智之间"。我们应当全力投入于"用间"的较量，这是一场"三军之所恃"的战略对抗，充满了风险，充满了智慧，体现了战略家们"用间"的大智大勇。

附录一：《孙子兵法》名言 …………………………… 196

附录二：《孙子兵法》原文 …………………………… 198

附录三：《孙子兵法》译文 …………………………… 208

前　言

　　《孙子兵法》是2500年以前中国著名军事家孙武撰写的一部兵书。在2500年后的今天，这部兵书不仅没有被人们遗忘，反而受到更大范围和更高程度的关注。孙子的思想，不仅在军事领域，而且在政治、经济、外交、体育等各个领域得到广泛的应用。现代经济领域中许多著名企业家，都是依据孙子思想而寻找到商战制胜灵感的。在体育界，巴西足球教练斯科拉里称自己带着《孙子兵法》出征世界杯赛，并获得了冠军。目前，《孙子兵法》被许多国家的军事院校和商业学院列为必修课程。据有关资料统计，在企业家们阅读最多的书目中，《孙子兵法》排在了首位；在最近美国畅销书的排行榜中，《孙子兵法》列在第二位。

　　面对当今世界《孙子兵法》应用的热潮，我们必须尽快地将《孙子兵法》的研究向应用领域转移，而首先要回答的问题是：《孙子兵法》在当代为什么备受重视？《孙子兵法》具有哪些当代应用价值？

（一）《孙子兵法》深刻揭示了竞争规律，是制胜之道，能够帮助我们在当今激烈的竞争中立于不败之地

　　竞争，是一种普遍的社会现象，是推动社会发展的动力。一个国家或一个企业，要想生存和发展，必须在竞争中战胜对手，必须在竞争中证明和增强自己的实力。不敢面对竞争的懦者，不善于应对竞争的拙者，都将被竞争的大潮无情淘汰。我们要想成为竞争中的强者和胜者，就必须认识竞争的规律，掌握制胜之道。在这方面，《孙子兵法》能够给予我们最有价值的指导。

　　战争，是一种典型的竞争，是一种最为残酷的竞争。《孙子兵法》通过对战争规律的深刻阐述，揭示了竞争的普遍规律。例如，"故胜兵若以镒称铢，败兵若以铢称镒"，深刻指出竞争是建立在力量对比基础

上的,揭示了竞争中强胜弱败的客观规律。"地生度,度生量,量生数,数生称,称生胜",深刻揭示了力量的生成规律,并告诉我们:力量的对比取决双方力量的数量和质量,力量的数量和质量取决于国家的大小、贫富等各种综合条件。"合于利而动,不合于利而止",揭示了力量发生作用的内在决定因素和因果关系。"故兵无常势,水无常形","故善战人之势,如转圆石于千仞之山者,势也",指出力量通过"形"和"势"发生作用,揭示了力量发生作用的外在形式和外在条件。"兵之所加,如以碫投卵者,虚实是也","夫兵形象水,水之形,避高而趋下;兵之胜,避实而击虚",指出力量的构成包括"有形"、"无形"等多种因素,有"虚"、"实"之分,并揭示了力量发生作用应当遵循的"避实而击虚"战略原则。

在深刻揭示竞争规律的基础上,孙子提出了一系列非常有价值的竞争制胜之道。例如,"知彼知己,百战不殆",指出要想获得胜利必须了解敌我双方情况。这是竞争中的一个基本法则,在当前信息社会的竞争中特别受到重视。"先为不可胜,以待敌之可胜",提出了"自保而全胜"、"先胜而后战"的制胜之道。"凡战者,以正合,以奇胜","战势不过奇正,奇正之变,不可胜穷也",提出了"出其不意"、"出奇制胜"的制胜之道。"故善战者,致人而不致于人",提出"力争主动"、"力避被动"的制胜之道。"故形人而我无形,则我专而敌分",提出"集中兵力"的制胜之道。"取用于国,因粮于敌",提出巧妙借用敌之力量的"胜敌而益强"的制胜之道。孙子还在总体上对制胜之道进行高度凝练的总结概括,例如,"故兵以诈立,以利动,以分合为变";"故策之而知得失之计,作之而知动静之理,形之而知死生之地,角之而知有余不足之处"。

我们要看到,当今时代,是一个激烈竞争的时代。在这个时代,世界环境发生着巨大的变化,战略格局在向一种新的形态过渡,人类社会酝酿着重大的变革。这是一个快节奏的时代,是一个创新的时代,但同时又是一个充满矛盾和陷阱的时代,并且强烈体现"适者生存"、"优胜劣汰"的自然法则的时代。强者将会在很短时间里奇迹般获得成功,弱者也将会被迅速而无情地淘汰出局。在这种情况下,各国纷纷调整自己的战略,争夺战略优势地位,掌握战略主动权。就企业界而言,许多大公司都明显感到竞争对手增多,竞争压力增大。我们还要看到,当今时代的竞争,是激烈的竞争,同时又是一种趋向于无序的状态的竞争：人与自然的矛盾更加突出，导致冲突的隐患增多，竞争关系充满着更多不确定性，竞争的结果更多的不是"全胜"而是"两败俱伤"或"得不偿失"。总之，在许多情况下，人们不是在竞争中得到更多的回报，而是付出更多的难以接受的代价。这种无序的竞争状态，充满着机遇或挑战，充满着神话或偏见，充满着迷茫或激情，人们的价值观念和行为准则在改变，原有的竞争游戏规则在改写。具体到经济领域来看，当前大国经济的低迷，美国大公司的丑闻，一些地区、国家和行业的经济"泡沫"等等现象，都无情地告诫人们，世界经济运行出现了重大问题。美国《哈佛经典·竞争战略》中一篇名为《打一场"运动战"》的文章对当今商业竞争环境的残酷性做了如下描述：

> 最近几年，商业发生了巨大的变化，战争也是如此。我们可以用两个词来概括21世纪的商业环境：动荡不安和混乱无序。来势迅猛的变革浪潮似乎要摧毁一切，各种商机稍纵即逝，不完全信息使原来就不太明朗的局势变得更加扑朔迷离。身处这样的环境，每一位企业管理者都不由得怵然。

在这种情况下，以往人们熟悉的西方竞争理论无法令人信服地解释现实问题，无论是自由的市场经济理论，还是国家宏观干预理论，都已不是灵丹妙药。人们需要重新思考从前的理论，需要寻找新的出路，需要提出新的竞争理念，需要重新建构新的运行机制和模式。总之，当今时代，人们面对激烈的竞争，急于得到新的理性引导。

在这种情况下，《孙子兵法》作为解释竞争规律的顶尖之作，其当代应用价值十分明显地凸现出来，并且展示出引导人们走出现代竞争迷宫的"理性之光"。这种"理性之光"通过《孙子兵法》中一系列"以智克力"、"以柔克刚"、"不战而胜"等深刻思想展示出来，通过蕴涵在其中的"以德服人"、"天人合一"等深刻的哲学命题展示出来。《孙子兵法》将竞争提升到更高的理性层面上来认识，它将竞争放在更大战略范围上来运作；它关注使用力量的正义性，强调竞争的道德前提；它并不主张简单地从力量正面直接的对抗中达成战略目的，而是强调潜在地或无形地使用力量，追求"不争之争"的战略境界，尽可能减少力量对抗的损害，尽可能以最小的代价获得战略结果。这些理念，将会把残酷的竞争导入理性的约束之下，将盲目的对抗规范在有序的框架之中。人们根据这些理念,能够正确地设定自己"争什么"、"跟谁争"、"用什么手段争"、"争到什么程度",从而最大限度地减少竞争对自己、对社会造成的负面影响。《孙子兵法》所倡导的竞争,是一种更为符合人类理性的竞争,它十分适应当今时代的特征,十分符合当今时代的要求,并为当今时代的战略界所推崇。

《孙子兵法》揭示的竞争规律并总结的制胜之道,具有普遍应用价值,其当代应用已经远远超出了军事领域。所以,我们不能把《孙子兵法》当做一般的兵书来看待。

孙子思想跨越了时空,贴近现代的实际,使人们感到这位"孙子",不是昨天的"孙子",而是今天的"孙子"。正如英国空军元帅约翰·斯莱瑟在《中国的军事箴言》一文中所言:"孙子引人入胜的地方在于,他的思想是多么惊人的'时新'——把一些词句稍加变换,他的箴言就像是昨天刚写出来的。"所以,我们不能把《孙子兵法》当做一般的古书来看待。

(二)《孙子兵法》充分展示了战略智慧,是统帅之道,能够帮助我们提高战略思维水平

"战略"是当今时代使用频率非常高的一个概念。"战略"已经从军事领域延伸出来,在各个非军事领域得到广泛的应用。而且,战略在当今时代具有非常高的地位和作用,或者说,当今时代是一个崇尚战略的时代。许多国家或许多企业的事实都可以证明,战略的得失,将直接决定一个国家或一个企业的存亡。

《孙子兵法》充满了战略智慧,是一部战略名著。在这部名著中,孙子揭示了许多战略的奥秘,提出战略统帅如何治军、用兵的原则。

《孙子兵法》一开篇就谈到:"兵者,国之大事也。死生之地,存亡之道,不可不察也。"从而将战争一下子提到国家安全的战略高度来认识,将所论述的问题定位在一个很高的战略层面上。

在战略的基本范畴方面,孙子谈到:"凡治众如治寡,分数是也;斗众如斗寡,形名是也;三军之众,可使毕受敌而无败者,奇正是也;兵之所加,如以碫投卵者,虚实是也。"明确提出了"分数"、"形名"、"奇正"、"虚实"等对立统一范畴。这些范畴都是至今战略领域仍在使用的基本范畴。

在战略的相关要素方面,孙子谈到:"故经之以五,校之以计而索

其情：一曰道，二曰天，三曰地，四曰将，五曰法。道者，令民与上同意也，可与之死，可与之生而不诡也。天者，阴阳、寒暑、时制也。地者，远近、险易、广狭、死生也。将者，智、信、仁、勇、严也。法者，曲制、官道、主用也。凡此五者，将莫不闻，知之者胜，不知者不胜。"这里所提到的"道"、"天"、"地"、"将"、"法"，都是现在战略领域所关注的一些最基本的相关要素。由此也可以看出，孙子强调从战争的全局，从与战争相联系的更大范围去考虑战略问题。

在战略统帅的素质要求方面，孙子提出，"将军之事，静以幽，正以治"，"主不可以怒而兴军，将不可以愠而致战"。后面的这段句话曾经使德国的一位皇帝大发感慨。德国皇帝威廉二世发动第一次世界大战遭到了失败，20年后，他在侨居生活中偶然看到了《孙子兵法》，在读到这段话时大受启发，并说他如果在20年前读到此话，就不会铸成以往失败的大错。

《孙子兵法》通篇能够使人感到一种战略气势。例如，"善守者，藏于九地之下；善攻者，动于九天之上"；"激水之疾，至于漂石者，势也"；"是故善战者，其势险，其节短"。这是一种"千仞之上"的战略气势，追求一种"不战而屈人之兵"、"制形于无形"的战略境界。

战略的时代，特别强调领导者的战略思维。战略思维，就是战略决策者思考战略问题时的过程和方式，是战略决策者主观世界的一种活动。与其他思维形式相比，战略思维有着自己一些与众不同的特征。第一，战略关注全局和长远，是一种"宏观性"全局思维，是一种"前瞻性"的预测思维。这种思维具有一种高屋建瓴、千军万马、叱咤风云的感觉。第二，战略思维所触及的不应是表面的具体的东西，而应是一种深层的本质的东西。认识这种东西，正如毛泽东所说，"眼睛看不见，只能用心思去想一想才能懂得"。从这个意义上说，战略思维是一种"内悟式"抽象思维。这种思维，依靠战略决策者渊博的哲学和专业知识，同时也依靠战略决策者的天赋。形成这种思维，除了理论学习和实践积累之外，还需要有一种独特的体验性的自我修炼。第三，战略是科学和艺术的高度结合的产物。战略作为科学，它是一种理论，总结并反映了竞争的规律和特点，并形成比较完整的学科体系，提出了具有普遍指导意义的原则；战略作为艺术，它同时又是经验，单纯依靠书本和逻辑推理，是无法掌握和运用战略的，必须建立在坚实的实践经验基础之上，应当说，战略思维是科学和艺术的高度统一。

从这个意义上说,战略思维既是一种"严密"的逻辑思维,又是一种"超常"的形象思维。这种思维,要求战略决策者既要有科学的态度,又要有丰富的想像力。

我们掌握战略,提高自身的战略思维水平,必须学习《孙子兵法》。这是因为,正如外国战略专家评论的那样,孙子是系统总结战略思想的第一人,《孙子兵法》是一部最有价值的战略名著。通过上面我们举例可以看到,战略的基本原理和战略家所应有的素质和气势,都在《孙子兵法》中得到最好的解释和展现。

不仅如此,《孙子兵法》以其独特的凝练、抽象和意会的方式揭示战略本质,给人以更深刻的启迪和更广泛的联想,为战略家提供更为贴近实际的方法论指导。《孙子兵法》用十分简练的语言,描绘了战略整体全貌,揭示了战略最本质的逻辑结构。《孙子兵法》中的"兵"代表了"战争"、"军事"、"作战"等多种意思;"道"包含着本体、规律和道义等多项涵义;"虚实"容纳了"强弱"、"有无"、"空实"等多个范畴。《孙子兵法》用了大量形象的比喻来说明一些高深的战略原理,如"夫兵形象水。水之形,避高而趋下;兵之形,避实而击虚";"如转圆石于千仞之山者,势也";"故善用兵者,譬如率然。率然者,常山之蛇也,击其首则尾至,击其尾则首至,击其中则首尾俱至"。《孙子兵法》是一种箴言式的语言表述风格,所表述的观点形象生动,寓意深刻,能够给人们留下非常深刻的印象,便于人们在现实中掌握和应用。

战略是一种高深的学问,战略的真谛很难用逻辑方法触摸到,恰恰是中国的整体思维和独特的文字,能够完整地展现世界表象后面必须用理性感悟的东西,能够提出最有深度的战略思想。只有触及本质,才能旁通万物,才能流传千古。中国古人善用宏观和整体的思维方法,善用形象的比喻,通过意会触及到了战略的本质,说明了战略深奥道理,形成了至今仍有重大现实指导意义的战略思想。面对千变万化的竞争世界,《孙子兵法》给予战略家的不是机械的教条,而是直觉的提示,从而帮助战略家们自如快捷地应对各种复杂的局面。正是这种高度的抽象、精练和浓缩的特征,使《孙子兵法》在把握宏观方面有着明显的优势,使《孙子兵法》在战略领域具有更大的现代应用价值。

《孙子兵法》是战略,是统帅之道,远远超出战术的可操作性的层面,是大智慧,具有更深层次的哲学方法论价值。我们不能把《孙子兵法》等同于一般的谋略来看待,也不能把《孙子兵法》机械地当做一般可操作性的条文看待。

《孙子兵法》是战略,是统帅之道,是领导者必读的教科书。从这个意义上说,作为一名领导者,如果没有认真读过《孙子兵法》,不能不说是一种缺憾。

(三)《孙子兵法》蕴含有丰富的文化内涵,是一项巨大的文化产业,能够帮助我们在经济发展中形成独特的竞争优势

《孙子兵法》蕴含着丰富的文化内涵,虽然只有六千多字,却从多个层面和多个角度反映了中国传统文化,并且构成并展示了中国传统的兵学文化。从社会生产方式和生活方式上看,《孙子兵法》深刻反映了中国古代农耕文明,而这种文明与游牧文明和航海文明有着明显的不同,有着更多的非战和反战的倾向。从哲学上看,《孙子兵法》主要依据道家的哲学思想,同时兼收并蓄了儒家、法家等一些思想,运用中国古代对立统一的辩证法,形成自己的"在德不在险"、"以柔克刚"、"以智克力"、"兵以利动"的兵学哲学体系。从文学上看,《孙子兵法》是一篇非常优秀的文学作品,其博大精深的思想内容,严密简约的章法结构,明快绚丽的语言风格,都达到了很高的水平。中国历史上著名的文艺理论评论家刘勰在其《文心雕龙》中这样评价《孙子兵法》:"孙武兵经,辞如珠玉,岂以习武而不晓文也。"明代的文学家胡应麟则说《孙子兵法》"文章之妙,绝出古今"。我国《孙子兵法》研究专家吴如嵩老师认为《孙子兵法》具有"自然成韵的音律美"、"遣词造句的修辞美"、"谋篇布局的结构美"、"深富思辨的哲理美"和"博大精深的思维美"。总之,《孙子兵法》深刻地反映了中国的历史和中国传统的思维,尤其是中国传统农耕文明的价值观念,集中了道家、儒家、法家等多种思想,用十分简练的文字描述了中国古代军事历史,用形象生动的语言揭示了中国战略深奥的理念。《孙子兵法》称得上中国文化的代表之作。

《孙子兵法》具有丰富的文化内涵。《孙子兵法》具有宝贵的文化价值。当今世界对《孙子兵法》的应用,已经形成一种文化现象,形成了巨大的文化产业。在学术交流方面,已经形成强大的市场需求,并产生巨大的利益回报。中国《孙子兵法》成功举办了五次国际研讨会,第六次国际研讨会将在深圳举办,并且作为一项大型国际文化交

流活动来运作。山东也成功地举办了两届《孙子兵法》应用国际讲坛,产生了很好的反响。许多地方也都在举办各种类型的《孙子兵法》学术交流活动。仅美国就有《孙子兵法》研究团体一百多个。在教育培训方面,《孙子兵法》培训已经在社会各个领域展开,在北京有的《孙子兵法》短期培训班的入场券价值高达五千多元。北京大学国际MBA已在山东成功举办了《孙子兵法》实地体验教学,并将这种教学列为北大正式课程。中国高等院校也成立了《孙子兵法》研究会。在影视出版方面,社会上关于《孙子兵法》的出版物非常多,并且销售量名列前排。上海亚洲电视艺术制作中心出巨资正在摄制大型专题片《孙子兵法——中国将校世纪谈兵》。据说,香港的成龙准备投资六亿拍摄《孙子兵法》。在特色旅游方面,孙子的故乡、孙子建功立业的地方,以及成功运用《孙子兵法》的古代、近代战场,已经被旅游界所关注,都将成为今后旅游的热点地区。在文物研究和鉴赏方面,临沂银雀山竹简馆已经成为世界瞩目的地方,许多与《孙子兵法》有关的文物复印品和纪念品,在市场上占有很大的分量。由于《孙子兵法》的文化带动作用,与中国古代军事有关的中国古代名将、中国古战场、中国古兵器等方面的文化开发也展现出广阔的前景。

今天,我们应用和弘扬《孙子兵法》,不仅是一项伟大的事业,而且也是一项巨大的文化产业。在当今知识经济时代,知识已经走出象牙之塔作为商品进入了市场。知识的价值体现不仅局限于无形之中,也体现在有形之中,它将通过巨大的财富回报而实实在在地被人们所感知。《孙子兵法》的现代应用价值不仅表现在它对企业家的指导上,同时也充分表现在它自身知识的开发,以及它作为文化而满足人们的精神需求等方面。

目前世界文化产业正在进入一个飞速扩张的时代。许多国外的政要、专家学者,不约而同都将其看成是21世纪全球经济一体化时代的朝阳产业。他们甚至断言,21世纪的经济将由文化与产业两个部分构成,文化必将构成经济进步的新形象。中华民族有着五千年悠久的历史和灿烂的文化,有着多民族创造、兼融和共构一个伟大的文化共同体的辉煌。其文化累积之丰厚、文化形态之多样和文化哲学之深刻,是世界上其他国家少有的。有专家指出,在一个开放的国际文化环境中,越是强势的文化,就越有市场优势。到2005年,大致上中国文化产品的消费能力将达到5000亿元,这么大的一块市场蛋糕,正虎视眈眈的外国资本是绝不会轻易放过的。1999年，美国大片《木兰》已经向我们敲响了警钟：中国的文化资源已经国际传媒之手转化为文化产品，成为中国文化产业界强大竞争对手。《孙子兵法》是中国文化的重要组成部分，并且对世界文化具有非常大的影响力。我们一定要从弘扬中华民族文化的高度来重视《孙子兵法》的产业开发，并且要具有一种维护中华民族文化资源的高度危机感和责任感来加强《孙子兵法》的产业开发。我相信，随着《孙子兵法》产业的开发，这部古老的兵书，将会焕发出新的青春活力，将会以一种新的面貌展现在人们的面前。

（四）本书的写作目的与设想

目前，人们发现了《孙子兵法》的现代应用价值，并将《孙子兵法》广泛应用于现实。在这种广泛的现代应用中，人们不仅在古人深邃的思想中获取启迪，同时又为《孙子兵法》注入了新时代的活力。在这一方面，我们不得不承认，作为《孙子兵法》诞生地的中国，虽然在《孙子兵法》史学考证、文献研究等方面具有别人无法相比和无法替代的优势，但在现代应用方面却大大落后了。所以，我们不能愧对祖先，必须责无旁贷地占领《孙子兵法》现代应用研究的制高点。我们应当承担起"为往圣继绝学"的历史责任，必须在《孙子兵法》的现代应用研究中重新找回中华民族的自豪感。

我正是为了《孙子兵法》的现代应用的需要而撰写这部书的。为了这个目的，我在该书的总体设计上力争达到以下几个方面的要求。

1. 为读者阅读和理解《孙子兵法》提供方便

从现有的《孙子兵法》注释版本来看，多为原文注释加上战例评说的方式。我们不能否认这种方式的作用，但在《孙子兵法》的阅读和理解上还不够完整和方便。譬如说，读者在古文解释对照时比较费劲，选编的战例大致雷同，有一些牵强附会，错漏较多。因此，我在保持《孙子兵法》原文体系的基础上，按照其原有十三篇的框架和各篇的段落排列，采用一种向现代应用自然扩展的论述方式，通过讲座式的夹叙夹议的语言风格，将原文解读、理解体会和现实启示有机地融为一体，使古文与现代表述方式自然沟通，将《孙子兵法》变为一部现代读本，使读者能够自然、轻松、完整并且直接准确地掌握这部古兵书的深奥理论。

2. 更加深刻地把握《孙子兵法》的内涵和理念

目前，许多版本在解释《孙子兵法》上有很大的问题，理解也有很大的偏差，甚至与孙子的原意是相悖的。产生这些问题有多方面的原因，既包括一些解释者的学术水平肤浅，也包括中国古人特有表述方式客观造成的理解的多样性。所以，我们不但要根据古文要求解释清楚《孙子兵法》的词语，还要将这些词语放在其上下文的整体框架中并从孙子论述的整体逻辑顺序上来阐释其文字背后的思想内涵。为此，我们不仅要有比较扎实的古汉语基础，而且还需要具备较高的专业知识水平，尤其是军事专业和战略专业的知识水平。细心的读者会发现，本书在一些原文分段、标点、选择版本和注释等方面，与现流行的大多数版本不同，有些属于勘误，有些则属于用军事和战略专业理论重新梳理。

除此之外，要想真正准确地认识和理解《孙子兵法》的内容，还应当从更大范围和更深层次上研究《孙子兵法》，特别是要从中国古代传统文化的层面去理解。《孙子兵法》采中国百家之长，兼收并蓄了中国古代许多优秀的思想，有着非常深厚的中国古代传统文化底蕴。要想从更深的层面上掌握《孙子兵法》的思想，仅仅读《孙子兵法》原文是不够的。我们还要学习一些中国古代道家、法家和儒家等学派的名著，如老子的《道德经》。需要了解中国历史和中国哲学。基于这种考虑，我在前人古文注释的基础上，力争为读者多提供一些相关专业上的知识和更多的文化背景，以使读者们对《孙子兵法》理解得更全面、更深刻一些。

在现实的应用中，或许可以这样说，越是宏观和抽象的理念，反而越容易贴近现实和控制现实；越是易于变通的"简单"道理，反而越是能够处理好更为复杂的事情。《孙子兵法》恰恰具备了这种"宏观"和"简单"的特性，而这正是西方思维方式所不具备的。面对千变万化的竞争世界，《孙子兵法》给予战略家的不是机械的教条，而是直觉的提示，从而帮助战略家们自如快捷地应对各种复杂的局面。正是这种高度抽象、精练和浓缩的特征，使《孙子兵法》在把握宏观方面有着明显的优势，使《孙子兵法》在战略领域具有更大的现代应用价值。为了将《孙子兵法》在现实中应用好，我们一定要在把握《孙子兵法》的理念上下功夫。我写本书的着力点,并不是在于帮助读者学习一些古文,了解一些古代知识,也不是学习一些具体的谋略和战法,而是要掌握一种驾驭全局的意识,领悟到一种"以不变应万变"的感觉。这种意识和感觉,要求的是对最本质问题捕捉和表达的准确,要求的是对更深层理念的认识和发掘,而不是具体细节上的细腻。形象地说,我想给读者们的或者说尽量帮助读者们得到的,是方法论,是"渔"而不是"鱼"。

3. 把对《孙子兵法》的认识提升到战略层面上

《孙子兵法》是大智慧,它的主要价值体现在战略指导上。我们只有把《孙子兵法》的认识提升到战略层面上来,才能够把《孙子兵法》真正用好用精,它的真正价值才能够充分体现出来。我的这部书可以视为一部战略教程。

从战略层面上应用《孙子兵法》,就是要从战略所要求的更高的理性和更深的道义内涵去认识和应用《孙子兵法》。由于《孙子兵法》从哲学的深层上阐释了力量对抗的普遍规律,提出了从宏观整体上运用力量达成胜利目标的基本原则,所以说,这部名著已经不是简单意义上的战争著作,而是能够从各个方面给人以启迪的思想性的论著。这部名著,不仅直接阐述了在军事领域如何制胜,而且也间接地道明了在其他领域如何竞争的一些基本原理,并且特别强调了这些基本原理如何在正确的价值观约束下发挥作用。我们非常高兴地看到,《孙子兵法》所倡导的和平理念,已经被越来越多的人所认识。我们今天在经济竞争中运用《孙子兵法》,本身也是在和平地利用这部伟大的兵书。所以,我们不能将《孙子兵法》简单地看作是一部兵书,不能不加分析和不加任何道德前提地把军事领域的原则往其他领域生搬硬套。我们要将《孙子兵法》用于和平目的,将竞争导入理性约束范围之内。

基于这种考虑,本书力求从战略所要求的高度上将《孙子兵法》中有普遍应用价值的理念抽象出来,帮助读者掌握一些带有普遍性的竞争规律和原则,学到一些着眼长远、驾驭全局的本领。本书着重帮助读者从战略角度去理解、分析《孙子兵法》中的深层原理,把握住其中现代应用的精要,例如:"不战而屈人之兵"、"以迂为直"、"兵无常势水无常形"、"合于利而动"、"择人而任势"、"致人而不致于人"、"知彼知己"等等。对于《孙子兵法》中行军、选择地形、火攻等一些具体作战内容，本书不准备花费太大的工夫展开讲解。我认为，对于《孙子兵法》的应用性理解，只要准确把握住其基本原理的涵义就足够了，至于一些字和词如何解释或如何发音，孙子的出生在什么地方或去世于什么时间，可以留给史学专家们去研究，我们不必过多纠缠于具体的学术细节。

从战略层面上掌握《孙子兵法》中普遍应用的理念，只是依靠本书的讲解是远远不够的，并且有些深奥的战略理念靠一般的语言也是讲不清楚的，这需要读者发挥自己的主观能动性，有意识地掌握并运用一些战略家特殊的认知方法。其中一个认识方法，就是中国战略强调的"悟"，就是要用自己潜意识的感受去掌握一些高深的道理。有的人将《孙子兵法》倒背如流，但却没有入道。我有一种体会，学习《孙子兵法》，其中许多深刻道理，很难用逻辑推理的方式掌握，也很难用语言完全表达清楚。这就是老子所说的"道可道，非常道"的意思。这需要我们在大量的实践经历和经验积累的基础上，调动自己的思辨能力，去感悟其中隐藏在文字后面的那些内在东西。学习《孙子兵法》，一遍是不行的，要在自己认知能力不断提高的基础上，反复去体会和揣摩，不断地去接近《孙子兵法》中所包含的绝对真理。从这个意义上说，我在本书所做的工作，绝不是做结论，而是为读者提供深入思考的"引子"。我在本书所说的，并不是什么权威性的解释，而是带有提示性的与读者交流的个人体会。

4. 增强《孙子兵法》的现实感

突出《孙子兵法》的现代应用，必须增强《孙子兵法》的现实感。形象地说，就是要使人们感到：《孙子兵法》并不是陈列于博物馆的竹简，而是具有现代色彩的精品教科书；孙子不是古代的孙子，而是今天的孙子。

《孙子兵法》的现实感绝不是硬贴上去的，也不是列举几个现实的应用事例就可以解决的，它只能产生于人们自然的真实感受。为此，我着重把工夫下在以下几个方面：第一，要使中国古代的文字表述与人们现代思维方式自然沟通，通过某些生动形象和自然衔接的解读方式，使人们对古文的认知变得轻松和愉快，甚至变为一种享受。第二，对《孙子兵法》进行"简单化"的整理，以增强人们对《孙子兵法》的普遍认知度，通过这种普遍的认知度实现《孙子兵法》的现实感。

当然，这种整理绝不是一般意义上的由高向低的通俗化、普及性的整理，而是一种深入浅出的"简单化"、厚积薄发的"通俗化"的整理。第三，在解读上尽可能多地将《孙子兵法》中的思想与现实理论和实践对接起来，以增强《孙子兵法》的现实含量。为此，本书着力加强《孙子兵法》基本原理在现实意义上的拓展，注重结合现代战略理念提出有新意和创意的解释。我尽可能地从现实的需要出发并用现代专业战略术语去阐释《孙子兵法》中丰富的内容，尽可能多地向人们展示出《孙子兵法》中那些具有永恒活力的理论和观点，尽可能多地为人们找出《孙子兵法》中那些能够对现实有指导作用的对接点、启示点、延伸点和创新点。

总之，我们不仅要研究《孙子兵法》，而且更要结合现实的需要发展《孙子兵法》。我们要肯定那些由《孙子兵法》引申出来的有现代应用价值的新认识和新观点。我们要肯定那些应用《孙子兵法》原理并将其与其他理论结合而形成的对现实指导有积极意义的新理念。我们要及时将这些观点和理念纳入到《孙子兵法》的研究体系之中，为《孙子兵法》不断增加新的、有价值的内容，使《孙子兵法》这棵智慧之树万世常青，万代繁盛。

在本书出版之际，我要特别感谢北大国际 MBA 的胡大源、杨壮两位院长，是他们对《孙子兵法》深刻的认识和精心的安排，使我走进了 MBA 的讲堂，对经济领域的战略产生了浓厚的兴趣，使我下决心将《孙子兵法》的应用扩大到商战领域。我还要特别感谢中国社会科学出版社的路卫军先生，是他诚恳的邀请和出色的策划，使我决心把自己学习《孙子兵法》的粗浅的体会变成了一部书稿。同时，我不会忘记中国历代战略思想研究领域的许多先辈和同行们所给予我的帮助，对此，我也向他们表达我深深的谢意。

导论：孙子与《孙子兵法》

在学习《孙子兵法》之前，我们应当简要了解一下孙子本人与他所写的《孙子兵法》一书。这里面，有一些必要的历史知识需要交代，也有一些考古方面的争论需要说明，还包括一些专家对孙子和《孙子兵法》的评论。这对于我们从整体上认识《孙子兵法》很有帮助。

（一）孙子

孙子的名字叫孙武，字长卿。"孙子"是他的尊称，就像称老聃为"老子"，称孔丘为"孔子"一样。

孙子的出生时间，在我们现在掌握的史料上没有记载，但是可以大致根据其他方面的记载推算出来。《左传·昭公十九年》记载了孙子的祖父孙书伐莒的战事，时间是公元前523年。有专家认为，孙书尚能骋驰疆场，当在55岁之前。古人早婚，然祖孙年龄差亦在40岁以上，则此时孙子年纪不超过15岁，即孙子的出生时间不可能超过公元前538年。《吴越春秋·阖闾内传》记载了孙子进见吴王时间是公元前512年，此时孙子已经完成了《孙子兵法》，他的年龄自然不会太小了。据此，有专家推算孙子出生时间约在公元前535年左右，比孔子晚一些。

在司马迁的《史记》中说："孙子武者，齐人也。"孙子是齐国人，出生在齐国，这是毫无疑问的了，但他出生在齐国的什么地方？学术界有过较多争论，并且争论至今仍在进行。我们现在掌握的讲述孙子故里（也就是我们现在说的老家）的史料，最早的是唐朝的《元和姓纂》，上面有"乐安，孙武之后"的记载。之后，北宋的《新唐书》中

《宰相世系表·孙》的一篇中，记述"乐安"为孙子祖父孙书的"采邑"之地。这种"采邑"之地，是古代帝王封赏给属臣的领地，这些属臣每年能够在这些领地中得到大量赋税。但是，在山东地方志的记载当中，许多县在历史上都有过"乐安"的称谓。究竟哪个是孙子出生的"乐安"？在我们所掌握古代资料中并没有指明，这可让史学界的专家们大伤脑筋了。经过中国孙子兵法研究会一些专家的考证，认定《元和姓纂》所说的"乐安"，是指唐朝时期的乐安，这个乐安的所在地是现在的山东省惠民县。这一结论被《中国军事通史》和一些官方的辞书所采用。此外，在孙子故里的问题上，还同时有"博兴说"、"广饶说"、"高唐说"、"莒邑说"、"临淄说"等其他一些不同的观点。

据有关资料的记载和有关专家的分析，孙子的祖先最早是陈国人，名叫陈完，声名显赫。后来，陈国发生动乱，陈完逃到齐国，并得到齐王齐桓公的重用。陈完后来被叫做田完，有人说他到了齐国改姓，也有人说在古时候，"陈"与"田"音同义通。田完的五世孙田书，也就是孙武的祖父，是一位非常出色的军事家，在攻打莒国时立下了战功。因此，齐景公把乐安封给了田书，并赐孙姓。他的儿子孙凭，也就是孙武的父亲，是一位非常有学问的人，在齐国担任了相当于现在总理一级的官职。可见，孙子出生于一个军事世家，他从小就学到了大量的军事知识，得到祖上的兵法真传。

公元前517年，年轻的孙武因齐国内乱逃到吴国。他在吴都姑苏（今苏州市）城外隐居，潜心研究兵法，并写成《孙子兵法》一书。经伍子胥举荐，他得到吴王阖闾的重用，官拜大将军。在这期间，发生了大家所熟悉的孙武演兵斩美姬的故事。

公元前506年，经过充分准备之后，孙武率兵伐楚，从淮河平原越过大别山，长驱深入楚境千余里，在柏举（今湖北汉川北）歼灭楚军主力，五战五胜，攻占了楚国的首都郢城。孙武以3万人战胜了楚军20万人，创造了以少胜多的战绩。他的军事理论充分得到实践的证明。后来，孙武受到排挤。据说，孙子死在吴国，死后被埋葬在姑苏城巫门之外。关于他的死，还有许多其他的传说。

谈到孙子与孙子世家，不能忽略一位重要的人物，这就是中国历史上的名将司马穰苴。司马穰苴也是田氏家族的人，与孙子的祖父田书同辈。他精通兵法，文能附众，武能威敌，被齐国宰相晏婴推荐给齐景公，任为大将。我国历史上著名的军事著作《司马法》就是反映了司马穰苴之所学。此人与我们现在所说的关于孙子的问题有三个方面的联系：一是孙子的世家是一个武学世家，精通兵法，将才辈出。二是孙子的思想承传了他祖先的思想，这里面包括了司马穰苴的思想。三是孙子离家出走，与司马穰苴也有关系。在齐国动乱时，田氏家族遭到排挤，司马穰苴被杀，孙子感到绝望，因而弃齐奔吴。

（二）《孙子兵法》

《孙子兵法》是孙子在吴国时写的，或者更准确地说，是孙子在吴国完稿的。但是，《孙子兵法》中的主要思想是孙子在齐国时成形的，有许多是直接从他的父辈思想中直接继承的。

《孙子兵法》问世后，引起人们普遍的重视，在社会上引起很大的反响。据《韩非子》说，当时"藏孙吴之书者家有之"。我们可以想像，在古代交通、信息和出版业都非常落后的情况下，《孙子兵法》得到如此的推崇，可见它的价值和影响力。

《孙子兵法》共有十三篇，约六千字，论述了战略筹划、造势示形、作战方法、选将带兵等各方面的理论及原则。《孙子兵法》是按照战争进程顺序展开的一个完整的兵学体系，逻辑关系十分清楚，每一章的主题十分明确。所以，在中国历史上，《孙子兵法》被称为"兵经"。该兵书采用段落散文式的手法，文笔精彩，气势恢弘，论述精辟。我国孙子兵法研究专家吴如嵩将《孙子兵法》综合概括为"自然成韵的音律美"、"遣词造句的修辞美"、"谋篇布局的结构美"、"深富思辨的哲理美"和"博大精深的思维美"。一位名叫服部千春的日本学者，对《孙子兵法》的风格特点有一个综合性的论述。他说："《孙子兵法》十三篇兼有老子的幽玄性与孔子的现实性。其内容全而不偏，从易学到天文学、地理学、心理学，所涉领域甚广，深富哲理。从

《计篇》至《用间篇》，全书犹如常山之蛇，率然有序，结构紧密，体系完备。其篇法、章法、句法、字法都很完整，并采用三段论法的演绎法，使全篇脉络相通。各篇均以《计篇》为指导，完整的十三篇，在中国古代已形成了无与伦比的科学体系。"

《孙子兵法》言简意赅，不仅揭示了许多深刻的道理，也给人们留下想像的空间和讨论的余地。历史上许多有名的军事家和战略家，从不同角度对《孙子兵法》进行理解，仁者见仁，智者见智，发表了许多很有价值的看法。这些看法，大都反映在历史上许多《孙子兵法》的注释中。汉、唐时期，许多学者注重对《孙子兵法》整理、注释和实际运用。《汉书·艺文志》著录有《吴孙子兵法》八十二篇图九卷，是后人在十三篇的基础上有所增益。东汉末，曹操撰成《孙子略解》，是迄今所见最早的《孙子兵法》注本。目前，我们所见的《孙子兵法》，多源于宋代版本。宋代《武经》本《孙子》和《十一家注孙子》校定刊行，是宋人对《孙子兵法》研究做出的重大贡献。这两部书成为以后《孙子兵法》流传的祖本，形成了孙子书传本两大基本系统。

由于流传年代久远，后来的《孙子兵法》版本有许多误说。1972年山东临沂银雀山汉墓出土的文物和1978年青海大通县上孙家寨出土的汉简《孙子兵法》，使这些误说得到了一定程度的廓清。军事科学院以宋本《十一家注孙子》为底本，参照汉简本，进行了对比校释，纠正了多处错漏之处，使之更为准确。我在本书所使用《孙子兵法》原文和译文，主要依据于经过校释后的军事科学院的版本，即由国家文物局吴九龙先生主编的《孙子校释》。

《孙子兵法》早在公元7世纪就已经传入国外。《孙子兵法》最早传入朝鲜半岛。据日本兵学家佐藤坚司称，在公元663年前，位于朝鲜半岛的百济国的兵学家就将《孙子兵法》带到了日本。公元716年，日本吉备真备(693～775)来唐留学，735年回国，将《孙子兵法》等典籍带回日本，并在军队中传授。1772年，旅居北京的神父约瑟夫·阿米奥将《孙子兵法》译成法文，传入欧洲。1905年，在日本学习的英国炮兵上尉卡尔思罗普将《孙子兵法》译成英文，这是世界上最早的《孙子兵法》英译本。1910年，莱昂内尔·贾尔斯的《孙子兵法》英译本问世。由于译者是英国著名汉学家之子，本人生于中国并长期在中国生活过，并按照孙星衍的《孙子十家会注》为原本，因而其英译本达到较高的翻译水平，比较准确地反映了孙子的原意。后来，又相继出版了多种英译本，其中以塞缪尔·B.格里菲斯的译本影响最大。1860年，俄国汉学家斯列兹涅夫斯基把《孙子兵法》译成俄文，书名是《中国将军对部将的训示》。现在，《孙子兵法》被翻译二十多种文字，在世界上广为流传，其中，英国牛津版的《孙子兵法》拥有非常大的销量。

《孙子兵法》得到了中外战略家们的高度重视和极高评价。毛泽东在其战略文章中借鉴了许多孙子兵法思想，并且还引用了大量《孙子兵法》中的语句。日本的军事家们称孙子为"兵圣"，称《孙子兵法》为"东方兵学的鼻祖，武经的冠冕"。法国的拿破仑在得到《孙子兵法》时候，赞不绝口，爱不释手。德国的鲁登道夫曾说过，他读过《孙子兵法》之后，佩服中国人，佩服古代中国人。英国著名战略学家利德尔·哈特特别崇拜孙子，并说"《孙子兵法》是世界上最早的军事名著，但其内容之全面与理解之深刻，迄今无人超过。……与《战争论》相比，孙子的文章讲得更透彻，更深刻，永远给人以新鲜感"。美国《大战略》一书的作者柯林斯指出："孙子是古代第一个形成战略思想的伟大人物。"

我曾在《中国战略原理解析》一书中，将中国战略原理概括为十三个字。《孙子兵法》作为中国战略的代表作，其核心的观点也正是体现在这十三个字上。第一个字是"胜"。人类社会各式各样集团之间的对抗是普遍存在的，而这种对抗所追求的就是一个"胜"字。怎样才能获"胜"？这就要靠物质的力量。从这个意义上说，人类社会的对抗就是一种力量与力量的较量。战略无非是运用力量求胜的一种科学和艺术。因此，第二个字是"力"。"力"作为赢得对抗胜利的最基本的条件和手段，展示了人类社会对抗过程强胜弱败的基本规律，成为贯穿战略体系始终的逻辑主线。中国战略围绕这一主线与其他十一个字产生联系，并展开了它的全部内容："力"合于"利"而动；"力"得于"道"而强；"力"示于"形"而显；"力"乘于"势"而发；"力"守于"柔"而用；"力"依于"知"而施；"力"集于"专"而聚；"力"合于"度"而衡；"力"基于"奇"而神；"力"行于"变"而活；"力"归于"致"而终。

我们把握住这十三个字及其内在逻辑关系，基本上就可以勾画出《孙子兵法》的思想框架。这十三个字的内在逻辑关系表现为："胜"是战略追求的目标。"力"是实现战略目标的基本条件和手段，是战略的物质基础。"利"是力量运用的根本动因，"道"是力量运用所遵循的道义准则和规律，这两者是决定力量运用的内在因素，是力量运用的基本战略依据。"形"是力量的外在表现，"势"是指力量综合借助外在条件发生最佳作用时的一种外在形态，这两者是力量发挥作用的外在因素，是展示战略艺术的两个基本着眼点。"柔"是综合上面与力量相关诸要素的基础上形成的战略理念，是力量运用的核心战略思想。"知"强调对双方力量的信息获取和正确思维，"专"强调集中力量，"度"强调力量的平衡与使用时机，"奇"强调出其不意运用力量，"变"强调力量在时空中灵活组合，"致"强调战略对抗的主动权和基本对抗方式以及运用力量的作用点。这六个范畴是"柔"这一核心战略思想的展开，是力量对抗过程中战略指导的基本原则。

（三）《孙子兵法》与中国文化

《孙子兵法》与中国的传统生产、生活方式有着非常紧密的联系，它深刻地反映了中国的"农耕文明"。关于中国传统生产、生活方式以及由此造成的影响，我国著名文化史学者钱穆先生有过一段精辟论述：

> 游牧、商业起于内不足，内不足则需向外寻求，因此为流动的，进取的。农耕可以自给，无事外求，并必继续一地，反复不舍，因此为静定的，保守的。草原与滨海地带，其所凭以为资生之地者不仅感其不足，抑且深苦其内部之阻害，于是而遂有强烈之"战胜与克服欲"。其所以为战胜与克服之资者，亦不能单恃其自身，于是而有深刻"工具感"。草原民族之最先之工具为马，海滨民族之最先工具为船。非此即无以克服外面之自然而获生存。故草原海滨民族其对外自先即具敌意，其对自然则为"天"、"人"对立，对人类则为"敌"、"我"对立，因此而形成其哲学心理上之必然理论则为"内"、"外"对立。于是而"尚自由"，"争独立"，此乃与其战胜克服之要求相呼应。故此种文化之特性常见为"征伐的"，"侵略的"。农业生活所依赖，曰气候，曰雨泽，曰土

壤，此三者，皆非由人类自力安排，而若冥冥中已有为之布置妥帖而惟待人类之信任与忍耐以为顺应，乃无所用其战胜与克服，故农耕文化之最内感曰"天人相通"、"物我一体"，曰"顺"曰"和"。其自勉则曰"安分"而"守己"。故此种文化之特性常见为"和平的"。（参见《书剑飘逸》，宫玉振、赵海军著，解放军出版社，1999年，第48页）

《孙子兵法》充满了中国传统文化"非战"、"止战"、"守道"、"守柔"的风格。《孙子兵法》虽然是一部论述战争的著作，但它本质上是反对战争的。它强调"慎战"，不轻易使用武力；强调"先胜"，尽可能潜在性地使用武力，主张"软杀伤"，避免"硬杀伤"。例如，孙子认为："不战而屈人之兵，善之善者也。""故上兵伐谋，其次伐交，其次伐兵，其下攻城。攻城之法，为不得已。"这说明，《孙子兵法》虽然是战争的学问，但是从维护和平的目的出发谈论战略，由"不争"出发而谈"争"，由"合理之争"来达成"不争"，强调"争者有道"，"不争之争"。正如老子所说："夫唯不争，故天下莫能与之争。"（《老子·二十二章》）老子的"不争"思想，不是否定合理的正常的竞争，而是强调把竞争规范在社会承认的道德范围之内，反对用残酷的非人道手段进行竞争。老子主张："善为士者，不武；善战者，不怒。"（《老子·六十八章》）中国兵学，首先强调"不争"，主张以"礼"、"义"等"不争"的手段来化解"争"。同时，中国兵学也承认"争"的必然性和合理性，强调扶植"正义之争"、"合理之争"，将"争"纳入进步、正常的轨道。我们必须认识和把握《孙子兵法》的和平本质，就像武术强调武德一样，将高深的中国兵学思想用于"为万世开太平"正义的事业。

《孙子兵法》是一部高度抽象和浓缩的兵书。在这部兵书中，孙子总是力求用最简练的语言，来说明战争最本质的问题，给人们最为深刻的启示。《孙子兵法》中的寥寥数言，往往包容了西方战争著作需要用几千字或者上万字才能说明白的内容。例如，孙子说的"故兵以诈立，以利动，以分合为变"，就把战争最本质的问题全部揭示出来了。有专家指出，《孙子兵法》虽然只有六千字，却反映了克劳塞维茨《战争论》同样多的内容，并且比《战争论》论述得要深刻。《孙子兵法》这种"简"和"深"的特点，反映了中国传统的思维方式。

中国传统思维方式强调"返本复始",注重对"本一"的探求,坚持在把握"本一"的基础上描绘周围的世界,融会贯通地认识和解决周围现实的问题。这个"本一"就是中国古人常说的"道"或"理"。在中国古人看来,"本一"是主客观统一的,不能够对立或割裂开来看待。另外,这种主客观统一的"本一"不仅要有客观的描述和分析,更要有主观的感悟和意会。杨振宁在谈到中国文化与科学时,对这一点讲得很明白。他说:"既然说中国的传统文化里最重要的一点,是要追求一个'理',用什么方法来追求这个'理'呢?传统中国文化如何来求'理'?如果仔细分析,我想会得到一个结论:这个方法就是归纳法,即把许多分处的一些现象,或者一些状态,归纳成一个最终的'理'。这是一个精简化、抽象化、浓缩化、符号化的过程。中国人思考、求知,具有一种精简化、抽象化、浓缩化的明显特征,有人称之为中国人特有的精神。"(《参考消息》2000年3月8日)

我们可以通过中国与西方国家两幅描述战争的图画来进一步说明这个问题。西班牙的勒文特悬岩上,有一幅原始人绘制的作战图。在这幅图上,有一群手执弓箭的战士正在追赶另一群战士。右面是进攻群,左面是防守群。进攻战士行动迅速,勇往直前,并且不停地射出如雨的箭矢。中箭的防守者,忍痛缩起了身子,却至死不降。防守群的前面站着四个担任先锋的射手,正在顽强地抗击着进攻者的进逼。同样是对原始战争的描述,中国的祖先们则采用了另外一种完全不同的表现手法。河南临汝县出土了一幅母系氏族时代的彩陶画,被专家认定为原始战争的记录。画面上,一只白鹳衔着一条鱼,旁边竖着一把斧头。它表示以白鹳为图腾的部落战胜了以鱼为图腾的部落。(见图)

《孙子兵法》体现了中国传统的辩证逻辑思维方式。在这部兵书中,孙子用"分数"、"形名"、"奇正"、"虚实"等一系列对立统一的范畴,揭示了战争的规律,辩证阐述了战争的理论和原则。西方著名汉学家李约瑟先生谈道:"当希腊人和印度人很早就仔细地考虑到形式逻辑的时候,中国人

则一直倾向于发展辩证逻辑"。他的这一见解是正确的。与长于形式逻辑的西方相比,中国人所擅长的,正是这种以辩证法为主体的、经验的、非形式逻辑型的思维方式。这种思维方式与形式逻辑有很大差异,如果说形式逻辑是致力于考察自然界本身的属性规律,辩证思维则侧重于对现实事物进行整体的、动态的把握,注重事物的普遍联系、能动转化和循环发展。对于这种辩证逻辑的思维方式,我们应当辩证地去认识。中国传统思维方式强调宏观,但忽略微观;强调整体,但忽略具体;强调"全真",但忽略"写实";强调意会性的感悟,但忽略严格的逻辑推理;强调彼此的同构,但忽略彼此的分立。应当说,中国传统思维方式有它的不足,但在把握宏观方面有着明显的优势。这种优势,恰恰是西方思维方式所不具备的。例如,西方思维过于"直线",在对高层次理性问题的认识上过于呆板和机械,不如中国人灵活和变通;在艺术表现方面,西方文化无法完美体现主客观的统一,不得不在夸张和扭曲作品上来表现自我,导致了令人费解的"现代派现象"。

《孙子兵法》所侧重的,不只是对战争理论的阐述和总结,还包括对战争实践的指导。这部兵法,对战争实际有着非常强的针对性,在中国军事历史上有着非常强的实践价值。许多研究过《孙子兵法》的中外战略家在自己的实际经历中强烈地感受到了这一点。这就是中国传统文化所强调的"实用理性"。有学者分析说,在中国文化的长河中,占主导地位的文化形态,既不是古希腊的知识理性文化形态,也不是西方文化中世纪的宗教文化形态,更不是近代科学文化形态。中国人所执着的,是对人间世道的实用探索,是一种探索实际的抽象和思辨。"世事洞明皆学问,人情练达即文章"。在传统的中国人眼中,"知"、"智"、"学问"总是与现实生活紧密地联系在一起的。我们既要理解《孙子兵法》的这种精神,同时也应用这种精神去学习和运用《孙子兵法》。

《孙子兵法》深刻体现了中国传统文化中最有代表性的道家思想。《孙子兵法》中"避实击虚"、"以迂为直"等思想,来源于老子"以柔克刚"的思想。《孙子兵法》强调的"将军之事,静以幽,正以治",反映了道家的气质。有学者分析说,中国兵学与道家有深刻的联系,凡是与道家有渊源的兵家,大多表现出一种淡泊宁静而略显柔弱的气质。道家讲究的"为而不恃,长而不有",讲究以出世的精神入世。道家的恬淡与超越，使中国兵家大多自觉将"功遂身退"作为自己的人生选择。在范蠡、张良身上，我们能看到这样一种文化精神。

《孙子兵法》强调师出有名，强调战争的正义性，强调"慎战"、"非战"和"止战"，这都体现了中国儒家的"仁义"、"德治"思想。中国的"武"字，就是用一个"止"字与一个"戈"字组成，表达了"止戈为武"的意思。中国兵学中的儒家影响集中反映在"在德不在险"的思想中。我想用中国军事家吴子的一个故事来说明这个问题，这个故事记载于司马迁的《史记》中。有一次，吴起与魏侯一起乘船顺河而下。船到中流，魏侯回头对吴起说："美哉乎，山河之固！这是魏国之宝啊！"吴起却回答说："国家之宝，应该是君主的德行，而不在于地势的险要。从前三苗氏左边有洞庭湖，右边有彭蠡湖，但不讲求德义，夏禹把它消灭了；夏桀所处的地方，左边有黄河和济水，右边有泰华山，伊阙在其南，羊肠在其北，却不行仁政，所以商汤将他流放了；纣王的国家东边有孟门，西边有太行，恒山在其北，黄河在其南，却不行德政，所以周武王将他杀了。由此可见，治理国家，在德而不在险。如果君主不讲道德，那么这条船中的人都会成为你的敌人。"

《孙子兵法》所强调的"不战而屈人之兵"以及"故善战者之胜也，无智名，无勇功"，反映了一种很高的"内圣外王"的战略境界。这种战略境界是中国传统文化特别推崇的。所谓"内圣"，是加强内心的修养，培养圣人品格；所谓"外王"，并不是一定要争王位，而是要有所作为，要驾驭社会发展，要成就一番大的事业。"内圣外王"的这种追求，导致了中国历史上许多精英研究战略，塑造"王者"素质和风范，掌握这种能够成就大事的学问。

综上所述，我想表达的意思是：孙子是一位值得炎黄子孙在当今世界感到自豪的伟人，《孙子兵法》是一部恒久不衰、博大精深的名著。走进《孙子兵法》，与往圣对话，你会感觉到进入统帅的世界，进入智慧的殿堂；你会感觉到千军万马、叱咤风云的场面；你会进入"一览众山小"的高远意境；你会产生"天降大任"的责任感与使命感。总之，你的思维会变得清晰，你的知识会得到凝练，你的精神会得到升华，你的心理会得到震撼。如果没有学过《孙子兵法》，将是你一生的缺憾。

一、计　篇

这是《孙子兵法》的开篇。从全书整个体系来看，这一篇非常重要，并且也能看出作者进行了精心设计。这一篇作为开篇，起到了破题、点题的作用，对全书核心思想做了非常全面准确的概括，能够使人一下子把握住全书的起点和主线。"计"，讲的是"筹划"、"计划"。从战争展开的顺序看，战争先从筹划和准备开始。这一篇作为开篇，符合战争的展开顺序，或者说，与战争展开的顺序相一致。

在这一篇中，孙子对战争筹划的问题做了全面深刻的回答。回答了为什么要重视战争，应该把握哪些要素分析战争，筹划战争应该着重考虑的内外部条件是什么，筹划战争应该把握的基本理念是什么，最后用"庙算"形象地提出战争筹划的总体要求。

孙子曰：兵者，国之大事也。死生之地，存亡之道，不可不察也。

孙子说：战争，是国家的大事，关系到国家的生死存亡，不能不认真地观察和对待。

这里所说的"兵"，指的是"战争"、"国防"和"军队"。

孙子上来讲的第一句话，非常有气势，把战争问题提到国家生死存亡的高度来认识。这样，《孙子兵法》全篇就被定位在国家安全的战略高度上，使我们认识和研究战争问题处在一个非常高的战略起点上。"死生之地，存亡之道"，语句也非常有分量，将研究战争问题的必要性点得非常到位，使我们会带着一种国家的责任感和使命感进入到战争问题的研究，而这一点，正是每一位战略家必须具有的战略感觉。

兵凶战危，战争是人类社会最残酷的竞争，它是解决政治问题的最后一种手段，它用实力说话，它用流血的方式来最终强迫失败者臣服。战争的结局，直接决定一个国家的命运，并且是用"生"与

"死"、"存"与"亡"这种最惨痛的代价和最极端的选择来决定一个国家的命运。当你在战争中失败，必须接受"死"与"亡"的现实，没有讨价还价的余地，也没有改正错误的机会。因此，国家的主宰者、战争的决策者，对战争问题不能有丝毫忽略，必须认真对待。

忘战必危，国家安全是国家的最大利益，战争是关系到国家安全的最大威胁。战争的发生或消失，并不以某个国家统治者的意志为转移。无数历史事实证明，不敢面对战争者，忽略战争存在者，最后都将被战争无情地吞噬掉。我们必须具有忧患意识，常常要从自身的生死存亡考虑一些竞争方面的问题，尤其在和平的时候，在顺利的时候，在胜利的时候。这不是危言耸听。记住：胜利和成功是你最大的敌人！

故经之以五，校之以计而索其情：一曰道，二曰天，三曰地，四曰将，五曰法。道者，令民与上同意也。故可与之死，可与之生而不诡也。天者，阴阳、寒暑、时制也。地者，高下、远近、险易、广狭、死生也。将者，智、信、仁、勇、严也。法者，曲制、官道、主用也。凡此五者，将莫不闻，知之者胜，不知者不胜。故校之以计，而索其情。曰：主孰有道？将孰有能？天地孰得？法令孰行？兵众孰强？士卒孰练？赏罚孰明？吾以此知胜负矣。

孙子说：因此，要通过对敌我五个方面的分析，通过对双方七种情况的比较，来探索战争胜负的情势。（这五个方面）一是政治，二是天时，三是地利，四是将领，五是法制。政治，就是要让民众和君主的意愿一致，因此可以叫他们为君主死，为君主生，而不存二心。天时，就是指昼夜、晴雨、寒冷、炎热、四时节候的变化。地利，就是指高陵洼地、远途近路、险要平坦、广阔狭窄、死地生地等地形条件。将领，就是指智谋、诚信、仁慈、勇敢、严明。法制，就是指军队的组织编制、将吏的管理、军需的掌管。凡属这五个方面的情况，将帅都不能不知道。充分了解这些情况的就能打胜仗，不了解这些情况的就不能打胜仗。所以要通过对双方七种情况的比较，来探索战争胜负的情势。（这七种情况）是：哪一方君主政治开明？哪一方将帅更有才能？哪一方拥有更好的天时地利？哪一方法令能够贯彻执行？哪一方武器装备精良？哪一方士兵训练有素？哪一方赏罚公正严明？我们依据这些，就能够判断谁胜谁负了。

一、计　篇

　　筹划战争，必须首先分析战争，了解战争各个方面的情况。需要了解哪些情况？孙子做了明确的回答。孙子认为，需要了解和分析五个方面的情况，即"道"、"天"、"地"、"将"、"法"。在《孙子兵法》研究过程中，人们将这五个方面称为"五事"。

　　"道"，是指与战争相关的政治因素，包括战争的目的和性质。

　　所谓"道"，可以使民众与统帅同心，为了实现统帅确定的目标，民众能够将生死置之度外，并且没有丝毫的疑惑和犹豫。孙子在这里所说的"道"，是指与战争相关的政治因素，包括战争的目的和性质。考虑战争问题，我们必须首先考虑战争的政治目的和政治要求，分析和判断战争是不是正义的，是不是维护人民群众的根本利益，是不是符合时代进步的潮流。在此基础上，我们才能够判断战争能否获得民众的支持。如果有了"道"，我们就可以调动起成千上万人民群众的力量，就会获得取之不竭、用之不尽的战争伟力，就没有战胜不了的敌人。

　　不仅是战争，做其他任何事情也是一样，必须首先考虑到"道"，必须师出有名。只有这样，你的目标才能与社会的目标一致起来，你的事业才会得到社会的认可和大众的支持，你的努力才会获得成功并得到社会回报。就经济领域而言，一个有生命力的企业，都将自己的目标首先定位在社会效益上，都有着一份强烈的社会责任感。始终将民众放在第一位的企业，民众也会将它放在第一位。有的企业家深有感触地说：我们只有首先考虑最大的社会效益，才能得到最大的经济效益。许多事实证明，靠损害社会和群众利益的企业，只有得逞于一时，不可能得逞于一世，最终将会被市场淘汰。

　　"道"是一个十分重要的中国古代哲学的范畴，有着非常深刻的内涵。

　　老子曾经说过"道可道，非常道"，意思是"道"的内涵用一般的语言是难以表述清楚的。因此，这个"道"字，对外国人来说是非常难翻译的。许多外国的《孙子兵法》译著，将"道"注音译为"tao"，不敢越雷池一步。这样的译法，虽然尊重了原义，但语言障碍没有排除，外国人还是无法理解其中深刻的涵义。根据中国古人对"道"的解释，它不仅内涵深刻，而且还包括有多种意思。

"道"是万物之本,这是属于哲学本体论方面的一个含义,即"道"是构成万物并决定万物变化的最本原的东西。正如中国古人所说:"夫道者,无为之理体,玄妙之本宗,自然之母,虚无之祖。高乎盖天,深乎包地。与天地为元,与万物为本。"从哲学本体论方面来看,"道"体现在一个"大"字上,它具有无所不包、无边无际、无所不在、无时不在的无限性。如果从战略上理解这个"大"字,就是一种高远的战略意境,就是一种胸中自有雄兵百万的战略胸怀。"道"是一种恒常不变的东西。"道"就是"道",它不为其他因素所左右,不为任何条件所制约。它自身不变,却引发周围一切事物的变化,并且决定周围一切事物变化的形态和方向。按照现代哲学理论来理解,"道"就是一种以不变致万变的"绝对的存在"。对战略来说,理解"道"的这层含义是非常重要的。只有掌握了"道",战略才能够达到"以不变应万变"的高深境界。"道"作为万物之本,是一种"无",是一种无形、无声、无臭的存在物。它不具有万物所具有的任一特性,却能产生万物所有的特性;它不会有万物任一固定的形态,却能产生万物所有的形态。老子说过:"天下万物生于有,有生于无。"(《老子·四十章》)真正的"无形"体现在"有形"之中,它展现在人们面前是一种不固定、无常形的客观存在。这就是老子所讲的"道法自然"。"道"的存在,是自然而然的自在。这就是说,在刻意寻求"无"的意境中,不能得"道",只有在顺其自然的和谐意境中,才能得"道"。讲到本体,人们常用"一"来作形象的描述。现代哲学概念中也有"本一"的说法。同样,中国许多古人用"一"来解释"道"的涵义。就战略而言,知一者,无一不知,不知一者,无一能知。正如中国古代哲学家程颐所说:"天下之理一也,余虽殊而其归则同,虑虽百而其致则一。虽物有万殊,事有万变,统之以一,则无能违也。"明白"道生一"的道理,就是要着眼事物最本原的"道",善于捕捉事物的最本质的东西,善于从这个最本质的东西出发,对周围复杂的现象进行缜密的符合逻辑的思考。深刻认识这个问题,我们需要领会老子说过的一句话,即"'道'常无为而无不为"。(《老子·三十七章》)"无为"讲的是"道"不专为,而"无不为"讲的是"道"无所不为。只有把握"道",把握事物本质,才能够关照到事物的方方面面,才能够"无不为"。但是,这种关照,又不是事无巨细,又不是直接具体,这叫做"无为"。

中国《易经》对"道"的解释是："一阴一阳之谓道。"这是从对立统一规律的角度揭示"道"的涵义。对立统一规律是决定事物变化的一条最基本的规律，它是基于矛盾体中两个对立面相互斗争、相互依存、相互转化的本质联系而形成的一条规律。也可以这样说，"道"包含有对立统一规律，认识了"道"，就把握住了这一规律，就能够把握住事物的本质联系，从容驾驭事物发展。就战略而言，不仅要理解"道"生"阴阳"，更要关注"阴阳"相互作用之"道"，也就是说，要在"阴"与"阳"的相互作用的变化之中，认识"道"，运用"道"。战略中许多原理性的东西，或者说一些带有神秘色彩的指导艺术，就是出自于变化中对这种对立统一的理解和把握。正如《淮南子·兵略训》所说："所谓道者，体圆而法方，背阴而抱阳，左柔而右刚，履幽而戴明，变化无常，得一之原，以应无方，是谓神明。""一阴一阳之谓道"的核心思想，可以用老子所说的"反者，道之动"（《老子·四十章》）来概括。这句话的寓意非常深，解释起来有很大的难度。如果通俗地说，老子在告诉人们，"阴"与"阳"互为反面；任何一方的行为，都是它的对立面所推动所影响的；任何一种高明的选择，要善于从对方角度去考虑，要善于从反常的方向去运作。老子用一个"反"字，概括了"道"的精髓，解释"阴"与"阳"构成的对立统一规律。

中国古人认为，"道"也就是"道义"。这个"道义"属于道德伦理范畴。

韩非子对"道"有一段独到的论述。他说："道者，万物之始，是非之纪也。"（《韩非子·主道》）在他看来，"道"，既是"万物之始"，具有本体的涵义，同时也是"是非之纪"，具有道德伦理方面的涵义。这种观点，代表了中国许多战略家的思想。在力量对抗中强调道德伦理的规范作用，在中国战略思想中占有非常突出的地位。在战略所遵守的"道"中，特别强调以民为本的"仁"和"义"的分量。这是中国战略思想的一个鲜明特征。这一特征，反映了中国传统儒家思想对中国战略的深刻影响。

在战略上理解"道"时，我们还要注意一点是，中国百家都言"道"，但都从各自不同的角度解释"道"，因此，我们要从百家之义中全面地理解"道"。关于如何综合百家之义和如何把握百家各自不同的角度，荀子有一段话讲得很好。他说："墨子蔽于用而不知文，宋子蔽于欲而不知得，慎子蔽于法而不知贤，申子蔽于势而不知知，惠子蔽于辞而不知实，庄子蔽于天而不知人。故由用谓之道，尽利矣；由俗谓之道，尽嗛矣；由法谓之道，尽数矣；由势谓之道，尽便矣；由辞谓之道，尽论矣；由天谓之道，尽因矣。此数具者，皆道之一隅也。夫道者，体常而尽变，一隅不足以举之。曲知之人，观于道之一隅而未之能识也，故以为足而饰之，内以自乱，外以惑人，上以蔽下，下以蔽上，此蔽塞之祸也。"（《荀子·解蔽》）

孙子在这里所说的"道"是一个政治范畴，侧重于"道义"方面的"道"。中国古代战略家们十分注重从"道"的方面来调动民众的力量，并且认为以这种方式调动起来的力量，是最可靠的，最长久的，具有"万众一心"、"生死与共"的强大凝聚力。这反映了中国古代战略"以仁为体"、"以德服众"的基本思想。一位高明的战略统帅，并不是依靠强制的手段迫使部属去执行自己的命令，而强调依靠部属的自觉能动的精神力量去实现自己目标。所以，这种战略统帅，特别重视军队和民众的士气，特别重视军队和民众的精神动力。

那么，"道"为什么能够"令民与上同意，可与之死，可与之生而不诡也"？我们可以从《淮南子·兵略训》的一段话中找到答案，即："故同利相死，同情相成，同欲相助。顺道而动，天下为响；因民而虑，天下为斗。"这段话的意思说明："道"既反映了民众物质方面的需求，也反映了精神方面的追求，它是通过相同的利益、相同的情感和相同的理想将民众结为"相死"、"相成"、"相助"的一个整体。所以说，"顺道而动"，就会得到天下的响应；为民众而考虑的目标，必将会成为广大民众为之而奋斗的目标。

我们要特别注意老子说过的一句话："弱者，道之用。"（《老子·四十章》）在竞争中，弱者要特别注意用"道"，这因为：得道者，顺道者，才能使自己所进行的对抗活动具有正义性质，才能够得到民众的支持，才能够得到源源不断的力量补充；得道者，顺道者，才能够掌握力量对抗规律，通过利用条件和巧妙的力量组合，改变力量在特定时空中的对比；得道者，顺道者，弱者才会由劣势转为优势，最终战胜自己的对手。

"道"是对战争的理性要求，也是对所有竞争行为的理性要求。

就当前的现实指导而言，孙子所说的"道"具有非常重要的意义和价值。"道"是对战争的理性要求，也是对所有竞争行为的理性要求。这种理性要求的最为明确的衡量标准是广大人民群众的态度，而这种态度反映了社会的要求，反映了时代的特征，反映了人类的进步。我们任何战争行为或竞争行为，都有着明确的"道"的要求，都有着明确的理性指向。只有这样，我们的战争才是正义的战争，才是推动历史进步的战争。只有这样，我们的竞争，才是正当的竞争，才是推动社会繁荣的竞争。作为战争的决策者，作为竞争的策划者，必须要深刻领会"道"的涵义，遵循"道"的约束。如果背离了"道"，我们的行为将会对社会也包括对自己带来无穷的灾难。对于现实来说，我们必须非常明确地指出这一点：我们现代社会的所有竞争行为，不是盲目的，也不是无所不用其极的，而是要受到"道"的规范的，是要符合民众要求和社会进步的。正如中国古人所说，"君子爱财，取之有道"。这是我们研究和运用《孙子兵法》必须要说明的一个重要问题。只有明确了孙子所说的"道"，我们才能知道如何研究和运用《孙子兵法》，我们才不至于把《孙子兵法》"道"的内涵抽走，而将其与"蒙骗"、"欺诈"的小计谋混为一谈。只有明确了孙子所说的"道"，我们才知道如何将现实的无序竞争变为有序竞争，如何将集团的利益与社会的利益一致起来，将战争或竞争行为的负面破坏作用转变为正面的变革效果。

"天"是指自然界的天时、气象情况，也可延伸理解为"战略形势"。

所谓"天"，是指昼夜、晴雨、温度和季节等天时、气象等方面的情况。天气条件对战争有着极大的影响，尤其是古代行军作战，影响更大。古今中外有作为的战略家，都对天气条件十分关注。他们通过天气条件增强自身的作战效能；通过天气条件，调动和部署兵力，获得出其不意的战果；通过天气条件，判断对方的作战意图，掌握与之决战的最佳时机。在中外战例中，有不少将领利用天气条件成功达成作战目的，也有不少将领因忽视天气条件而遭到惨败。所以说，天气条件是战争决策者和指挥者不可小视的一个重要因素。对于其他形式的竞争来说，天气条件也应当摆在战略决策的一个重要地位上，因为人类的任何活动，都不可能完全摆脱大自然的影响。拿商战来说，天气变化，会引起顾客的需求变化，商家必须根据这种变化来调整自己的销售。商场上有"换季"的说法，如果你在夏天卖冬天的衣服，肯定赚不到钱。另外，突如其来的天气变化，或许会给商家带来机会，或许会给商家造成困难，如果精明的商家能够把握住天气的变化，他就会化险为夷，抓住商机。现在，气象资料已经成为一种重要的战略资源，并在市场上产生巨大的价值，如专业气象预报的有偿服务。这说明，现代商战对气象数据有越来越大的需求。作为一个完善的战略决策或咨询部门，它必须掌握详细和准确的气象资料。

就现代战略应用而言，我们不能将孙子所说的"天"完全局限于对昼夜、温度、季节等自然因素的理解上。从战略上看，孙子所说的"天"，还应当延伸地理解为战略意义的"天"。这个意义上的"天"，就是我们现在常说的"战略形势"，是指战略环境发展变化中所形成一种必然的趋势。中国古人所说的"顺天而动"、"顺天而为"，就是强调要根据形势的变化而采取相应的行动。在把握战略形势过程中，战略家要特别注意抓住决定性的战略时机，即"天时"。对于战略家来说，"天时"是战略形势变化中在某一段出现的对自己最为有利的态势。这种态势或是某种关键性条件发生有利于自己的变化，或是自己的对手出现了重大的战略失误。在战略家的一生中，带有决定性的"天时"或许只出现一次，稍纵即逝，再不复现。如果抓住了，你的战略生涯将会出现决定性的转机，迅速达成你的战略目标；如果失去了，你有可能永久地失去战略主动权，迅速尝到失败苦果，导致终生的遗恨。因此，一位高明的战略家，必须以一种十分慎重的态度，注意对"天"的分析，透彻地了解自己所处的战略形势与战略环境，注重对"天时"的把握，迅速捕捉和利用难得的战略时机。

"地"作为一种地球表面的各种自然要素的统称，对战争有着直接的重要影响。

所谓"地"，是指距离的远近，地势的险峻或平坦，地域的广阔或狭窄，地形对作战是有利或是不利。"地"作为一种地球表面的各种自然要素的统称，对战争有着直接的重要影响，因为至今为止的所有战争都是在地面上展开的，都不能脱离"地"的制约。地面战场的容量决定了兵力部署的多少；地面的植被决定了兵力的隐蔽程度；地面的道路与河流决定了兵力的机动性；地面的地貌特征决定军队的作战方式。所以，著名军事将领，也同时是军事地理方面的专家，无论在战时还是在平时，他们都会对地形有一种特殊的职业敏感，都能够几乎直觉地判断出某一地形对作战的影响，得出对作战有利或者不利的结论。我军著名将领粟裕，就对军用地图有一种近乎痴迷的偏好。他经常在军用地图前面一坐就是几个小时，仔细研究战场的地形情况，确定军事部署。在他指挥的许多战例中，军事力量与战场地形的结合，达到了一种十分完美的程度。著名的孟良崮战役，就是他巧妙利用地形的一个杰作。

从现代战略角度来思考，孙子所说的"地"，不仅仅是指"地形"等自然地理条件对战争的影响，还包括力量部署的"地域"和决战"地点"的选择。"在什么地方作战？""为什么要在这个地方作战？"这并不是一个随便就可以回答清楚的简单问题，需要指挥员对"地"各方面的条件进行综合分析，其中不仅包括自然地理条件，也包括人文地理条件，不仅对战场地理状况有一个全面的了解，还要把敌我双方的力量以及作战企图加上去，通盘给予考虑。这就像下围棋一样，只有在对整个棋势通盘考虑之后，才能决定把棋子投在什么位置上。就其他竞争形式而言，如果说"地形"影响不如在战争中大的话，"地点"的选择则与在战争中同样重要。把重要的资源配置在什么地方？自己的力量今后向哪些地域拓展？在什么地点与竞争对手较量？这些都是各行各业战略决策者必须认真思考的问题，不能有一点马虎。

我们还应当从更大的战略范围来思考孙子所说的"地"。就国际大战略而言，这个"地"就包含有国家之间"地缘关系"的意思，具体说，由于各个国家所处的地理位置不同，各个国家的历史、文化、战略利益与对外政策也会有所不同。这是当前"地缘政治"和"地缘经济"所研究的问题。从战略学的角度看，这是一个认识和处理"战略空间"的问题。各行各业的竞争，都应当重视研究"战略空间"的问题，具体说，各领域的战略家们，要认真分析自己所处的战略空间位置，认真分析自己周围各个相关对象的关系，判断各方利益重叠交叉的"敏感"地区，关注容易引起利益互动的"热点"地区，占据能够保持战略主动地位的"重点"地区（用平常的话说，就是提前占据有利位置)。当前,中东地区和巴尔干地区,都是世界上"热点"和"重点"地区,国际战略家都十分关注这些地区——这也是这些地区长期不得安宁的一个重要原因。

一个优秀的将领应该具备哪些素质?

所谓"将",应当具有超人的智慧、坚定的信念、仁爱的品德、勇敢的精神和严谨的作风。孙子这里所说的"将",是一个如何认识"将"和如何选择"将"的问题。通过对"将"的认识,我们应当清楚地知道:什么样的人才能称得上"将",以及具备什么样的素质之后才能成为"将"。

对于战争而言,将领的作用实在是太重要了。中国古人有"千军易得,一将难求"的说法。大量历史的事实表明,许多重大危机和濒临绝望的险情,由于优秀将领的指挥处置,得到了化解,转危为安,转败为胜;但是,也有许多高明的战略计划和即将到手的胜利,却因昏庸将领的错误,为敌所乘;由安转危,由胜转败。

作为将领,他是统帅意图的执行者,是某一方面或某一个领域的指挥者。他是统帅的左膀右臂,是统帅智慧与能力在实际过程中的补充和延伸。从这个意义上说,没有将领,就不会形成一个完整的统帅机构和统帅机制,统帅也就不能称其为统帅。在中国历史上,有许多求将的故事,如萧何追韩信,再如曹操为了挽留住关羽,宁可损失自己五员大将。有些君王,为了争取或留住一位名将,绞尽了脑汁,用尽了手段。

一个优秀的将领应该具备哪些素质?孙子将其归纳为:"智"、"信"、"仁"、"勇"、"严"五个方面。孙子的这一归纳比较全面,抓住了一个优秀将领的最基本的评价标准,规定了一个将领要想成为优秀将领的基本努力方向。孙子所说的这五个方面,不仅是对军事将领的基本要求,同时也是对其他领域领导者的基本要求。

一位优秀的将领必须具有超人的智慧。

所谓"智",是指智慧。一位优秀的将领必须具有超人的智慧。知识是智慧的源泉。作为一名优秀的将领,必须具备渊博的知识。他的知识面应当尽可能地宽,但并非一定要成为各方面的专家,只是着重了解知识的本质部分,或者说战略需要掌握的那一部分。一名具有战略头脑的将领特别要掌握哲学和历史知识。优秀将领的智慧体现在他的远见卓识上。他比别人看得远，能够准确预测和善于把握历史发展的机遇，不失时机地成为潮流的领导者。他比别人看得高，正如有人评价埃尼公司的总裁贝尔纳贝时说："他能从三万英尺的高度来看这家公司。同时，他对埃尼公司经营情况的了解还是百科全书式的，几乎无所不知。"（《危机管理》，第191页）

对于优秀将领的智慧，我国古代战略学家冯梦龙有一段精辟的论述。他说："智慧没有固定的模式，以善于顺应形势者为最高。所以愚人千虑或有一得，聪明人千虑亦有一失。而大智之人遇事能应付自如，无需经过千思万想。他人取其微末，我则执其大端；他人看得近，我则觑得远；他人愈忙愈乱，我则以逸待劳；他人束手无策，我则游刃有余。正因为如此，所以难事遇到他就变易了，大事遇到他就化小了。他观察事物，入于无声息的毫芒之微；他举止行动，出人意想思考之外。"（《智囊补》，（明）冯梦龙著，黑龙江人民出版社，1993年，第1页）

优秀将领的超人智慧使他具有一种常人所不具备的理性力量。这种理性的力量具体体现在：面对未来，面对竞争对手，表现出少有的冷静和克制；在一些重大关键的问题上，观点鲜明，设想大胆，决策果断。我想借用一段描述优秀企业统帅（海信集团的总裁）的话来说明这种理性的力量："一收一发之间，你会觉悟到这个人身上蕴藏着一种看不见却又散发出光芒的力量，这种力量建筑在严密的逻辑推理和坚定的信念基础上，这种力量能够使人处惊不变、荣辱不惊，能够使人光明坦荡、敢为天下先。更重要的是，这种力量已经潜移默化到海信的肌体中去，变成企业生生不息的根本能力。"（《与100名老板对话》三，经济管理出版社，1998年，第3页）

没有信念的将领，绝不会成为优秀的将领。

所谓"信"可以理解为"信念"，也可以理解为"信义"，反映了一名优秀将领坚定的理想、执着的追求和言行一致的品质。在对孙子所说的这个"信"字的解释上，多数没有提到"信念"，这不对。一名优秀将领必须具有他的理想和追求，必须具有一种崇高的信念，他的精神力量以及他的心理素质都要以他的信念来支撑。可以肯定地说，没有信念的将领，绝不会成为优秀的将领。这种信念，表现为一种对事业的全身心投入，表现为一种克服困难的坚忍不拔的毅力，表现为一种常人所不具备的"战略定力"，这种"战略定力"能够避开前进道路上无数个诱人的陷阱。这种"信念"，使优秀的将领具有一种内在气质和一种人格的魅力，而"信义"正是这种气质与魅力的自然体现。

中国人崇拜的将领，不是"蓬头瞋目"的猛士，而是有着深层道德修养的温文尔雅的儒将。

所谓"仁"，是指仁义道德，是一种中国传统特别强调的仁爱品德。"仁"是儒家的核心价值观念，反映了以"善"为导向的人际关系和社会结构。从这个"仁"字上，可以看出《孙子兵法》中的儒家思想。在中国传统观念看来，一名优秀的将领，不是嗜血的魔王，而是仁义的君子。中国人崇拜的将领，不是"蓬头瞋目"的猛士，而是有着深层道德修养的温文尔雅的儒将。对于一名将领来说，这个"仁"字太重要了。有了这个"仁"，你才能够得"道"、有"信"，才能够施"仁爱之心"，领"仁义之师"。有了这个"仁"，你才能通过你的道德影响力获得部属心悦诚服的信任。有人称这是一位优秀领导所应具备的"亲和力"，这种能力能够在将领与士兵之间形成一种自然沟通和自然包容的默契，形成一种无形而牢不可破的内在凝聚力。有了这种力量，你就能够所向无敌——这就是中国古人所说的"仁者无敌"！

想常人所不敢想，干常人所不敢干。

所谓"勇"，是指勇敢精神。这种精神是一名优秀将领必须具备的最起码的素质。但是，需要指出，作为一名优秀将领所具有的勇敢精神不完全局限于一般勇士的那种敢打敢拼的精神，而是有其更高的要求。主要表现在两个方面：一是具有创新精神和开拓胆识，敢想敢干，想常人所不敢想，干常人所不敢干。中国有位企业家陈天生说过："天"字出了头，就是"夫"字。能顶破天的人，才能称得上大丈夫。优秀将领所表现出来的勇敢，就是这种敢于捅破天的大丈夫精神。二是敢于冒险，不惧困难，越挫越奋。当然这种冒险，不是盲目的冒险，而是一种理性的冒险，是建立一种"敏锐洞察"和"大局在胸"基础上的一种冒险。勇气是与胆识联系在一起的，而"胆"又是建立在"识"的基础上。有"识"无"胆"称不上勇敢，干不成大事；有"胆"无"识"，就是蛮干，是匹夫之勇，不但干不成大事，反而只会坏事。

"严"作为"仁"的补充，不是"不仁"，而是为了追求"大仁"而必须选择的冷酷手段。

所谓"严"，是指严谨的作风。"严"作为将领的品质，不仅表现在"执法严明"和"威严庄重"等方面，更重要的是表现在他"一丝不苟"的行为方式上、"更高标准"的刻意追求上、"无懈可击"的处事结果上，以及"不为感情所动"的原则性上。从一名将领的治军艺术来看，"严"与"仁"有着相辅相成的作用，"严"表现为一种外在的约束力，"仁"表现为一种内在感召力，两者缺一不可。"严"，体现出一种感情的"冷漠"和"铁石心肠"。这是从事生死较量的将领必须具备的一种"冷血"，也是从事残酷竞争的领导者必须具备的一种不为情动的坚定意志。"严"体现出一种"必达目的"的无情，使人感到畏惧和胆怯。"严"作为"仁"的补充，不是"不仁"，而是为了追求"大仁"而必须选择的冷酷手段，它体现在形式上，而不是本意上。关于这个问题，日本八佰伴的和田一夫在其破产后说："我深切地体会到，在残酷的生意场上，温情是致命的。"

孙子演兵斩美姬的故事，就是他所说的"严"字的真实说明。这个故事发生在孙子拜见吴王之后。吴王为了证实一下孙子的统军才能，就让他去训练宫女，并任命他的两个爱姬担任队长。孙子向宫女们讲解了操练要领，并宣布了纪律。然后，孙子下令操练，但宫女们当作儿戏，嬉笑打闹。孙子接着又强调了一番纪律，再下令操练，结果宫女们还是认真不起来。孙子大怒，把两个队长拉出来斩首。吴王一听，吓出一身冷汗，急忙出来劝阻。孙子不为所动，执意杀掉了吴王这两个爱姬。结果，孙子号令一出，宫女非常认真地训练，不敢有一丝一毫的懈怠。

"法"所强调的就是力量组合的合理性和整体运行的有效性。

所谓"法"，是指军队的编制体制、管理方式和保障体系。中国古语所说的"曲制"是指军队的编制体制；"官道"是指将领的管理方式；"主用"是指军队的物资、经费保障。用现在话来说，"法"就是

"体制"，它反映竞争力量通过什么样的组合方式、管理方式和保障方式形成一个有机的整体。"体制"是现代指挥和管理的一个十分重要的问题，它是保证统帅决心能否有效贯彻落实的重要环节。"体制"是一门科学，包括了领导学、管理学、心理学、系统学、控制学等许多内容。

体制所强调的就是力量组合的合理性和整体运行的有效性。随着科学技术的发展和人类文明的进步，体制也在发生着深刻的变化，对体制问题的研究也更为科学和系统。归纳起来，我们要特别注重把握以下几个趋势：一是编制强调"功能性组合"，围绕目标和任务形成有效的编制体系，以提前预置的基本"模块"快速构成现时的力量编成。二是指挥管理强调"人性化"，通过更加科学的和更加符合人们心理要求的方式来充分调动部属的积极性，追求精神情感的内凝力而非简单形式上的内凝力，在指挥控制结构上呈现"扁平化"，纵向层次减少，横向的联结增多，形成信息快速沟通的"网络化"模式。三是保障体系强调"随伴性"，根据情况的变化能够迅速做出反应，以保证所需物资和经费及时到位。另外，在物资保障方面，尽可能缩短储存周转的时间，尽可能减少专业化的障碍，保证渠道的通畅。现代经济所使用的"物流"概念，值得我们很好地研究和运用。

在阐述完"五事"的基本涵义之后，孙子强调说：这五个方面的情况，作为将帅，绝不能不闻不问。知道了这些情况，就会获得胜利；不知道这些情况，就不可能获得胜利。孙子概括的这"五事"非常全面，既包括内部要素，也包括外部要素，既包括人，也包括物。如果认真回想一下，在做出重大决策之前，我们通常要对这五个方面做出分析，并且这五个方面是我们做出决策最基本的依据，缺一不可。孙子概括的这"五事"有着非常普遍的指导意义，在时隔2500年后的今天，我们进行决策所涉及的内容，仍然在这"五事"中进行，不会多，也不能少。孙子将这"五事"提炼出来，是经验之谈，也有理论上的概括。他为我们指出了取胜决策的基本前提，使我们的决策分析变得简洁清晰。

进一步分析，这"五事"的提出，不是简单和随意的，而是有着非常严密的逻辑层次和逻辑关系。《李卫公问对》一书，将"道、天、地、将、法"分为三等。第一等是"道"，"所谓聪明睿智神武而不杀者也"，也就是以德服人，不用暴力；第二等是"天地"，"所谓天时地利是也"，也就是上应天时、下顺地利而用兵取胜；第三等是"将法"，"所谓器必坚利者是也"，也就是凭借武器精良而战胜。这部古兵书的作者认为，这三者构成了中国兵学体系的三个不同层次，而要学习兵学，必须"先由下以及中，由中以及上"，只有这样，才能由浅入深，由低至高，掌握战略的精髓。

我们日常所说的"天时、地利、人和"，反映了孙子兵法"五事"的主要内容。在中国古人看来，"天时"、"地利"、"人和"三者之间，其地位作用是不同的，有先后高低之分。我们可以由此观察孙子"五事"的层次关系。孟子说："天时不如地利，地利不如人和。三里之城，七里之郭，环而攻之而不胜。夫环而攻之，必有得天时者矣；然而不胜者，是天时不如地利也。城非不高也，池非不深也，兵革非不坚利也，米粟非不多也；委而去之，是地利不如人和也。故曰：域民不以封疆之界，固国不以山溪之险，威天下不以兵革之利。得道者多助，失道者寡助。"

只有认真回答和比较七个问题，我们才能知道战争的胜负。

孙子接着谈道，要通过比较双方的一些情况，来探索战争胜负的情势。这些情况是：谁的国君政治修明？谁的将帅有才能？谁能占有天时地利？谁能够令行禁止？谁的军队兵多器利，谁的士兵训练有素，谁的军队赏罚严明。通过回答这七个问题，我们大概就能判断出谁胜谁负了。以上这七种情况，我们通常称之为"七计"。这"七计"是在"五事"基础上展开的。第一种情况说的是"道"，第二种情况说的是"将"，第三种情况说的是"天"和"地"，第四、五、六、七种情况说的是"法"。我们可以看出，孙子这里所说的"七计"是依据"五事"的判断，按照军队作战的实际情况，遵循统帅思维的规律，至上而下地提出了一套简明扼要的思维决策模式。在"七计"中，孙子将"法"做了具体的展开，使统帅的思维决策更有针对性和可操作性。我们特别要注意孙子这里所说的"较"字。这个"较"字，强调的是将双方的情况综合起来加以比较，通过比较来认识交战的结果。战争是对抗双方力量的较量，我们只有通过双方情况的比较才能得出正确的结论。在分析的基础上进行认真的比较，反映出孙子兵法决策的科学性。我们按照孙子的要求，将双方七个方面的情况加以比较，实际上就将作战基本情况进行了细致的分类的量化分析，从而形成逻辑层次清晰的战争全局的认知框图。我们不仅要用这"七计"来规范自己的决策思维，同时也可以用这"七计"来判断其他人的决策思维，也就是说，"七计"可以成为我们衡量一个战略决策是否正确和全面的基本标准。无论历史和现实，大量战略决策的实例，都能够从这"七计"的比较判断是否完整和准确上，找到其成功与失败的原因。

将听吾计，用之必胜，留之；将不听吾计，用之必败，去之。

孙子说：将领如果同意并执行我的战争计划，就会获胜，就留下来用；如果不同意和不执行我的战争计划，就会失败，就应该让他离去。

对孙子说的这段话，多数解释为：国王如果听我的计策，一定会胜利，如果不听，我就离去。我认为这种解释有问题，关键是与上下文不搭界，来得很突然，说得好好的，为什么要将国王一军？问题出在"将"字上，这个字不是作"如"解，而就是指将领。孙子在这段话中想要把将领的问题再突出一下。这段话的意思是：将领如果同意并执行我的战争计划，就会获胜，就留下来用；如果不同意和不执行我的战争计划，就会失败，就应该让他走人。这使我们联想起毛泽东的一句话，"路线确定之后，干部就是决定的因素"。孙子在讲述完如何按照"五事"制定战争计划之后，指明了将领这一决定因素。这在上下文是通的。在现实的作战中，这件事情太重要了，在统帅和将领之间，必须紧紧围绕着既定的作战方案，达到上下高度的统一，甚至要达成一种非常自然的默契。如果你的将领不听你的招呼，不能够很好地领会你的意图，那你的麻烦可就大了！

计利以听，乃为之势，以佐其外。势者，因利而制权也。

孙子说：战略筹划确定并通过之后，就要考虑"势"的问题了，以便充分利用外部的条件。所谓的"势"，就是根据有利条件灵活地去应变。

在这段话中，"听"的意思是"通过"、"采纳"。"势"的意思是"形势"、"态势"。"权"的意思是"权变"、"变化"。孙子后面说的"势"，是一个动词。这段话，与上面的内容有着密切的联系。我们首先要分析战争的各种相关要素即"五事七计"，而后考虑用将的问题，待这些事情确定之后，着眼点就应该放在外部的条件上了。在这个时候，作为一名统帅，要分析一下哪些条件有利，哪些条件不利；如何灵活地利用有利条件，或者说如何根据有利条件去灵活变化自身的力量以应对战场可能发生的情况；判断是否具备了实现自己战略计划的有利条件，思考如何形成实现自己战略计划的有利态势。

如何用"势"，充分借助各种外在的有利条件，是中国战略的一个突出的思想。从一定意义上说，战略在很大程度上就是围绕着这个"势"字做文章。"势"，作为中国战略思想中的一个重要范畴，有着深刻内涵，也有着多种不同角度的解释。在这里，孙子所说的"势"是讲外在的形势，讲外在各种有利条件综合起来的一种态势，而这种态势不是自然形成的，需要统帅通过灵活应变来求取。我们可以这样理解，"势"作为一种外部环境的反映，带有某种必然性的发展趋势，从全局上对双方的战略筹划产生制约。战略统帅必须将自己的战略计划与"势"结合起来，因利而动，因势而变。我想用一个冲浪者的例子来说明这个问题。我们可以把涌起的大浪视为"势"，勇敢的冲浪者因利而动，乘势而上，借用外部有利条件，完成了自己的动作，实现了自己的目标。在我们日常生活讲到的"谋势"，也是这个意思。高明的战略家，强调"谋势"，"谋大势"，而不是把眼光局限在具体的战术对抗行动上或者一城一地的得失上。就战略而言，可以这样说，"势"已成为衡量战略运筹胜败的标志。当对抗的一方已经失势，处于一种丧失了主动权的两难选择时，这一方已经失败了，他们在事实上被对方所摧毁只是个时间的问题了。一位英国战略理论家利德尔·哈特也这样表述过：真正的目的与其说是寻求战斗，不如说是一种有利的战略形势，也许战略形势是如此有利，以至于即使是它本身不能收到决定性的效果，那么在这个形势的基础上，只要打一仗就肯定可以收到这种决定性的战果。

对于"势"，许多企业家和经济战略学家有深刻的认识。国外一家航空公司的总裁布仑尼曼根据自己的体会对"势"做了这样的描述："我认识到，对我们有利的最重要的因素就是势头。我们在大陆航空公司下面点起了一把火；我们迅速地盘旋，并加速爬升到了41000英尺的高空。很快，我们就无法停下来了。这是多么棒的飞行啊！"

兵者，诡道也。故能而示之不能，用而示之不用，近而示之远，远而示之近。利而诱之，乱而取之，实而备之，强而避之，怒而挠之，卑而骄之，佚而劳之，亲而离之。攻其无备，出其不意。此兵家之胜，不可先传也。

孙子的这段话不难理解。他说：用兵打仗，实际上是一种诡异、欺诈的行动。因此要做到：有能力，要装作没有能力；要行动，装作不会采取行动；在逼近对方的时候，要使对方感到很远，当离对方很远的时候，要使对方感已经临近了。对方贪利，就用小利引诱他；对方混乱，就乘机攻取他；对方力量充实，就注意防备他；对方兵强卒锐，就暂时避开他；对方士气旺盛，就设法衰竭它；对方辞卑沉静，就设法使他骄横丧智；对方休整良好，就设法使之疲劳；对方内部团结，就设法制造矛盾离间他。要在对方不备之时和不备之处发动进攻，要在对方意想之外采取行动。这是军事家制胜的奥秘，无法事先来讲明。

当对战略计划、将领选用和外部条件都有充分考虑之后，孙子谈到了战争双方具体对抗的问题。战争是对抗双方的活力对抗。对抗双方的决策者，除了考虑如何正确准备和使用自己力量之外，还有一个重要方面，就是如何使对方判断错误而走向失败。对抗双方，除了斗勇，更要斗智。所以，孙子道出了"兵者，诡道也"的名言，并揭示了许多"不可先传"的兵家制胜的理念，即此段话所说的"诡道十二术"。前面十一个较为具体，最后的"攻其无备，出其不意"较为抽象，带有总括性质。这些理念都是《孙子兵法》全书尔后要展开的核心理念。这些理念，不仅在兵家领域中适用，在其他竞争领域中也同样适用。

用兵不是缺乏智慧的力量机械碰撞，而主要是将帅的一种智力较量。

孙子强调的"兵者，诡道也"，揭示了战争的一个本质问题，反映了战争的一个根本属性，深刻反映了中国战略"用兵伐谋"、"以智克力"的核心思想。在中国战略家看来，用兵不是缺乏智慧的力量机械碰撞，用兵并不完全是短兵相接、刺刀见血的拼杀，而主要是将帅的一种智力较量，人的主观能动性要在这里充分体现出来。高明的将帅在实际作战发生之前，要通过谋略（也可以说诡诈），将对方的力量削弱掉，即将其强的变弱、实的变虚，佚的变劳，聪明的变为愚蠢，最后以很小代价战胜对方。结合实战来说，"诡道"包括有许多内容，如发出错误信息、抛出诱饵、采取一些疑兵的措施干扰对方判断和决心等等。在中国战略史上，这方面的实例则更多，可以说俯拾即是。尽管如此，"诡道"的实质和目的却只有一个，就是"攻其无备，出其不意"。这八个字，可以说是战略学问核心中的核心，原则中的原则，真理中的真理。只要掌握了这八个字的要义，就可以排除各种阻碍，化解各种险情，战胜任何对手。道理很简单，任何再强大的对手，在他没有防备的情况下，他都不是强大的，他都不是你的对手。但是这八个字的精髓，是在书本上学不到的，不可能从先人的传授中获得，这就是孙子所说的"不可先传"的意思。这要在实践中去领悟，要靠你在现实较量中灵活应变地去寻找。

　　出其不意，就是违背常规的做法，或者说，就是逆向而为。这种做法在商战中也很常见。英特尔集团的总裁葛洛夫说，"只有偏执狂才能生存"。出其不意，就是在别人忽略的地方有所作为。这要求扩大自己的视野和活动范围，善于从边际地界上做文章。出其不意，就是采取一些别人难以置信的举动。1906年的旧金山大地震，同时摧毁了城市和城市的整个银行业，但 A.P.詹尼尼公司下属的规模并不大的美洲银行却采取了出人意料之外的行动，它在灾难期间继续放贷，并最终成了世界最大的银行之一。出其不意，就是用不同于别人的角度观察问题。美国计算机销售领域的成功者戴尔认为，成功在很大程度上并不取决于能力，而取决于你是否愿意换一个角度来看你所熟悉的事物。他写道：我的公司恰恰可以证明，我们可以看到竞争对手不愿去看、认为并不存在的机会，并且利用这种机会来盈利。

　　说得再直接一些，"诡道"实质就是"误敌"，就是制造各种假象欺骗和蒙蔽敌人。在《李卫公问对》一书中记载了这样的一段对话。李世民对李靖说道："朕观千章万句，不出乎'多方以误之'一句而已。"李靖考虑很长时间后说："诚如圣语。大凡用兵若敌人不误，则我师安能克哉。"《兵经》一书也有过类似论述："克敌之要，非徒以力制，乃以术误之也。或用我误法以误之，或因其自误而误之。误其恃，误其利，误其拙，误其智，亦误其变。虚挑实取，彼悟而我使误，彼误而我能悟。故善用兵者，误人不为人误。"

　　我想讲一个诸葛亮误敌擒孟获的故事。蜀汉建兴三年（公元225

年），诸葛亮南征孟获，当时正是五月，南方天气十分炎热，诸葛亮命令三军依山傍林，在阴凉地带安营扎寨。蒋琬提醒说："今日所造营寨，正犯了先帝（刘备）败于东吴的地形。"诸葛亮笑着说："你不知道此中的奥妙。"当时孟获被捉到蜀营，诸葛亮故意让人带他遍看蜀军营寨。孟获看后对诸葛亮说："过去不知蜀军虚实，因此落败。今日承蒙您让我看了营寨，不过如此而已，不难打败你们。"诸葛亮大笑，命令放了孟获。孟获让他的弟弟孟优诈降蜀军，约定在夜里火攻，以孟优为内应，劫蜀军的营寨。当天晚上孟获果然前来偷袭，不料白天看好的营寨竟然空无一人。一时伏兵四起，孟获再次被擒。

正确认识《孙子兵法》中"诡道"的思想，需要从道德伦理的角度对其做一个正确的说明。

从字面上来解释，"诡"是欺骗的意思。在中国以儒教"仁义"、"诚信"为主体的传统思想中，"诡"是被排斥在大雅之堂之外的，甚至还被当作批判的对象。在中国战争史中，有许多宁可战败而绝不用"诡"的战例，这其中也包括宋襄公"成列而鼓"、"不擒二毛"的战例。但是，孙子等许多中国古代战略家们却讲"诡道"，主张"兵以诈立"。他们不是机械地理解和套用"仁义"，而是在坚持战略目的之"仁"的前提下，强调力量具体对抗过程中的智慧较量，通过"诡"达成"出其不意"，从而麻痹或调动对方的力量，达到战胜对方的目的。应当说，孙子等战略家们正确地将中国传统思想的"仁义"与中国战略思想中的"诡道"统一起来，而这种统一恰恰又是在正确区分开战略目的和战略对抗的层次上实现的。所以说，我们不能将战略目的与战略对抗的具体方法混为一谈，不能将用于战略目的的道德伦理观念套用在具体的力量对抗艺术上。符合"仁义"目的的"欺骗"是善而不是恶，不应受到道义的谴责；不符合"仁义"目的的"诚实"是恶而不是善，反应受到道义的谴责。像宋襄公这种做法，就曾被毛泽东称之为"蠢猪式的仁义道德"。所以说，孙子讲的"诡道"，是一种竞争中造成对方错觉的示形艺术，这里面有道德前提和道德内涵，是一种辩证把握虚实关系的大手笔的战略运作，绝对不是小人偷鸡摸狗的骗术。孙子说"兵者，诡道也"，这是有特指的范围，是指"兵者"，是指战争领域，是指生死存亡的较量，是针对敌人而言的，绝不能泛用于其他领域，更不能运用于非敌人甚至朋友身上。

一、计　篇

夫未战而庙算胜者，得算多也；未战而庙算不胜者，得算少也。多算胜，少算不胜，而况于无算乎！吾以此观之，胜负见矣。

孙子说：在开战之前，我们如果经过认真推算预计能够获胜的话，获胜的把握就多；如果经过认真推算预计不能够获胜的话，获胜的把握就少。筹划得越是周密，获胜的可能就越大，筹划得越是粗疏，获胜的可能就越小，更何况一点都不去筹划呢？我们根据这些来观察，就可以判定胜负的结果了。

在这一篇的结束，孙子讲到"庙算"。按照中国古人的解释，"庙"是指古代祭祀祖先与商议国事的建筑。"算"指的是"计划"、"谋划"。中国古代兴师作战之前，都要在庙堂上举行仪式，谋划作战大计，预测战争胜负。这个过程称为"庙算"。用现在的话来说，"庙算"就是一种事先的在密室内的一种策划，就是指我们战略意图的设想和作战方案的准备。

孙子在这里所强调的是：战争必须要事先进行周密的筹划。这段话反映了战争可知性和人的主观能动性在战争中的作用，体现了中国战略"谋定而后动"的"先胜"思想。战争关系生死存亡，不可能反复验证，必须认真思考，周密组织。人的思维判断，也能够预测构想未来对抗场面和过程，预先制订方案和对策。恩格斯曾经论述过：再笨的工程师也要比灵巧的蜜蜂高明，这是因为，在构筑一个房屋之前，工程师在脑子里已经有了图案。在"庙算"中，战争的统帅已经构想出未来战争的形态，双方的战略对抗已经展开，不过是在"寂静战场"上展开。对未来战争形态构成的认识成熟与否，正确与否，体现出统帅之间战略思维水平的差距。还有，孙子强调"多算胜"，"少算不胜"，按现在的话说，就是"三思而后行"，尽可能想得多一些，考虑得周全一些。考虑得越周全，胜利的把握就越大。孙子的"庙算"思想，在现代战略领域特别受到推崇，许多关于"虚拟战场"、"寂静战场"的理论，都可以说是孙子"庙算"思想的现代翻版。现代战略重视运用各种仿真模拟手段，展现未来战争的场面，尽可能精细和逼真地筹划未来战争的每一个细节。特别是在大规模杀伤性武器存在的条件下，战略对抗的双方都力求先期求取制胜的绝对把握，企图通过强大的战略威慑达成战略目的，谁都不愿意在没有绝对把握的情况下冒险一战。这种情况，导致了战前阶段战略领域角逐日趋激烈，甚至导致了"庙算"的能力和结果的显示成为直接决定战争胜负的重要手段。谁忽视了"庙算"，谁输掉了"庙算"，就意味他在战前已经输掉了战争。

二、作 战 篇

这一篇不是谈实际的作战，而是谈作战工具和作战物资的准备。

在古文中，"作"有"始"的意思。"作战篇"也可称为"始战篇"。另外，在许多古代《孙子兵法》的注本中，这一篇称为"战篇"，没有"作"字。这里的"战"字指的是"战具"，谈的是作战工具和作战物资的准备。如李筌注释《孙子兵法》所说："先定计，然后修战具，是以《战》次《计》之篇也。"这一篇所要说的是，在思考完战争计划之后，战争实际准备第一步要考虑的重点内容是什么，要做些什么事情。在孙子看来，第一步要考虑的是支撑战争的资源，要从这一基础入手来展开战争的实际运作。战争是力量与力量的对抗，从力量的物质基础着眼，从支撑战争力量的各种现实或潜在的资源入手，符合战争认识和实施的规律，并且具有非常重要的现实指导意义。这种指导意义不仅表现在军事领域，也同时表现在其他领域。有一位经济领域的战略学家说过：企业竞争必须时刻关注你所掌握的资源，对于竞争者来说，资源总是不足的。

在这一篇中，孙子具体阐述了战争巨大消耗与国家安全的密切联系，提示将领们必须从支撑战争的物质基础以及国家承受能力上来思考战争问题。如何减轻国家的压力？孙子提出了两个重要的战略思想：一是从时间上考虑，速战速决；二是从空间上考虑，因粮于敌。孙子从时间与空间的思考中，揭示了战争力量聚能与转换的一些规律和方式。同时，孙子阐明了战争利害的辩证关系，强调了掌握这种利害关系的将领对国家安危的重要性。在这一篇的论述中，贯穿整体的核心战略思想是：在战争准备上，避战争之害而求战争之利，尽可能以最小的代价获得战争的胜利。

孙子曰：凡用兵之法，驰车千驷，革车千乘，带甲十万，千里馈粮，则内外之费，宾客之用，胶漆之材，车甲之奉，日费千金，然后十万之师举矣。

孙子非常生动地描绘了中国古代战前准备的场面。他说：凡用兵作战，需动用轻型战车千辆，重型战车千辆，军队十万，还要越境千里运送军粮，那么前方后方的经费，款待使节、游士的用度，作战器材的费用，车辆兵甲的维修开支，每天都要耗资巨万，然后十万大军才能出动。

古人云：兵马未动，粮草先行。孙子首先考虑的是战争物资经费准备的问题。他一开始就指明了，用兵作战，需要物资经费，并且需要的数量非常大。对此，他用"驰车千驷"、"带甲十万"、"日费千金"来加以形容。他还指出这些物资经费种类繁多，包括车辆、人员、粮食以及用于各个方面的物资及费用。他提醒战争的决策者，战争对一个国家的物力、财力来说，有着非常巨大的消耗性，考虑战争问题，必须首先考虑能否承受这种巨大的消耗性。正是由于这种消耗性，孙子主张慎战，极力反对轻率地用兵，这在他以后的论述中有充分展开的说明。同时，他还特别强调，如果没有强力的物资经费保障，军队就不可能出动，这是考虑用兵的第一个基本的条件。

无论历史还是现实，任何一场战争的消耗都以天文数字来计算。没有强大的综合国力为支撑，任何国家都难以承受为战争所付出的代价。拿近期发生的海湾战争和伊拉克战争来说，战争耗费了数千亿美元。现代战争的一发导弹，就需要上百万甚至上千万美元。除了武器装备之外，在现代战争中，孙子所说的各种外交来往、维修保障、饮食供给等所用的资金，一项也不会少，甚至还增加了很多。

因此，如何应对战争的消耗，如何减少战争的消耗，使国家尽可能减轻战争的负担，充分利用现有资源保证战争的胜利，是战争决策者要认真考虑的一个核心战略问题。

其用战也，胜久则钝兵挫锐，攻城则力屈，久暴师则国用不足。夫钝兵挫锐，屈力殚货，则诸侯乘其弊而起，虽有智者，不能善其后矣。故兵闻拙速，未睹巧之久也。夫兵久而国利者，未之有也。故不尽知用兵之害者，则不能尽知用兵之利也。

孙子说：用兵作战，如果时间拖得太久了，就会使军事行动受阻，使军队的锐气挫伤，攻城就会使兵力耗损，军队长期在外作战会使国家财政发生困难。如果军事行动受阻，军队士气受挫，军力耗尽，国家经济枯竭，那么一些诸侯列国就会乘机作乱，那时候即使有再高明的统帅，也无力回天了。所以，在军事上，只听说过用笨拙的办法求取速胜，没有见过用精巧的办法将战争拖向持久。战争久拖不决而对国家有利的情形，从来不曾有过。所以，不完全了解用兵有害方面的人，也就不能完全了解用兵的有利方面。

　　需要说明的是，在这段话中，"胜久则钝兵挫锐"中的"胜"字放在语句中有些不通，文意失应，很是费解。古今的研究专家们有很多种理解。有人认为应当与前句相连，读"其用战也胜"；有人认为多余，属于误加，可以去掉；也有人认为在"胜"字前面加上"贵"字，成"贵胜"，与后面呼应。我认为，这个"胜"字是"胜过"、"超出"的意思，所谓"胜久"就是指"太久"。

　　在这段话中，孙子将战争资源的消耗与战争时间紧密地联系起来观察，并得出规律性的认识：战争拖得时间越久，战争的消耗就越大，国家就越难以支撑，国家的形势也就会随之而恶化。战事久拖不决，是兵家之大忌。由此，孙子提出他的"速胜"思想。他主张用兵作战，必须要在最短的时间内，用最少的代价，乘锐出击，一举制胜。理解孙子的"速胜"思想，不能机械地局限于进攻或防御、力量大或力量少等方面来理解，而要将其视为一种有条件的普遍指导原则，即只要有能力，就一定要速战速决，不管你是进攻的还是防御的；只要有可能，就一定速战速决，不管你是力量大或是力量小。在历史上，处于防御的一方或力量相对弱小的一方，为了达成战略目标，抓住有利时机，采取速战速决的实例有很多。但是，当你没有能力或不可能速战速决的时候，你就应当设法避免对方速战速决，设法将对方拖入持久的对抗之中，采取一切办法消耗它，使其"兵钝挫锐"、"屈力殚货"，最后迫使对方放弃原有的战略企图，退出战争。即使如此，这种持久的战略性的消耗战，也还需要通过许许多多速战速决的战斗行动来实现。

　　用兵作战，最强调快节奏，最讨厌拖泥带水、婆婆妈妈。在战争中，既有"快"，也有"慢"，两者之间也存在着辩证关系，但是，我们要明确，"快"是第一位的，"慢"是第二位的。"快"应是积极寻求的，"慢"是不得已而为之的；"快"是目的，"慢"是手段，现在的"慢"是为了将来的"快"，次要方向的"慢"是为了主要方向的

"快","慢"是为"快"服务的,为"快"创造条件的。当然,这种"快",不是盲目的,不是蛮干,不是一味的"快"。只有当"快"与"慢"灵活地结合起来,"快中有慢"或"慢中有快",这时的"快"才会产生战略艺术的魅力。

孙子指出,如果不能充分了解用兵的害处,也就不知道用兵的好处。这里反映了知"害"晓"利"的辩证思想。在现实中,"害"与"利"是并存的,也是可以互相转化的。当我们得到"利"的时候,往往同时也得到了"害"。如果我们处置不当,往往我们得到的"利",也可能转化为"害"。所以,我们在趋"利"的时候,先考虑到其"害",就会避免其"害",而可靠地长久地得到"利"。任何事物都存在着对立统一的关系,当看到它"害"的一面,才能够清楚地认识到它"利"的一面,才能够将它的"利"认识全面,认识透彻。现实中,我们常常会在看"利"的时候,忽视了"害"的一面,或者在看"害"的时候,忽视了"利"的一面,从而导致我们战略决策的片面性。我们进行战略决策的时候,应当首先设想到最坏结果和最困难的情况,预先有准备,预先有对策,这样我们才能始终掌握主动,避免被动,顺利达成战略目标。

善用兵者,役不再籍,粮不三载,取用于国,因粮于敌,故军食可足也。国之贫于师者:远师者远输,远输则百姓贫。近师者贵卖,贵卖则财竭,财竭则急于丘役。屈力中原,内虚于家,百姓之费十去其七。公家之费,破车罢马,甲胄矢弩,戟楯矛橹,丘牛大车,十去其六。故智将务食于敌,食敌一钟,当吾二十钟,萁秆一石,当吾二十石。故杀敌者,怒也;取敌之利者,货也。故车战,得车十乘已上,赏其先得者,而更其旌旗,车杂而乘之,卒善而养之,是谓胜敌而益强。

孙子说:善于用兵打仗的人,兵员不再次征集,粮秣不多次运送,武器装备从国内取用,粮食饲料在敌国补充,这样,军队的粮草供给就充足了。国家之所以用兵而贫困的,就是由于军队的远征、远程运输。军队远征,远程运输,将会使老百姓陷于贫困。临近驻军的地方物价必然飞涨,物价飞涨就会使国家财政枯竭。国家因财政枯竭就急于加重赋役。军力耗尽于战场,国内十室九空,百姓的财产耗去了十分之七。政府的财力,也会由于车辆破损、马匹疲病,盔甲、箭弩、戟矛、盾橹的制作补充以及征用运送辎重的牛车，而损失掉十分之六。所以，明智的将领务求在敌国解决粮草供应问题。消耗敌国的一钟（中国古代计量单位）粮食，相当于从本国运输二十钟；动用敌国的一石草料，等同于从本国运送二十石。要使军队英勇杀敌，就应激励部队的士气；要使军队夺取敌人的军需物资，就必须依靠物资的奖赏。所以，在车战中，凡是缴获战车十辆以上者，就奖赏最先夺得战车的人，并且将缴获的战车换上我军的旗帜，混合编入自己的战车行列。对于战俘，要善待他们，为我所用。这就是所说的通过战胜敌人而使自己更加强大的意思。

这是孙子提出的避免国家过度消耗的第二个重要思想，即"因粮于敌"、"胜敌而益强"的思想。在这里，我将传统《孙子兵法》版本的四个分段合并为一个分段。因为这四个分段都是论述这一观点，其中心思想是一个。在这段话中，孙子一上来就点题，强调高明的统帅应当在敌国取用粮食。接下来，孙子回答了为什么要在敌国取用粮食。他认为，国家长途运输，将对国家造成巨大的耗费，应当尽可能减轻国家的这种负担。在论述完"因粮于敌"的原因之后，他从敌我力量相对性上，谈到了"因粮于敌"所产生的一种比较性结果，即"食敌一钟，当吾二十钟"。最后，他将"因粮于敌"的思想伸延到俘获敌士兵和装备为我所用的更大范围，并概括出更具普遍指导意义的"胜敌而益强"的重要结论。

孙子不仅从时间而且从空间上揭示了战争资源消耗规律。他明确指出，一位高明的将领，为了降低战争的消耗，应尽可能减少征兵筹粮的次数。随着战争进展，物资保障的运输距离会越来越远，国家消耗会随着距离的延长而急剧增大。对此，杜牧也有同样的论述。他注引《管子》时说："粟行三百里，则国无一年之积；粟行四百里，则国无二年之积；粟行五百里，则众有饥色。"如何应对这种情况，孙子提出了著名的"因粮于敌"思想，就是设法在敌国的资源中获得补充。这种补充，在增强自己资源的同时也大大消耗了敌人的资源。吃掉敌国一钟粮食，相当于从本国运送二十钟粮食。这真是太划算了。所以，要特别鼓励士兵夺取敌军车马，最好是夺取之后连人带车编入自己的作战序列，成为自己战斗力的一部分。这样，我的战争资源不但不会减少，反而会越战越多；敌人的战争资源不但没有补充，就连现有的也丧失掉了。这一正一反，力量对比就会产生对应性的拉大。这就是孙子所说的"胜敌而益强"。我军在解放战争时期，就运用这种思想，提出依靠前线补充的作战原则，利用就地缴获的武器和俘虏的敌军士兵，及时补充自己实力，使自己的力量越战越强大。

海尔在这方面做得很出色。这家公司提出：国际化就是本土化。海尔在国外发展，要充分借助当地势力和资源。这样做，一是消除消费者对外来品牌的抵触；二是降低进入国的非关税贸易壁垒；三是解决国际商务人才的缺乏。因此，海尔坚持当地设计、当地制造、当地销售，以及当地融资、当地融智。在美国，海尔在洛杉矶建立了设计中心，在南卡州建立了生产工厂，在纽约建立了营销公司，三位一体，形成本土化的海尔，其雇员也主要是美国人。

以上战略思想，我们还可以深追到《易经》中去。《易经》有一卦叫做"损"。"损"卦由下兑上艮组成。艮为山，兑为泽，卦像是"山下有泽"。挖泽造山，"损下益上"。实际上，泽挖得越深，山也就越显得高；相反，山增高了，泽即使不挖也显得低了。这就是说，一方的减少等于另一方的增长。

孙子的这一战略思想非常深刻，这是从敌我力量对比的辩证关系中，提出一种借力增力的思想。巧用对手之力击败对手，这充分反映中国战略思想的智慧，反映出孙子的高人之处。这种思想，在其他领域中也具有非常普遍的指导价值。关于"借力"，中国古书《兵经》也有明确的阐述："古之言借者，外援四裔，内约与国，乞师以求耳。惟对垒设谋，彼此互角，而有借法乃巧。艰于力则借敌之力，难于诛则借敌之刃，乏于财则借敌之财，缺于物则借敌之物，鲜军将则借敌之军将，不可智谋则借敌之智谋。何以言之？吾欲为者诱敌役，则敌力借矣；吾欲毙者诡敌歼，则敌刃借矣；抚其所有，则为借敌财，劫其所储，则为借敌物；令彼自斗，则为借敌之军将；翻彼着为我着，因彼计成吾计，则为借敌之智谋。己所难措，假手于人，不必亲行，坐享其利；甚且以敌借敌，借敌之借，使敌不知而终为借，使敌既知而不得不为我借，则借法巧也。"这段话的意思大致是：人们常说的"借"，是求助外援，约使他国，请求援军。但是在具体的作战对抗中，也有许多巧妙的借法。没有力量可借敌军的力量，诛杀对方有困难时可借用敌人的刀刃，没有资金可借用敌人的钱财，没有物资可借用敌人的物资，没有将领可借用敌人的将领，在无计可施的时候可借用敌人的智谋。为什么这样说？我可以用引诱的办法借敌人的力量办我自己想办的事情，我可以用一些诡道诱使敌人杀掉我想杀的人，我可以将敌人的钱财和物资拿过来为自己所用，我可以通过利用敌人的矛盾策反敌军将领，我可以通过将计就计的办法借用敌的谋略。自己难做的事情，让别人去替你做，不必亲自费力，坐享其利。通过敌人来借用敌人的力量，把敌人借到的东西转为我用，使敌明明知道但又不能不为我所借，这是更为巧妙的借法。

在中国历史上，楚国曾经通过巧妙的战略运筹，为自己调来了援军，化解了自己的险情。在当时的情况下，齐、秦两国的力量处于相对均衡的态势，双方都十分害怕对方的力量超过自己而打破平衡。在这种情况下，当自己不能直接获取中间国家的土地时，也要千方百计地阻止对方占中间国家的便宜。楚国正是抓住了这一点。当齐国率领韩魏进攻楚国时，楚国没有直接向秦求援，而是做出割让土地给齐国的姿态，从而巧妙地使秦国主动发出了援兵。这种示于一极，借于一极的做法，是十分高明的。这个故事发生在公元前300年，秦军大举攻楚，夺取了新城。楚怀王为求得齐国的援助，将太子横送到临淄为质。后来楚怀王被骗到秦国，抑郁而死。齐相孟尝君将太子横送回楚国，并联合韩、魏两国，随其后向楚国的东部发动进攻。由于楚国在与秦的对抗中屡遭失败，国力大损，此时无力抵挡齐、韩、魏三国的攻势，而西面的秦国又在虎视眈眈之中，楚若不忍痛割让大片土地，秦国绝不会出兵救援。在这种情况下，策士昭盖向太子横说："不如先向齐求和，做出一副准备将楚国东部割让给齐国的样子，借以调动秦国。秦国害怕齐国得到楚国东部后实力大增，从此号令天下，必然会出兵救我。"太子横依计而行，令屈署将楚国东部割给齐国，与齐讲和。秦王听说后十分害怕，立即派辛戎到楚国说："不要将楚国东部割给齐国，我们马上就会派出援兵。"于是楚国保全了自己的国土。

《孙子兵法》中"借"的思想，在现代商战中有非常实用的价值。有位中国企业家悟到了"借"的道理。他说：借一切能借之事，借而又借，以借再借，借字当头，利在其中。在一篇文章中，报道了商战专家对蒙牛公司的点评，其中说道：历史上诸葛亮用"借"势打败了曹操，如今蒙牛又续写了"借"势成功的佳话。在蒙牛的成长中处处体现着一个"借"字：创业初期，借用工厂，实施"虚拟联合"，快速开拓市场；借势于"中国乳都"、捆绑行业老大"伊利"，打响自己的名头；借用社会资本，发展自己实力。"借"，把蒙牛的迂回进攻战略展现得淋漓尽致。同时蒙牛将自身的优势资源集中于市场开发、技术开发，将原料供应、生产、运输等资本密集型业务外包，形成以品牌优势为基础的价值网络，而且始终不渝地积累自身的品牌优势，得以在市场中逐步壮大。

故兵贵胜，不贵久。故知兵之将，民之司命，国家安危之主也。

孙子说：因此，用兵贵在速战速决，而不宜旷日持久。所以，懂得战争特点的将帅，是民众生死的掌握者，国家安危的主宰。

在这里，我将传统《孙子兵法》版本的两个分段合并为一个分段。我认为，这两个段意思是连贯的，是由对"速胜"思想的强调引出指挥战争的将领对国家安全的重要性的论述。按照专家们的解释，这里所说的"胜"应当理解为"速胜"，否则上下句的意思不对应。需要说明，这里所说的"知兵"的"兵"，不是具体指军队作战，而是指"战争"。

从对国家资源的消耗上，能够看出战争与国家生死存亡紧密联系。如果不把这种消耗控制到一定限度，一旦开战，战争机器一旦转动起来，就非同儿戏了。在历史上，有许多军队并不是被战场上的对手打败的，而是自己资源耗尽而最终落败的。所以，孙子在这一篇的结尾指出：懂得如何用兵的将帅，是民众生死的掌握者，国家安危的主宰。这句话的深层意思是，一名良将，关系到国家的安危。他并不是仅仅局限于具体的排兵布阵，而是要从战争资源这一根本问题出发去思考战争，思考如何战胜敌人，思考国家怎样避免被战争拖垮。这已经不是一个战术问题，而是一个战略问题。称职的将帅必须具备这种战略意识。这句话还有另一个深层的意思，国家必须认真地选用良将，选那些深谙战争利害并能够从容驾驭战争的良将，在这一方面不能有丝毫的马虎，因为这些将领操纵着战争，他们对一个民族的兴亡和一个国家的安危实在是太重要了。正如曹操在注《孙子兵法》时所说："将贤则国安。"

三、谋攻篇

　　这一篇讲"谋攻"。"谋"就是"谋划"、"智谋"。所谓"谋攻",是指如何谋划战争,如何通过智谋去战胜对手。这一篇集中反映了中国古代战略"以智克力"的全胜思想。这一篇是上一篇的继续展开,正如杜牧在其关于《孙子兵法》的注释中说:"庙堂之上,计算已定,战争之具,粮食之费,悉已用备,可以谋攻。故曰《谋攻》也。"在上一篇,孙子是从战争准备上论述了如何避战争之害而求战争之利。在这一篇,孙子将从战争的对抗策略谋划上讲如何避战争之害以求战争之利,具体说,就是如何在减少和避免战争破坏作用的情况下达到我们所追求的战争目的。

　　孙子曰:凡用兵之法,全国为上,破国次之;全军为上,破军次之;全旅为上,破旅次之;全卒为上,破卒次之;全伍为上,破伍次之。是故百战百胜,非善之善者也;不战而屈人之兵,善之善者也。

　　孙子说:战争的指导法则是,能够保全敌"国"而胜是上策,击破敌"国"而胜则次之;能够保全敌"军"而胜是上策,击破敌"军"而胜则次之;能够保全敌"旅"而胜是上策,击破敌"旅"而胜则次之;能够保全敌"卒"而胜是上策,击破敌"卒"而胜则次之;能够保全敌"伍"而胜是上策,击破敌"伍"而胜则次之。因此,百战百胜,不能算是高明中最高明的;不经交战就能使敌人屈服,才算是高明中最高明的。

　　这段话中的"军"、"旅"、"卒"、"伍",分别是中国古代军队的编制。据中国古代有关资料所载:12500人为"军",500人为"旅",100人为"卒",5人为"伍"。孙子按照国家以及军队的不同编制层次排列下来,论述了同一个意思的战略思想,语句排列整齐,语气生动有力，展现了一种战略上的气势。

在这段话中，孙子谈到"全国"、"全军"、"全旅"、"全卒"、"全伍"，连续谈到了五个"全"字。这个"全"字，它有着非常深刻的内涵，有着非常高的战略境界。我们现在常说的战略所具有的全局性，就体现在这个"全"字里面。有许多国内外的专家围绕着这个字做过深入的研究，他们甚至认为，"求全"的思想，是孙子兵法中最为核心的思想，其他所有思想都是围绕这个思想展开的。这个"全"字，在中国古文中反映的意思是"完美无缺"。与此相关，孙子还多次提到"善"，如"善之善者也"。这个"善"字，不是指仁义道德的"善"，而是"最好"、"最有利"的"善"。这个"善"与"全"的意思相近，也是完全、完美的意思。我们从中可以发现，孙子在追求一种至善至美的战略结果，或者说，孙子在用一种至善至美的追求来设计和指导战争行为。这种追求，对于控制战争的残酷性和破坏性，无疑有着非常积极的意义。在这里，孙子将"全"作为一种战略追求和战略境界，尽可能实现战略目标的完美和保持战争力量的完整，力求最大限度地减少战争的破坏作用，尽可能在不使用武力的情况下达成使用武力的目的。这就是《孙子兵法》中非常重要的一个战略思想，即"全胜"战略思想。

"全"是包括敌我双方在内的"全"。

孙子强调的"全"，并不是单指自己一方的"全"，而是包括敌我双方在内的"全"。他所讲的"全国"、"全军"，不只是自己的国家和军队完好无损，最好敌方的国家和军队也完好无损。只有这样，不仅自己避开了战争之害，对方也会避开战争之害。在一般人看来，这不符合战争的常理，我们可以理解最大限度地减少自己的损失，但对于敌人，应当破坏得越严重越好，使他们流的血越多越好。实际上，按照孙子的观点，战争的有害性同时存在于战争的双方，"破国"、"破军"，必然会导致双方流血伤亡，只不过一方多一些，而另一方少一些；另外，"破国"、"破军"，即使自己一方损失很小，但却使对方遭受到无法承受的损害，这种损害将会成为今后爆发战争的隐患。在以往的战争历史上，许多战争打胜了，却因为战胜国对战败国的利益考虑不够，导致战败国国民产生强烈的复仇心理，最终诱发了下一次战争。第一次世界大战和第二次世界大战都可以从中找到原因。从另一角度看，我们的对手是根据利益而变化的，今天的对手也可能会成为明天的朋友，如果你永久地伤害了对手，也就会永远失去了一个朋友。对此，英国战略学家利德尔·哈特在理解孙子战略思想时说：要使永久性的损害尽量减少到最小的限度，因为今天的敌人，也许明天就会成为我们的顾客，而到后天，甚至还会变成我们的盟友。

所以，按照孙子的"全"义，我们应当从长远的利益和全面的政治、道义的要求上设想我们的战略目标，不能只顾眼前利益，不能只是考虑自己的利益，不能留下后遗症（用战略语言说，就是不能存在实现战略目标的不彻底性）。按照孙子的"全"义，我们应当从避免直接碰撞和大量流血的方式上考虑战争力量的使用，力求在保全双方战争力量的情况征服对方。

不战而屈人之兵。

说到战争，在一般人看来，对抗双方必要经过激烈拼杀，精疲力竭，最后先倒下的那一方被迫向另一方俯首称臣。可是孙子不这样看。他提出这样一个问题：战争目的是为了迫使对方妥协，接受自己的条件。达成这一目的，是不费气力，对方也没有太多损失的情况下实现好呢？还是花费很大气力，对方也遭受很大损失的情况下实现好呢？孙子认为是前者，并提出"不战而屈人之兵"的重要思想。这正是孙子战略思想比别人高明的地方。这一思想提醒我们：当发生对抗，不是盲目而上，一拼到底，而是思考如何通过更为容易、代价更少的方法达成目的，最好是不通过实际的交战而达成目的。

那么，有人会提出这样的问题：不通过实际的交战能够战胜对手吗？答案是肯定的。我们大家都知道"四面楚歌"的故事。汉军用一支歌曲彻底瓦解了楚军。这就是"不战而屈人之兵"。当然，这并不是轻易能够实现的，这是一个"将争谋"的战略问题，需要在战略领域的对抗来实现，需要很高的战略智慧来运作。从严格的意义上讲，胜利是力量较量的结果，也就是说，双方不经过力量的较量，任何一方也不可能获得胜利。这里所说的"不战"，只是说没有发生力量直接的碰撞，即战场上的拼杀。但从战略上看，对抗的双方已经发生了交战，只不过这是一场"寂静战场"的力量较量，只不过是双方潜在地运用力量作用于对方意志的较量。所以说，"不战而胜"，并不是强调"不战"，而是侧重于谈战略层面上的交战，突出"实战"之前的力量间接接触方式的"先战"。我想用中国古代墨子演兵的故事的来说明这个问题。当时，楚国的公输般发明并制作了攻城用的云梯，准备用来作为楚军进攻宋国的利器。楚强宋弱，形势对宋国非常不利。墨子得知后，急忙赶到楚国，力图说服楚王和公输般放弃进攻宋国的计划。但是，楚王和公输般仗恃拥有新式的攻城武器，不为墨子的游说所动。于是，墨子就邀公输般在楚王面前进行一次模拟性的对抗。他们用衣带圈了个"城池"，用木片做攻守城邑的"武器"。结果，"公输般之攻械尽，子墨子守御有余"，墨子获胜，迫使楚王放弃了侵宋的计划。从实际作战上讲，楚宋两国没有交兵，没有发生实际的力量对抗，但从战略上讲，楚宋两国的力量已经得到显示，力量的对抗已经潜在地、无形地发生了，楚方感知到了对方力量的存在，不得不改变了原来的计划。墨子演兵，以威慑之，化解了楚宋战争。这个实例说明了以非战争方式运用军事力量取胜的可能性，说明了威慑的作用。

就战略而言，显示力量，是运用力量的一个重要的方式。战略对抗中的许多运用力量的艺术就体现在"力"的显示上。中国战略所追求的"不战而屈人之兵"的"全胜"要求，更多地不是表现在实际运用力量上，而是表现在如何显示力量上。

改变力量只是手段，不是目的，而从意志上征服对手，才是目的。

为了更进一步认识"不战而屈人之兵"，我们还有必要搞清楚力量运用的最终战略作用点的问题，也就是我们为了达成战略目标，其运用力量的战略作用点是在改变对方力量上，还是在征服对方的意志上，这两者哪个是手段，哪个是目的？这个问题在战略领域中并没有被人们完全认识清楚。一些人常常从力量对抗的有形结果上认定战略目的，为了改变力量对比而运用力量。实际上，战略追求的目的不仅仅是改变力量对比，其最终目的是征服对方的意志，迫使对方服从。中国古代战略家们是从战略的最终结果上认定战略目的，是为了改变对方的意志而运用力量。

中国古代战略以"攻心"为目的的运用力量的指导艺术，远远要比其他国家以"制力"为目的的运用力量的指导艺术要高明得多。这一点，连许多西方战略家都不得不承认。利德尔·哈特是一位英国著名的战略学家，对孙子的这一思想有比较深刻的理解。他强调"最佳的战略目的"乃是"不战而屈人之兵"。在其撰写的《战略论》中的"战略的理论"与"战略和战术的实质"等章节中,作者多次批评了克劳塞维茨所说的"在战争中,只有决定性会战才是最主要的目标","只有在大规模的会战中才能决定重大的胜负"的思想,以及"以流血的方式解决危机"和尽量颂扬"绝对"做法。在"战略的目的"一节中,利德尔·哈特指出:"事实上,即使把决定性的会战(战斗)看成是战争的主要目的,而战略的目的仍然是要使这个会战(战斗)在最有利的条件下进行。不过,条件越是有利,则进行战斗的成分也就会相对地减少。所以,最完美的战略,也就是那种不必经过严重战斗而能达到目的的战略——所谓'不战而屈人之兵,善之善者也。'"(《战略论》,中译本,战士出版社,1981年,第453页。)

法国战略理论家博福尔在谈到《战争论》时说过两段话,也深刻反映了我们上面所说的意思。他认为:"十分明显,像克劳塞维茨提出的'决定胜负是会战中胜利的结果'这个方式并非对于所有的目标都适用。只是下述这条一般原则可以适用于一切情况:不考虑解决问题所用的方法,而只考虑想要达到的结果。这个想要达到的结果就是迫使敌人接受我们想强加于它的条件。在这种意志的辩证法中,当对敌人已经产生心理效果时,问题就已经解决了;那也就是说,他深信再发动和继续斗争都是无用的了。"他还说:"如果能从正确的角度,也就是从敌人的心理反应的角度来观察这个问题,则对于什么是决定性的因素,就能够获得正确的认识……要想解决问题必须首先创造、继而利用一种情况使敌人的精神大大崩溃,足以使它接受我们想要强加于它的条件。这就是对立意志的辩证法中的基本原则……战略的艺术就是要从所有可供使用的手段中,选择最适合的手段,并且配合使用,使它们产生一种心理上的压力,足以达到所要求的精神效果。"(《战略入门》第7、8页)

我认为,中国的"全胜"战略思想明确了这样一个重要观点:在对抗中,改变力量只是手段,不是目的,而从意志上征服对手,才是目的。这一观点在现代条件下也得到了更加充分的证实。例如,美国前总统国家安全顾问布热津斯基说:随着核时代的到来,军事胜负的传统概念已经过时,"打赢"或"取胜"不是结果而是一个过程,即谋取上风或优势的过程。所以说,"全胜"是一种着眼长久彻底的胜利,是一种着眼实现更高层次目的的胜利,是一种真正意义上的胜利。

西方现代战略家们，将孙子的这一思想与克劳塞维茨的思想做了比较，惊异地发现他们一向奉为真理的战略观点原来是错误的：战争的真正目的不是为了赢得战争，而是为了赢得和平。

通过以上论述，我们可以得出这样的结论：战争的目的无非就是征服对手的意志，迫使对手接受自己的条件。我们可以通过力量实际较量迫使对手屈服，也可以通过力量的显示等间接作用使用对手屈服，显然，运用力量是手段，而不是目的。"不战而屈人之兵"强调的是一种最大限度避免战争之害的更高明的运用力量的战略思想。

故上兵伐谋，其次伐交，其次伐兵，其下攻城。攻城之法，为不得已，修橹轒辒，具器械，三月而后成，距闉，又三月而后已。将不胜其忿而蚁附之，杀士三分之一，而城不拔者，此攻之灾也。

孙子说：所以上策是挫败敌人的战略，其次是挫败敌人的外交，再次是击败敌人的军队，下策就是攻打敌人的城池。攻城的办法是不得已的。制造攻城的大盾和四轮大车，准备攻城的器械，需要几个月才能完成；构筑攻城的土山又要几个月才能竣工。将帅控制不住自己忿怒的情绪，驱使士卒像蚂蚁一样去爬梯攻城，结果士卒伤亡了三分之一，而城池依然未能攻克。这就是攻城带来的灾难。

有许多版本将这段话解释为，战胜敌人最好的办法是运用谋略，其次的办法是通过外交手段，再次是用军事手段，最差的办法是攻打敌国的城池。从表面上看，这种解释并没有什么问题，也好像很贴近孙子的原意，但仔细一分析，这种理解在逻辑上有偏差，与孙子的原意也多少有些出入。从逻辑上看，无论运用什么样的手段，都需要谋略，运用外交手段需要谋略，运用军事手段同样需要谋略。运用外交或军事手段离不开谋略，运用谋略，也离不开外交或军事手段。就运用军事手段而言，如果说"伐兵"是运用军事手段，攻打敌国的城池本身也是一种军事手段，"攻城"与"伐兵"存在着概念上的交叉。所以说，孙子这段话按照战争的逻辑顺序，从遏制对方战略企图开始，到与对方军事实力的不得已接触，一步步递进展开。我们应当按照这种逻辑顺序去理解，才能符合孙子的本义，才能适应于现代战争与现代竞争的规律。否则，我们不仅会陷于不合逻辑的误导，还会导致一种脱离实力和手段的谋略空谈。

三、谋 攻 篇

我们下面具体来探讨孙子所讲的几个伐敌方式。

第一个方式是挫败敌人的战略。

通过各种谋略手段，使敌人放弃原来战略企图，或者通过一定威慑手段，迫使敌人不敢产生这种战略企图。这种方式，在中国历史上的纵横家身上表现得很明显。他们通过直接与战争决策者对话，晓以利害，达成不战屈人之兵的目的。在现代战略角逐中，一些大国也力图通过保持超强的军事、经济压力，迫使对方的战略按照自己的意愿来设计。敌人的一切行动都是遵从其战略意图的，如果在一开始就能够消除敌方的战略意图，这是再理想不过了，而且这是从最根本上解决了问题，当然，这需要很高的战略智慧，是一种很高层次的智力较量，尤其在对方也是战略高手的情况下，这种智力较量的难度会更大。应当注意，这种智力较量不是空虚的，不是仅仅停留在战略家大脑构想之中，而要通过一系列的战略行动来实现，其中包括军事上的威慑行动，也包括经济、文化、舆论等一系列的行动，这些行动的结果就是要使敌方统帅的战略思维发生变化，而能不能发生有利于自己或者按照自己设想的那种变化，就要看这些行动的针对性和有效性。

现代战略家们对孙子的"上兵伐谋"思想倍加赞赏，并且积极运用于自己的战略设计之中，取得了使之惊喜的巨大战略效果。美国著名"智囊库"斯坦福研究所战略研究中心的领导人福斯特，于1978年11月向美国国防部及国务院提出了"上兵伐谋"的对苏新战略，曾经参与这一战略研究的日本京都产业大学教授三好修，把这一战略直接称之为"孙子的核战略"。美国前总统尼克松曾经用孙子的这一思想批评了前总统的"相互确保摧毁"战略。他说："相互确保摧毁"的概念存在着三个严重的错误。首先是前苏联我行我素，使这一概念成为泡影。其次，这一概念在战略上和政治上都是错误的，它使美国在威慑一旦失灵时无合理的选择方案；万一发生战争，它也不主张选择合乎理性的政治或军事目标。一个合乎理性的威慑力量不能以非理性的反击作为其基础。例如，未来的美国总统难道能冒风险以牺牲纽约、费城、芝加哥和华盛顿的代价来挽救柏林吗？第三个错误是这个概念有悖于道义。美国决不能自行陷入窘境，使其战略暗示：蓄意屠杀平民是一个正当的目标。威慑不应建立在这种基础之上。上述两个基本缺点，在战略方面和道义方面，是相互联系的。在这段话之后，尼克松用孙子的话做了总结，即"公元前5世纪时，中国的战略家孙子写道：上兵伐谋，其次伐交，其下攻城。攻城之法，为不得已。"美国著名学者、前卡特总统国家安全顾问布热津斯基对这一思想有深刻的认识。他在1986年出版了《运筹帷幄》一书，其书名的副标题是"指导美苏争夺的地缘战略框架"。该书最后一章的标题是"在历史发展进程中压倒对方"。警示的引言是："故百战百胜，非善之善者也。不战而屈人之兵，善之善者也。故上兵伐谋。"在全书的结尾，作者写道："模仿孙子的话来说，美国欲在美苏争夺中不战而胜，上策是挫败前苏联的政策和利用前苏联的弱点。美国如果在地缘战略中的眼光高瞻远瞩，这两点都可以做到。"(《运筹帷幄》，中译本，江苏译林出版社，1989年，第272页。)

第二个方式是挫败敌人的外交。

当敌人战略已定，付诸实施，必然要依赖于各种外部的条件，其中要争取大量的盟国支持，因而要采取大量的外交行动予以配合。因此，破坏敌人的外交，分化敌人的盟友，改变敌人的外部条件，将会对敌人的战略企图产生遏制作用，甚至迫使敌人改变或放弃战略企图。在中国古代这方面的实例有很多。当战争来临时，国王派出使臣，或游说，或让地，或和亲，或离间，破坏敌人的联盟，消除了战争的威胁。现代国家间的对抗也是如此，不仅战前外交活动非常频繁，而且战争爆发后外交活动仍在进行，并成为支持军事战场的另一个重要战场。当前，多种形式的"国际或地区论坛"和"国际或地区对话机制"，都是"伐交"手段的具体体现。

第三个方式是击败敌人的军队。

当前两种方式都不起作用时，双方只有一战而决胜负了。在这种情况下，最好的办法是在最有利于自己的条件下与敌人的军队决战。这里强调的"军队"具体指敌人的有生力量。这种方式强调的是在运动的暴露的状态下消灭敌人的有生力量。用现代作战术语说，就是把敌人调动起来打，通过大量的机动行动，暴露敌军的弱点，寻找有利的战机，尔后将敌军歼灭。我国在解放战争时期强调"运动战"，就是反映了这一作战思想，取得了重大战果。

第四个方式就是攻打敌人的城池。

在孙子看来，这是最笨的办法了，是不得已而为的下下之策。孙子生动描述了硬拼攻城的场面和后果：动用了很多器具，堆积了攻城的土山，死伤了很多士兵，用了数月时间，结果城还没有攻下。孙子将这种结果称为"灾"。纵观中外的战争历史，采用这种笨办法的战例还真是不少，最后的结果也如孙子所言，要么屡攻不下，弃城而去，要么死伤惨重，破城而入，得不偿失。需要明确，孙子的这一思想是就总体战略指导而言的，在具体作战中，并不排除一些必要的攻城行动（如迅速夺占敌重要的战略枢纽），但这些行动是为了在战略上更快地并且代价更少地战胜敌人，这与孙子"其下攻城"的思想并不矛盾。

故善用兵者，屈人之兵而非战也，拔人之城而非攻也，毁人之国而非久也，必以全争于天下，故兵不顿而利可全，此谋攻之法也。

孙子说：善于用兵的人，使敌人屈服而不是靠硬打，攻占敌人的城堡而不是靠强攻，毁灭敌人的国家而不是靠久战。必须用全胜的战略争胜于天下，在实力不受到太大耗损的情况下获得全部的利益，这就是以谋攻敌的法则。

孙子这段话，实际是对上面论述的总结，是对"谋攻"一词的理论阐释。孙子强调用"非战"、"非攻"、"非久"的方式战胜自己的对手，这是一种潜在或间接地运用力量的方式，是一种更为高明的运用力量的方式。中国战略的成就感，不是表现在力量直接的硬性对抗上，而是表现在围绕达成目的的力量运用上。中国战略认为，只要力量运用巧妙，完全可以"不战"达成目的。这种"不战"之"用"，才是对力量最高明的运用。面对现代残酷的竞争现象，我们也可以将此称之为理性和明智地运用力量的方式。这种方式能够使对抗的负面影响减少至最低的程度，无论对于自己还是对于敌人，无论对于个体还是对于社会，都是非常有益的。我在对外讲课时，常常强调"理性竞争"的理念，并特别指出，孙子所倡导的竞争就是理性竞争，并且这种理念在他的用兵思想中得到最好的体现。

屈人之兵而非战，拔人之城而非攻，毁人之国而非久，体现了中国古代战略"不争之争"的思想。关于这个思想，老子早有论述："天之道，不争而善胜，不言而善应，不召而自来。"(《老子·七十三章》)《兵经》对这一战略思想也做了很好的总结："战者争事也，兵争交，将争谋，将将争机。夫人而知之，不争力而争心，不争人而争己。夫而知之，不争事而争道，不争功而争无功。无功之功，乃为至功；不争之争，乃为善争。"(《兵经·争》)成都武侯祠有一副对联也反映了这一思想，上面写道："能攻心则反侧自消，从古知兵非好战。"在中国战略家们看来，"争"是不可避免的社会普遍现象，但是，研究"争"的目的不是为了"争"，而是为了"不争"；同时，在"争"的谋划和实施过程中，也尽可能使用"不争"的手段来达到"争"的目的。

"全争"是一种在更大范围和更高层次的战略性对抗。

孙子所说的"全争"，指得是一种在更大范围和更高层次的战略性对抗。中国古人力求将血淋淋的战争厮杀提升为战略统帅之间的智力较量，并从中得到一种至善的结果和至美的感觉。这种战略的追求和战略的境界，是西方战略所不具备的。中国战略追求完美的这种特性决定并铸就了它自身的完美，并体现出一种与西方战略完全不同的魅力。关于这一点，我们可以通过庄子精彩的《论剑篇》得到形象说明：

> 剑有天子剑、诸侯剑和庶人剑。天子之剑，以燕溪石城为锋，齐岱为锷，晋魏为脊，周宋为镡，韩魏为夹；包以四夷，裹以四时；绕以渤海，带以常山；制以五行，论以刑德；开以阴阳，持以春夏，行以秋冬。此剑，直之无前，举之无上，案之无下，运之无旁，上决浮云，下绝地纪。此剑一用，匡诸侯，天下服矣。诸侯之剑，以知勇士为锋，以清廉士为锷，以贤良士为脊，中忠圣士为镡，以豪杰士为夹。此剑，直之亦无前，举之亦无上，案之亦无下，运之亦无旁；上法圆天以顺三光，下法方地以顺四时，中和民意以安四乡。此剑一用，如雷霆之震也，四封之内，无不宾服而听从君命者矣。庶人之剑，蓬头突鬓垂冠，曼胡之缨，短后之衣，瞋目而语难。相击于前，上斩颈领，下决肝肺。

从战略追求的目的性上看，"全"与"胜"有着密切的联系。许多孙子兵法研究专家用"全胜"一词来阐述孙子的这一战略思想。因此，深入研究孙子"全"的思想,必须了解中国古人对"胜"的理解。"胜",是力量与力量较量的结果,这往往使人得出这样一种直观的结论:"胜",是通过双方力量直接接触和激烈拼杀获得的,是建立在双方力量形态有形改变的基础之上。中国古代战略对此有一种更高层次的认识:"胜",不单指将对方打倒,而是让对方服从自己的意志,接受自己的条件,从而达成自己所追求的目的。仅仅是力量形态上的有形的改变,是"曲胜",只有从意志上彻底征服对手,才是"全胜"。用通俗的话来说,所谓"全胜",就是指"全面"和"全局"的胜利,是指战略目标实现的彻底性。有许多"胜利",从局部和眼前看是胜了,但从全局和长远看却没有胜,甚至还有害,还有失败的隐患,这就不是孙子说的"全胜"。

中国古人将"胜"分为"三胜",即:"凡兵有以道胜,有以威胜,有以力胜。讲武料敌,使敌之气失而师散,虽形全而不为之用,此道胜也。审法制,明赏罚,便器用,使民有必战之心,此威胜也。破军杀将,乘阗发机,溃众夺地,成功乃返,此力胜也。"(《尉缭子·战威》)在这里所说的"道胜"也就是我们所说的"全胜",这是一种"使敌之气失而师散,虽形全而不为之用"而达成的胜利。中国古人还有"王"、"霸"、"强"的说法。荀子曾经谈到:"王夺之人,霸夺之与,强夺之地。夺之人者臣诸侯,夺之与者友诸侯,夺之地者敌诸侯。臣诸侯者王,友诸侯者霸,敌诸侯者危。"(《荀子·王制》)我们所说的"全胜",实际上也是一种"王者之胜",强调"夺之人","臣诸侯"。

由此看出,中国战略在"制胜"的学问上强调"服",而不是"制"。例如,中国古书《国语·周语上》曾经专门阐述了"五服"思想,即"邦内甸服,邦外侯服,侯、卫宾服,蛮夷要服,戎狄荒服。甸服者祭,侯服者祀,宾服者享,要服者贡,荒服者王"。既然是"服"而不是"制",中国战略特别关注"德"与"力"的关系,强调暴力的运用首先必须具有一种道德上的合法性。这充分表现在儒家文化对中国战略的影响上。与西方战略相比,中国战略的"力"带有更多的"理"的成分,增加了"服"的分量。

"全胜"是以最小的代价来夺取战争的胜利。

孙子所追求的"全胜",并不仅仅是一般意义上的胜利,而是以最小的代价来夺取战争的胜利,这也就是所谓的"兵不顿而利可全"。在中国古代战略家们看来，获得胜利可以有各种不同的手段和各种不同的途径，他们不屑于那种"歼敌一千，自伤八百"的胜利，而推崇"兵不顿而利可全"的胜利。这就是"全胜"。所谓的"全"，体现在代价与结果效费比的全面分析和全面衡量上，所谓"胜"，体现在将代价与结果统一起来考虑的战略目标上。

这里，有一关键性的问题，我们如何通过"非战"、"非攻"手段，在"兵不顿"的情况下，实现"全胜"的目标？这个问题在《孙子兵法》中得到的回答是采用"谋攻之法"。所谓"谋攻"，是运用智慧而不是硬拼去战胜对手，运用巧力而不是蛮力去实现目标。

"谋攻"强调"毁力为下，攻心为上"，它包含有两层意思：一层意思是运用智谋更加巧妙地调动力量、运用力量和转换力量，最终战胜对手。另一层意思是在战略层面上进行智慧的较量，迫使对方改变战争计划，放弃对抗的企图。用现在的话来说，这后一层意思是讲"攻心战"。从表面上看，战争是力量之间的对抗；从实质上看，战争是要达成政治目的，最终是为了征服对方的意志，是要攻心的。实现"非攻"而胜，就是要求战略家们充分发挥聪明才智，以征服对方的意志和迫使对方放弃企图为目的，巧妙地运用力量和各种手段，达到一种"兵不顿而利可全"的战略效果。

"谋攻"深刻反映了中国战略"以智克力"的思想。正如中国古人所说："以智服天下，而天下服于智，智固不胜；以法制天下，而天下制于法，法亦匪神；法神者，非善之善者也。圣武持世，克无城，攻无垒，战无阵，刃游于空，依稀乎酿于无争之世，则已矣。渊渊涓涓，铮铮铿铿。"（《兵经·如》）这种思想，强调充分发挥战略统帅的聪明才智，通过智慧和谋略的运用，制胜于先机之中，制胜于无形之中。这就是孙子的"先胜"思想和"无胜"思想。对于很多人来说，"无胜"的提法比较生僻，不知何义。它的意思就是说，高明的获胜之人，无智名，无功勇，人们并没有看到他获胜，他的胜利是在表面上没有胜利迹象中获得的，是在人们不知不觉中获得的。这两个思想，我们在《孙子兵法》的下文中还要详细论述。

必须明确，"谋攻"也好，"以智克力"也好，都不能离开实际的力量去空谈"谋"和"智"。战胜对手，无论是采用"战"或者"不战"的方式，归根结底还是力量在起作用——或者使对方在力量的实际碰撞中接受失败的事实，或者使对方认识到所面对的力量真实存在并且十分强大以至于必然导致自己失败的事实。所以说，孙子讲的"谋"，中国古人讲的"智"，是表现在力量运用上的谋略和智慧，是把握和驾驭力量运用规律的一种科学与艺术的体现。

故用兵之法：十则围之，五则攻之，倍则战之，敌则能分之，少则能守之，不若则能避之。故小敌之坚，大敌之擒也。

孙子说：用兵的原则是，有十倍于敌的兵力就包围敌人，有五倍于敌的兵力就进攻敌人，有两倍于敌的兵力就可以应战于敌人，有与敌相等的兵力就要设法分散敌人，当兵力少于敌人的时候就要坚守防御，当不能匹敌的时候就要设法躲避敌人。所以，弱小的军队假如固执坚守，就会成为强大敌人的俘虏。

在这段话中，"敌则能分之"的"敌"，是"相等"、"相当"的意思。

孙子这段话实际是根据强胜弱败的规律提出的用兵法则。他认为，在双方力量对比不同的情况下，用兵的方法也不同。他明确告诉我们，无论是进攻还是防守，无论包围还是逃避，都是根据实力的强弱而决定的。实力，是决定战略的基础，是决定战法的依据。

如果结合上文来说，孙子这段话的基本思想还是强调"兵不顿而利可全"。他在回答这样一个问题：在不得已而战的情况下，如何以最小的代价获得最大的胜利。他指出，即使具体作战中，也不能死拼硬打，要根据敌我兵力对比，采取灵活的应对措施，尽可能"兵不顿"而解决问题。如果我的兵力超过敌人十倍，就把对方围起来，迫使其投降；如果我的兵力超过敌人五倍，就坚决攻击，一战而胜；如果我的兵力超过敌人两倍，就要根据情况，战而胜之；如果我的兵力与敌相当，就要设法将敌人的兵力分散，各个击破；如果我的兵力少于敌人，就要组织坚固的防御，保存自己，消耗敌人；如果我的兵力更少，就得设法躲避了。

我们需要专门分析一下最后一句话："故小敌之坚，大敌之擒也。"这句话不是很好理解，许多人将其错误理解为：弱小的力量只要是坚强防守，就会最终将强大的敌人擒获。实际上，这句话与上句"不若则能避之"是有联系的，强调的意思是：在兵力很少的情况下坚守，不求躲避，恰恰成了强大敌军轻取的探囊之物。有一个民间故事可以帮助我们更好地理解这个意思。有一个人获得了很多财物，为了防备他人窃取,他把这些财物锁在一个很坚固的箱子里,结果,这种方法对于防备小偷还有效,但对于那些江洋大盗来说,等于是为他集中包装好了财物,使其窃取更为容易方便。

夫将者,国之辅也,辅周则国必强,辅隙则国必弱。

孙子说:所谓将帅,就像是国家的辅木,辅木设置运行得周密可靠,则国家定会强盛;辅木设置运行得有空隙不牢靠,国家就一定会衰弱。在中国古代,辅木是安装在车子上的一个重要设备,"辅"与"车"两者必须紧密地联结在一起,才能使车辆正常安全地运行。所以,中国古人有"辅车相依"的说法。孙子在这里用一种比喻的方法说明将帅与国家的关系,说明将帅在国家安全中的重要地位。

孙子在这里突出强调将帅的作用,是他的"谋攻"思想的延伸。我们所说的"谋"也好,所说的"智"也好,它们来自于哪里?来自于将帅的头脑。所以,充分认识并发挥将帅的作用,是实施"谋攻之法"的关键所在。没有优秀的将帅,或者将帅与国家不一心,协调得不好,就不可能产生好的谋略,也就不可能实施"谋攻之法","兵不顿而利可全"只是一句空谈。所以,选好将帅,并且处理好与将帅的关系,实在是太重要了。

故君之所以患于军者三:不知军之不可以进而谓之进,不知军之不可以退而谓之退,是谓縻军。不知三军之事,而同三军之政,则军士惑矣。不知三军之权,而同三军之任,则军士疑矣。三军既惑且疑,则诸侯之难至矣。是谓乱军引胜。

孙子说:国君危害军队行动的情况有三种:不了解军队不可以前进而硬让军队前进,不了解军队不可以后退而硬让军队后退,这叫做束缚军队。不了解军队的内部事务,而去干预军队的行政,就会使将士迷惑。不懂得军事上的权宜机变,而去干涉军队的指挥,就会使将士疑虑。军队既迷惑又疑虑,那么诸侯列国乘机进犯的灾难也就到来了。这就是所谓自乱其军,自取败亡。

在这段话中,有几个难懂的字词需要解释一下。"谓之进"的"谓"字当"使"字讲。"縻军"的"縻"字是"羁绊"、"束缚"的意思。"同三军之政"和"同三军之任"的"同"字是"干预"的意思。"乱军引胜"的"引"在这里是指"自我失去",有古人将此语注释为

"自乱其军，自去其胜"。

孙子这段话的意思很明确，就是要强调指出将帅与国家的关系最主要地表现在将帅与君王的关系上，发挥将帅的聪明才智关键要正确处理好君王与将帅的关系。战争中，好的智谋，多出于前线的将帅。在许多情况下，一个将帅不能充分发挥自己的主观能动性，自己苦思冥想设计出来的战略无法付诸实施，均由于君王盲目武断的干预。所以，将帅是君王的助手，必须尽职尽责，不要顾虑太多。另外，君王千万不要胡乱发令，影响将帅的指挥，要给将帅充分的权力，要给将帅留有充分发挥主观能动性的空间。出于对国家安全负责，在前线的将帅们也要敢于坚持自己正确的战略决策，掌握必要的指挥控制权，这就是中国人常说的"将在外君命有所不受"。

无论是中国，还是外国，"乱军引胜"的历史教训实在是太多了。许多战争失败，并不是出自于国家实力衰弱，也不是出自于将帅指挥失误，而是出自于君王的干预。甚至有这种情况，前线将帅明明知道按照君王的号令去做是死路一条，但也不得不朝向这条死路迈过去。从另外一个角度看，一些高明的战略家，常常把很大的功夫下在对方君王的迷失上，通过"激"、"诱"、"吓"等多种手段，导致对方君王"縻军"、"乱军"，使之自取败亡——这恐怕也是一种"不战而屈人之兵"的上上之良策吧。

故知胜有五：知可以战与不可以战者胜，识众寡之用者胜，上下同欲者胜，以虞待不虞者胜，将能而君不御者胜。此五者，知胜之道也。

孙子说：预知胜利的情况有五种：知道可以战或不可以战的，能够胜利；明白实力强弱之运用规律的，能够胜利；上下同心同德的，能够胜利；以己有备对敌无备的，能够胜利；将帅有指挥才能而君主不加牵制的，能够胜利。这五条，是预知胜利的方法。

这段话中的"虞"，在中国古语多解释为"备"的意思。

将帅在"谋攻"的时候，必须预先知道自己是否有取胜的把握，能否获得胜利。当一名将帅连自己能否获胜都没有确定判断的时候，就采取行动，是典型的莽撞和蛮干。这种做法，是中国战略特别反对的。那么，如何才能预知胜利？孙子概括总结了五种预知胜利的方法，提出了他的五条著名的"知胜"论断，用现在的话来说就是：一是知道当面之敌是否可以与之战，二是知道敌我兵力对比情况以及应该采取的方法，三是知道军心是否凝聚，四是知道准备是否充分，五是知道国王与将帅的关系是否协调。

关于第五条要多说几句。中国战略非常重视这种君王与将帅的关系，强调要充分发挥将帅的才智，最大限度地减少对前线将帅的掣肘。就"知"而言，中国许多成功的战略决策，是从这种关系的分析中得出来的，如曹操和他的谋士对袁绍的分析。曹操是一位杰出的军事家，他和他的谋士们的过人之处之一，就是非常善于把握对手的心理与性格特征以及对手的将帅关系。官渡之战，曹操的敌人主要是袁绍。曹操对袁绍有这样一段评价："吾知绍之为人，志大而智小，色厉而胆薄，忌克而少威，兵多而分画不明，将骄而政令不一，土地虽广，粮食虽丰，适足以为吾奉也。"这一段分析可谓入木三分。野心很大而才智浅薄，外表凶狠而内心胆怯，猜忌刻薄，缺少威信，都是对袁绍个人品质以及他与其部属关系的剖析。曹操以此为根据做出了可以战胜袁绍的判断。曹操的谋士郭嘉也指出，袁绍的性格特征是"性迟而多疑"。谋士贾诩也把曹操与袁绍做了对比分析，说"公明胜绍，勇胜绍，用人胜绍，决机胜绍。"精明、勇敢、任用人才、果断机智四个方面，曹操都大大胜于袁绍。事实证明，曹操和他的谋士们对袁绍的判断完全是正确的。袁绍的心理与性格弱点，直接导致了他在官渡之战中的失败。

把握住这五点，就可以大致预测胜利的结果了。这五点，是经验总结，理解起来也并不困难。在将帅进行战略决策的时候，只有用心将这五点认真分析一下，就会得出比较正确的"知胜"结论。但是，在大量的现实应用中，就没有这么简单了。许多将帅虽然做了一些胜利的预测，要么不完整，要么不准确，要么是被敌假象所蒙骗，最后得出的"知胜"结论是错误的，以致在不该战的时候与之战，得到的不是胜利而是失败。

故曰：知彼知己，百战不殆；不知彼而知己，一胜一负；不知彼不知己，每战必殆。

孙子说：所以说，既了解敌人，又了解自己，百战都不会有危险；不了解敌人但了解自己，或者胜利，或者失败；既不了解敌人，也不了解自己，那么每次用兵都会有危险。在这段话中，"殆"是指"危险"的意思。

孙子在本章最后一段话中提出了"知彼知己，百战不殆"这一众所皆知的至理名言。把"谋"落到"知"上，上升到哲学层次，使人在战争中的聪明才智建立在坚实的客观认知基础上。

"知"，是中国战略又一个十分重要的范畴，它将我们带入力量运用的战略决策领域之中，这个领域同时也是战略主体行为研究的领域。"知"决定了战略统帅的判断和决心，因而也就决定了对抗中"力"的施向，决定了"力"是否能够达到"胜"的结果。"知"，是中国"以智克力"战略思想的重要组成部分，体现在战略统帅思维活动之中并贯穿于力量对抗战略指导的全过程，它与哲学认识论、人类思维科学以及力量对抗中信息的作用都有着十分密切的联系。

"知"，就是我们常讲的"知道"、"了解"等意思。按照现代信息理论来解释，就是获得了想要得到信息。要是按照哲学理论来解释，这个"知"就复杂了，它涉及到主体与客体的关系，涉及到人类思维的发生机制，是指人对客观世界的感知和认识，以及客观世界在人头脑中的反映。由此，产生了哲学上的认识论，出现了许多抽象的"映像"、"感知"等概念。历史上关于"唯心论与唯物论"、"可知论与不可知论"的争论，都与这个"知"字有关。就战略而言，这里所谈的"知"，不仅仅是对一般现象和一般情况的掌握，而是强调对事物本质的洞察，对认识对象及其相关要素全局性的掌握。

在中国战略中，"知"与"智"是联系起来看的，甚至可以这样说，在一些中国战略思想家的眼中，"知"即是"智"。老子曾经说过："知人者智。"（《老子·三十三章》）我国《孙子兵法》研究专家吴如嵩认为："孙子尚智，把智列为五德之首。古代，'智'与'知'是一个字，二者通用。因此，我们在分析'智'的内容时，就应既包括智慧方面的才能，又包括知识结构方面的要求。"（《孙子兵法新论》，解放军出版社，1989年，第110页）

还有，在中国战略中，"知"与"事"是两个对应的范畴。"知"是讲如何思考和制定战略，包含有"智"的意思；"事"是讲如何组织和实施战略，包含有"行"的意思。例如，在《淮南子·兵略训》一书中，将"权"分为"知权"和"事权"。据此，我们能够从这两者的对应关系中进一步掌握"知"的涵义。

孙子所说的"知彼知己，百战不殆"这句话，对"知"的必要性做了言简意赅的阐述，意思是：熟悉对方和了解自己，就可以百战百胜。反过来说，不熟悉对方，不了解自己，就会逢战必败。简言之，不知者，不能胜。

就战略而言，"知"与"胜"的必然联系所形成的这种必要性，具体表现在两个方面：第一，要想战胜对方，必须对双方的情况了如指掌，这样才能熟悉彼此力量对比的现状，正确判断彼此的强点和弱点，针对对方的战略企图，制定和实施自己的战略对策。第二，中国战略讲"易胜"。在实际的战略对抗中，不只是强调力量在整体上的优势，更加强调力量因时因地恰到好处运用而形成的局部优势。这就需要"知"，这就是我们现在所说的"信息"的作用，它能够使力量的作用放大，使战略决策者以最小的投入获得最大的效益。

要想达到"知"，需要掌握"知"的内容，需要明白自己究竟应当"知"些什么。首先，要知彼知己，就是说，要了解自己的对手，同时也要熟悉自身的情况。这方面讲起来似乎很简单，但做起来却非常困难。有些人明于知彼，却暗于知己；有些人明于知己，却暗于知彼。这样，就无法达成战略上所要求的建立在辩证统一认识上的"知"，容易犯战略上片面性的错误。还有，有些人认为自己既知了彼，也知了己，但实际上知得不够，知得不透，这也同时达不到战略上的要求。另外，就现代战略而言，"知"不仅仅体现在我方对敌方的所"知"上，还要体现在如何控制敌方对我方的所"知"上。这因为，对抗的真正目的是征服对方的意志，这需要让对方按照我们的设想对力量的对比和对抗的结局做出判断。这是一个很重要的战略威慑感知的问题。

在商战中，掌握孙子的"知彼知己"的思想，是非常重要的。沈阳飞机集团的老总许焕刚说：市场经济中的竞争对手如同战场上的双方一样，彼此谁都研究谁，就是要了解竞争对手的所有情况，清楚对手的优势和劣势，了解的情况越多、越细越好，所谓知彼不知足矣，多多亦善。有的商战战略教程指出：如果一家公司不注意竞争对手的所作所为，那么它就如同瞎子赶路。如果一家公司不去监测其竞争对手的各种行动，不去理解他们的战略，不去预测他们下一步最可能采取的行动，那么，他就不可能战胜竞争对手。竞争对手采用的战略以及竞争对手下一步最可能采取的行动对一家公司如何做出行动有着直接的关系——它是否需要阻挡竞争对手采取的行动，或者竞争对手的行动是否提供了一次新的进攻机会。

总之,"知",要知其根本,知其实质,知其长远。"知",要善于从敌人表面的强大中,看到其外强中干的本质,这是正确的战略认识论。与之相反,有人在进行敌我对比时,只看军队数量而不看质量,只看武器优劣而不看民心士气,这样的对比是不可能抓住实质的。中国古代的淝水之战,秦军统帅苻坚夸口说自己的兵马多得不得了,投鞭于江,即可以阻断其流,以为仅凭兵力数量优势就可以打败东晋,结果终因内部矛盾重重、指挥失误而惨败。

四、形　篇

在古语中,"形是有质之称","形"讲的是可视可见的有形物质及其形态。在这里,孙子说的"形"是指战争力量及其表现形式。战争是力量与力量的对抗。力量是战略的一个核心要素。力量是孙子兵法中的核心内容。力量对抗是战略所展开的逻辑起点。从力量出发,对于认识孙子兵法的精髓和把握现代战略指导的要义,具有十分重要的意义。

孙子曰:昔之善战者,先为不可胜,以待敌之可胜。不可胜在己,可胜在敌。故善战者,能为不可胜,不能使敌必可胜。故曰:胜可知,而不可为。

孙子说:从前善于作战的人,先要做到不会被敌战胜,然后待机战胜敌人。不会被敌战胜的主动权操在自己手中,能否战胜敌人则在于敌人是否有隙可乘。所以,善于作战的人,能够做到自己不被敌人所战胜,但不能绝对保证自己一定会战胜敌人。所以说,胜利可以预知,但并不能强求。

在最后一句"而不可为"的解释中,将"不可为"理解为"不能强求",有一些费解。胜利的可知性与其强求有什么关系?既然胜利可知,为什么不去追求?从这段话的整个意思可以看出,孙子强调的是胜利变为现实是有条件的,其中一个重要条件是敌人有隙可乘。所以说,可以预见的胜利,还只是目标,要实现它,必须等待时机和创造条件,不能强求。

孙子的这段话论述了他的一个非常重要的战略思想,即"自保而全胜"的思想。敌我双方对抗中,存在着一个"自己不被战胜"和"战胜对手"的辩证关系。前者是可以通过自己的努力做到的,后者除了自己努力之外,还需要有机会和条件。一个高明的将帅,首先要确保自己不被战胜，尔后再设法战胜对手。在历史上有许多战例说明这一点。高明的将帅首先将自己的力量建设好，将自己的后方稳固住，然后再出击对手。在体育比赛中，这一思想体现得也很明显，不会防守只知进攻的拳手是不会获得胜利的。在上次世界杯足球赛取得成功的教练，其指导思想都是首先确保自己球门不失，而后组织进攻。巴西成功获得世界杯冠军，是一个运用《孙子兵法》的成功实例。据有关资料报道，巴西教练斯科拉里是带着《孙子兵法》参赛的。这一思想深刻体现在商战中。沃尔玛的首席执行官戴维·格拉斯在谈到沃尔玛的竞争战略时说，"总是先建立内部能力，而从不凭空跳跃"。在实践中，做到这一点并不容易，人们往往头脑发热，过高估计自己力量，忽视了自身弱点，而被对手所乘。如果我们仔细分析一下历史和现实的许多事例，能够发现一些人的失败正是由此导致的。

"自保而全胜"的核心是"己不可胜"，即先要使自己立于不败之地，然后求胜。除了孙子以上的论述之外，中国古人还谈到："盖闻善用兵者，心先修诸己，而后求诸人；先为不可胜，而后求胜。修己于人，求胜于敌。己未能治也，而攻人之乱，是犹以火救火，以水应水也，何所能制？"(《淮南子·兵略训》)这段话说得很形象，与敌应战如同救火或治水一样，如果自己的事情都没办好，贸然攻击对方，就如同用火来救火，用水来治水，肯定达不到目的。

以上表明，中国战略不是仅从消灭敌人这一个方面来认识"胜"，而是从保存自己与消灭敌人的辩证关系上全面地认识"胜"。在把握中国这一战略思想时，我们要强调"自保"，但也要同时看到，对抗中单纯强调"自保"有时会陷于"保守"，有些"自保"要在消灭敌人的主动行动中来获取，正如毛泽东所说：只有大量消灭敌人，才能有效地保存自己。

不可胜者，守也；可胜者，攻也。守则有余，攻则不足。善守者，藏于九地之下；善攻者，动于九天之上。故能自保而全胜也。

孙子说：要想不被敌所战胜，就要组织好防御；要想战胜敌人，就要采取进攻行动。采取防御，是因为敌人兵力有余；采取进攻，是因为敌人兵力不足。善于防御的人，隐蔽自己的兵力如同深藏于很深的地下；善于进攻的人，展开自己的兵力就像是自重霄而降。这样，就能够保全自己，达到全胜的目的。

这段话在文字上真是非常美，就像读诗一样。"不可"与"可"、"余"与"不足"、"守"与"攻"、"九地之下"与"九天之上"对应得非常好，并且有一种超凡脱俗的气势。

这段话与上段话在逻辑上是紧密联系在一起的。如何实现"先为不可胜，以待敌之可胜"？孙子认为，这要明白"攻"与"守"的道理。要想不被敌人战胜，就要"守"；要想战胜敌人，就要"攻"。防守与进攻，与力量对比有着直接的关系。你的力量比敌人弱小，就要采取防守行动；你的力量比敌人强大，就可采取进攻行动。对于具有不同指挥才能的将帅来说，他们所组织的防守或进攻行动有很大的差异。一位优秀的将帅，他所组织的防守坚不可摧，就像孙子所说的"九地之下"；他所组织的进攻雷霆万钧，就像孙子所说的"九天之上"。只有这样，就可以实现"自保而全胜"的战略意图。

孙子在这段话中深刻触及到战争最本质的一个问题。所谓"不可胜者"，是讲"保存自己"；所谓"可胜者"，是讲"消灭敌人"。我们可以想像一下，双方对抗的所有意图或行动，都是围绕着"保存自己，消灭敌人"这个本质而展开的。我们只有紧紧把握住这个本质问题，才能始终把握住战争的规律，才会形成高人一筹的战略决策。

战争中的所有奥妙，无非就是一个"攻守之道"。

"不可胜者，守也"，"可胜者，攻也"。孙子由"保存自己，消灭敌人"这一逻辑起点，提出了"防守"与"进攻"两种行动样式。这是战争中两种最基本的行动样式，也是所有竞争方式中两种最基本的行动样式，其他任何行动样式要么是这两种行动样式的更具体的展现，要么就是围绕着这两种行动样式而组织实施的。战争中的所有奥妙，无非就是一个"攻守之道"。作为一名将帅，他的指挥艺术，无非是体现于这种基本行动样式的组织与转换上。

"守则有余，攻则不足"。孙子明确阐述了攻守行动与力量之间的关系。力量的多与少，决定了双方对抗应采取何种行动样式。力量多，能够战胜对手，则进攻；力量少，无法战胜对手，则防守。这是一般规律。精通兵法的人都清楚，进攻者要比防守者拥有更多的兵力，甚至要多到数倍以上，如孙膑所说："客倍主人半，然后敌。"

孙子用十分简明和形象的语言对防守与进攻提出了要求，这就是："善守者，藏于九地之下；善攻者，动于九天之上。"防守，是以弱制强的行动，在作战上多借助于有利的地形来实施，即使是现代战争，防守者依然要选择有利的地形来隐蔽自己，或修筑坚固的地下工事来防护自己。进攻，是以强制弱的行动，在作战上多追求一种自上而下的"势"。在现代战争，"九天之上"体现得更为明显，不仅空中打击力量已经成为进攻力量的主角，而且太空军事力量也被应用于战场。对于这一点，我们感到惊奇的是，在2500年前，处在平面战场的孙子，就已经为我们勾画出现代立体战争的场面，并且形容得如此贴切，以至于我们还找不出更好的词语来替代孙子的这一形容。

"自保而全胜"是将"攻"与"守"作为辩证统一体来考虑。

中国古人谈攻守，不是将两者分开来谈，而是将两者统一起来谈。在中国战略家们看来，没有"攻"，也就无所谓"守"；"攻"中有"守"，"守"中有"攻"；"攻"与"守"是互相转换的。在战略被动的"守"中寓有主动的战役、战斗的"攻"，这是中国战略的一个重要特色，它充分体现在中国"积极防御"的战略思想中。除了"寓攻于防"之外，中国"积极防御"战略思想还体现在"攻"与"守"的地位确定和关系处理上。中国战略家们认为，攻是绝对的，守是相对的；消灭敌人是第一位的，保存自己是第二位的；所以，中国古人说"攻是守之机，守是攻之策"。

"攻"与"守"分别有各自的利与弊。中国战略善于从攻守辩证统一的角度，分析"攻"与"守"各自作用及利弊，根据力量和相关客观情况，扬长避短，综合考虑这两种样式的运用。中国古兵书《投笔肤谈》关于"攻"与"守"的利弊分析颇有道理，其中谈道："凡以守待敌者佚，以攻待敌者劳，劳佚之相乘，而利归于守也。攻则力合而难敌，守则势分而难救，分合之相乘，而利归于攻也。守之顺者攻之逆，攻之易者守之难，攻守之相乘，而胜负之机不定也。故欲低昂之，不可不如持衡然。"这句话的意思是，从劳佚的角度看，守者佚而攻者劳，守者有利；从分合的角度看，攻者合而守者分，攻者有利。对于守者有利的方面则是对于攻者不利的方面，对于攻者有利的方面则是对于守者不利的方面。攻守各有利弊，胜负的结果难以从攻守的形式上来确定，关键是把握住攻守平衡，把握住攻守之间的辩证关系。

关于攻守之间的辩证关系，国外一些战略思想家们也有大量类似的论述。例如，法国的战略学家博福尔这样谈道："作战的目的就是强迫敌人在对他不利的条件下接受会战。1．当我方的资源优于敌方，且我方的打击能力适当时，战争应取攻势，其目的是为寻求决定性的会战。就是使用直接手段的攻势战略，其目的是集中最大量的资源，以摧毁敌人的主力。2．如果我方的优势并不那样明显，或者是由于当时战术条件的限制，攻势行动很少可能产生决定性的结果，则有两种方案可供选择：A．先用防御行动消耗敌人，随之进行反攻。这就是直接的攻守并用战略。B．在主力行动之前，先用一种牵制性的攻击使敌人丧失平衡，这就是使用间接手段的直接战略。3．如果可动用的军事资源不足以获得理想的结果，则军事行动只能起辅助作用。这时的行动部署将是一种间接'调式'的总体战略，决定胜负有赖于政治、经济和外交行动的适当配合。在这种情况下，军事力量可用于有限的作战做局部性的力量比试，或用于以游击战术消耗敌人。"（《战略入门》，第62页）

见胜不过众人之所知，非善之善者也；战胜而天下曰善，非善之善者也。故举秋毫不为多力，见日月不为明目，闻雷霆不为聪耳。古之所谓善战者，胜于易胜也。故善战者之胜也，无奇胜，无智名，无勇功。故其战胜不忒；不忒者，其所措必胜，胜已败者也。故善战者，立于不败之地，而不失敌之败也。是故，胜兵先胜而后求战，败兵先战而后求胜。善用兵者，修道而保法，故能为胜败正。

孙子说：预见胜利不超过一般人的见识，不算是高明中最高明的。激战而后取胜，即便是普天下人都说好，也不算是高明中最高明的。这就像能举起羽毛称不上力气大，能看见日月算不上眼睛好，能听到雷声算不上耳朵灵一样。古时候所说的善于作战的人，总是战胜那些容易战胜的敌人。因此，善于作战的人打了胜仗，没有使人惊奇的胜利，没有智慧的名声，没有勇武的战功。他们求取胜利，不会有失误；之所以不会有失误，是由于他们的作战措施建立在必胜的基础之上，是战胜那些已经处于失败地位的敌人。善于作战的人，总是使自己立于不败之地，而不放过击败敌人的机会。所以，胜利的军队先有胜利的把握，而后才寻求与敌交战；失败的军队往往是先冒险与敌交战，而后企求侥幸取胜。善于指挥战争的人，必须掌握"自保而全胜"的规律和原则，这样才能够掌握胜败的主动权。

在此段话中，"故其战胜不忒"的"忒"，是指"失误"的意思。"修道而保法"的"道"和"法"不能机械地按照前面"五事"的意思理解，在这里讲的是"规律"和"原则"。曹操在注释此句话时说："善用兵者，先自修治为不可胜之道，保法度不失敌之败乱。"这一注释扣住了本篇意思，符合孙子的原意。"能为胜败正"的"正"是"主导"、"主动"的意思，这句话的意思是"能够掌握胜败的主动权"。

孙子的这段话，是《孙子兵法》中十分重要的一段话，也是人们关注比较多并且比较熟悉的一段话。孙子在这段话中首先强调：知常人所不能知，见常人所不能见，想常人所不能想。作为一名战略家，知道并预见到常人都能知道并预见的事情，见到了常人都可以见到的东西，想到常人也能够想到的策略，并没有什么了不起，就像举起羽毛不算是力气大，看到了日月不算是眼睛亮，听到了雷声不算是耳朵灵。作为战略家，他的所知、所见、所思，就是与一般人不一样，否则，他就称不上是战略家。

没有勋章的将军是最好的将军。

孙子在这段话中，得出的结论本身就与平常人不一样，甚至理解得完全相反，由此体现出他超出常人的战略思想和战略境界。在平常的对抗和竞争中，有两种情况：一种是一方非常轻易地战胜了另一方，没有激烈对抗的场面，显得平淡无奇；一种是双方拼杀得异常激烈，场面十分壮观，最终一方十分艰难地战胜了另一方。平常人往往对前者不屑一顾，却会给后者很高的褒奖。而在孙子看来，这是大错特错的，真正应该奖励的是前者，而不是后者。这因为，前者要比后者高明，他给国家和民众造成的损失最小。高明的将帅之所以没有"智名"和"勇功"，是因为他已经把对手的弱点摸清楚了，捕捉的交战时机十分恰当，采取的方法也非常正确，所以在战胜对手时显得平淡无奇，并没有花费多大的气力。对于这样的"无智名"、"无勇功"的将军，国外的军事专家们理解得非常有意思，他们将其翻译为"没有勋章的将军是最好的将军"。

这些"无智名"、"无勇功"的将军，才是真正善战的将军，才是最大限度避战争之害而最大限度取战争之利的将军，才是孙子最欣赏的将军。在孙子看来，最辉煌的胜利，最高妙的战略，必须超出一般人的策略思考，超越通常的胜利形式；那种通过浴血奋战才能实现的战略和取得的胜利，不是"善之善者"。保己而不可胜，避免了战争发生，达成自己的战略目的，在表面上看不出智与勇，但这却是大智大勇，是一种隐藏于无形之中不会被常人所察觉到的大智大勇，这才是"善之善者"。

就商战而言，这一思想要求企业家具备一种属于战略层次的谨慎与小心，将一切危险化解于事前。我曾在一篇文章中看到这样的报道：一位记者采访张瑞敏，在听完海尔的经营思路和管理措施的介绍之后，有点着急地问张总："海尔的发展过程中，有没有点传奇的故事？"张瑞敏笑了，"海尔这十几年，还真没有什么称得上传奇的事儿"。也许正是由于海尔十几年的"谨慎小心"，因此张瑞敏总也没有机会"力挽狂澜"，尽管从亏损几百万到销售额几十亿本身就是一个不是"传奇故事"的传奇。对于一个企业来说，没有什么传奇恐怕反倒是一件幸事。如果经常有一些"险情"让老总时不时地排除，这家企业的管理也就濒临破产的边缘了。

对于中国战略的这个观点，西方的战略家们在18世纪才体悟到，并大发感慨。有位名叫沙克斯的法国元帅，在其所著的《战争艺术总论》中有过这样的论述："我不是不欣赏会战的，而我也深信，一个称职的将领可以打一生的仗而不被强迫接受一次会战。应当常用局部性的战斗一点一点地消耗敌人。这是使敌人屈服和达到我方目标的最有效方法。我无意暗示，如果有击溃敌人的机会出现，也不应向敌人攻击，而只是说，使战争摆脱会战带来的危险是可能的。如果他能做到这一点，这位将领就已经尽善尽美了。"（《战略入门》，第52页）

　　真正的战略家，是胜于易胜者，是胜于先胜者。

孙子指出，真正的战略家，是"胜于易胜者"。他在此提出了他的著名的"易胜"思想。所谓"易胜"，用通俗的话来说，就是力求比较容易地获得胜利。其核心思想是，力求以最小的代价获得最大的战果，避战争之害而获战争之利。在中国战略家看来，衡量一位将帅的功绩，并不单纯看他是否战胜了敌人，而且还要看他如何战胜了敌人，费了多大的气力，花了多大的代价，获得的胜利是"易"还是"难"。从战略指导上来看,中国战略强调将帅要在最省力的时候和最省力的条件下轻而易举地战胜对手。能否把复杂的事情变得简单,能否把困难的局面变得容易,能否把强大的对手变得衰弱,这是将帅获得"易胜"所关注的主要问题,也是衡量将帅战略水平高低的基本标准。中国历史上的曹刿是一位灵活运用"易胜"思想的军事家。他在指挥作战时,得民而后求战,待敌衰竭而后进攻,待敌溃乱而后追击,从而获得胜利。毛泽东十分强调"易胜"的思想。毛泽东提出的十大军事原则,第一条和第二条都是从"易胜"为出发点而制定的。第一条,先打分散和孤立之敌,后打集中和强大之敌。第二条,先取小城市、中等城市和广大乡村,后取大城市。

如何才能达成"易胜"?孙子提出"先胜而后求战"的"先胜"思想。这是一个非常著名的战略思想。我们在理解时要着重把握住这个"先"字。

《兵经》中对"先"字有专门的解释:"兵有先天,有先机,有先手,有先声。师之所动而使敌谋沮抑,能先声也;居人己之所并争,而每早占一筹,能先手也;不倚薄击决利,而预布其胜谋,能先机也;于无争止争,以不战阻战,当未然而浸消之,是云先天。先为最,先天之用尤为最,能用先者,能运全经矣。"这段话不难理解,只是其中有两句需要解释一下。"不倚薄击决利",是讲不要短兵相接地拼杀。"未然而浸消之",是讲危险未发生之前便将其消除掉。《兵经》的这段话,将"先"做了分类,即"先天"、"先机"、"先手"、"先声",并且做了具体的解释,细化了中国战略"先胜"的思想。同时,这段话充分肯定了"先"字的重要性,强调了"能用先者"就能运用好战略的全部思想。

所谓"先",就是在事发之前,先把对方的实力和威胁消灭于微萌之中。老子说过,"为之于未有,治之于未乱"。(《老子·六十四章》)《尉缭子·战权》中有一句话是:"权先加人者,敌不力交;武先加人者,敌无威接。"《草庐经略》中也有类似的话:"利之所在,我与敌皆争,唯先至者得之。得则人为我制,不得则我为人所制。"中国成语"防患于未然"和"防微杜渐"都反映了这个意思。

所谓"先",就是"先弱敌而后战"。按照中国战略的观点,功夫不在战时,而在战前,不在战场,而在战场之外,要力求使敌人在与我正式交手之前已经得到最大的削弱。对此,中国古人曾经说过:"是故守者无与御，而战者无与斗。明于禁舍开塞之道，乘时势，因民欲，而取天下。故善为政者积其德，善用兵者畜其怒。德积而民可用，怒畜而威可立也。故文之所以加者浅，则势之所胜者小；德之所施者博，则威之所制者广。威之所制者广，则我强而敌弱矣。故善用兵者，先弱敌而后战者也，故费不半而功自倍也。"

中国战略"先胜"思想，强调先要保证自己不失误，尔后寻找或制造敌人的失误，先要使自己立于不败之地，尔后寻找或制造敌人的"败乱"，在确有获胜把握的情况下，与敌进行决战。那些失败的将军们往往与上面的做法相反，这种失败的例子在中外历史上非常多。中国古代的秦楚之战，是秦统一六国战争中一次较大的作战。秦将王翦看出楚国地广兵多、难以速胜的客观情况，主张立足于先胜而后求战。秦王嬴政急于灭楚，不听王翦的劝告，轻率派出20万兵力攻楚，结果遭到了失败。经过失败之后，秦王接受了王翦的作战计划。在作战指挥上，王翦不急于同楚军正面硬拼，而是坚壁以待，先为不可胜，而后在楚军反击失利、弱点暴露后，进行连续的追击战，从而一举歼灭了楚军的主力，为最后灭楚奠定了基础。

这一思想在商战中也能够得到很好的证明。市场领先者掌握着主动权，如果它珍视市场份额的话，就没有人能够取代它的地位，除非它缺乏维持生产能力的资金。然而，很多市场领先者却在无意犯了这样或那样的错误，割让了市场份额，成全了进攻者的愿望。现实中，任何市场领先者都会犯错误，只不过错误有大有小，有的能够及时发现和纠正，有的则扩大为灾难。导致领先者的错误的原因很多：要么是为了眼前的短期的营运利润，要么是局限于认识误区和经营盲点。可口可乐公司曾在1985年的"可乐大战"犯了一个致命的错误，就是引进了新的配方，不仅削弱了传统竞争优势，而且对自己的品牌产生了巨大的负面影响。这个错误被它的竞争对手百事可乐公司抓住并利用了。百事可乐公司的总裁伊诺科在他1986年写的《那家伙瞎了眼：百事可乐在可乐战中的取胜之道》一书中，详述了他如何利用可口可乐公司的错误而扩大自己进攻战果的经历。

所以，中国战略主张不打无把握之仗，不打无准备之仗，防止冒险和蛮干。这要求战略家对形势和敌我力量对比有正确的判断和分析，把自己的决心建立在科学和客观的基础之上。修"自保"之"道"，保"全胜"之"法"，掌握住胜败的主动权。

四、形　篇

法：一曰度，二曰量，三曰数，四曰称，五曰胜。地生度，度生量，量生数，数生称，称生胜。故胜兵若以镒称铢，败兵若以铢称镒。称胜者之战民也，若决积水于千仞之谿者，形也。

孙子说：获胜的基本原则有五条：一是土地面积的"度"，二是物产资源的"量"，三是兵员众寡的"数"，四是兵力对比的"称"，五是胜负优劣的"胜"。敌我所处地域的不同，产生双方土地面积大小不同的"度"；敌我土地面积大小的"度"的不同，产生双方物产资源多少不同的"量"；敌我物产资源多少的"量"的不同，产生双方兵员多寡不同的"数"；敌我兵员多寡的"数"的不同，产生双方兵力对比不同的"称"；敌我兵力对比"称"的不同，最终决定战争胜负的结果。胜利的军队较之于失败的军队，有如以"镒"称"铢"那样占有绝对的优势；而失败的军队较之于胜利的军队，就像用"铢"称"镒"那样处于绝对的劣势。实力强大的胜利者统帅部队作战，就像在万丈悬崖决开山涧的积水一样，这就是军事实力的"形"。

有些版本将此段分为三段来分述。这里面确有力量生成、力量对比和力量涵义三层意思，但它们都是围绕着"称"展开的，落脚于"形"字上，内在逻辑联系紧密，放在一段说比较好一些。

在本段开头，许多版本都写的是"兵法"，但在出土的汉简本上没有"兵"字，只有"法"字开头，所以在此用汉简本的说法。在本段话中，"度"是指度量土地幅员，"量"是指计量物质资源，"数"是指计算兵员多寡，"称"是指衡量双方实力对比状况，"胜"是指胜负的结果。"镒"和"铢"是中国古代两个重量单位，1镒等于24两，也有说20两，而1两等于24铢。可见"镒"与"铢"的比例相当悬殊。"称胜者之战民也"这句话比较费解。在原有的版本中无"称"字，这个字是在汉简本上发现的。"称"字出现，与上文的意思更为贴近一些。"称胜者"就是指通过衡量对比在实力上居于优势地位的一方。"战民"是指统帅三军部众与敌作战的意思。"称胜者之战民也"，可解释为"实力强大的胜利者统帅部队作战"。"仞"是中国古代的长度单位，有说八尺长，也有说七尺长。"谿"是指"溪"或"涧"的意思。

强大的实力来自于一个国家的综合国力。

孙子在此深刻揭示了获得胜利和力量生成的过程和规律。"称生胜",要想获得胜利,必须有强大的实力。这个提示非常重要。因为我们在理解中国战略"谋攻之法"和"以智克力"的思想时,很容易把将帅的智慧和将帅的作用夸大到一个不适当的位置上,很容易忽略力量这一制胜的根本基础而导致"重道轻器"的理论或谋略的空谈。这是十分危险的。那么,强大实力是从哪里来的?它不是凭空产生的,而是来自于这个国家幅员大小,资源多少,用现在的话来说,就是来自于这个国家的综合国力。

孙子告诉我们一个很重要的道理,观察对抗双方实力的强弱,不能只看军事力量,还要看这个国家支撑其军事力量的综合实力;不能只看一个国家眼前的力量,还要看这个国家潜在的力量以及这种潜在力量转化为现实力量的能力。谈到这里,我想起一个例子。日本将领山本五十六在指挥偷袭美国珍珠港得手之后,预感到日本将会最终在战争中失败。为什么?他看到了美国巨大的战争潜力。

"综合国力"是一个现代的概念,国家间综合国力的竞争是当今时代的一个重要特征。孙子在2500年前已经认识并阐述了这个问题,我们不能不佩服他的思想的深邃以及超越时空的普遍应用性。

基于孙子的思想,现代战略提出"直接摧毁国力"的理念。军事力量生成并依赖于国家的综合国力。现代战略指导不仅重视消灭对方军事力量,而且更加重视摧毁对方生成和支撑军事力量的综合国力。例如,20世纪80年代初,美国里根政府上台后,曾精心策划了一项秘密的对前苏整体战略,目的是发动一场"无声的战争",加速前苏联垮台。美国秘密战略的重点打击目标之一是前苏联经济,所采取的主要措施包括:通过操纵世界石油市场价格使前苏联减少数百亿美元的天然气收入,严密堵塞前苏联获取西方高技术的渠道,大量散布扰乱前苏联经济技术活动的假情报,迫使前苏联继续进行军备竞赛以加剧其经济危机。里根政府曾大肆宣扬的所谓"星球大战计划",其主要战略目的就是通过挑起新一轮大规模的太空军备竞赛,加重前苏联的经济负担。前苏联外长别斯梅尔特内赫承认,美国的战略防御计划加速了前苏联的崩溃。前不久发生的科索沃战争,也说明了这一点。美国打击的重点不是南斯拉夫的军队,而是其电厂、桥梁等经济基础设施。南斯拉夫的综合国力遭到严重削弱,无力再战,最后不得不在没有进行实际军事较量的情况下接受了失败的现实。

基于孙子的思想,现代战略提出"充分利用国力获胜"的理念。

从战略层面上看，现代国家间的冲突和竞争，不仅表现在军事力量的对抗上，而且还表现在更高层次上的国家综合国力的较量上。综合国力的较量，构成了对一个国家的综合性威胁，如经济、信息、文化、民族宗教、恐怖活动等方面的威胁，因而形成了综合性的大安全观念。综合国力的较量，构成了对一个国家意志征服的多样化手段，基本和最终的手段仍然是军事的，但经济、外交、法律、舆论、文化等方面手段的作用突出。多样化的威胁与多样化的手段，构成了现代国家间冲突与竞争的多样化形态或者说多样化的战场。如军事战、经济战、信息战、舆论战、外交战、法律战、文化战等。这些形式或战场，以不同程度并存同构于一种特定的国家冲突与竞争的时空条件下。例如，一场战争，它主要体现在军事对抗方面，但同时存在着经济、文化、外交等方面的较量，而这种较量对战略目标的达成有时是直接的，并不需要通过军事力量转换。

基于孙子的思想，现代战略家们不仅注重力量生成的结果，而且十分注重力量生成的过程，在力量生成的过程中大做战略文章。我们这里所说的力量生成，不单指军事力量生成，而是更为全面的综合国力的生成。在现代信息化、全球化的条件下，力量生成的可能性以及力量存在的本身，就已经具有重大的现实意义；力量由潜力向实力转化的速度和程度，更为战略家所关注。在当今大规模杀伤性武器和对抗不确定性因素存在的情况下，战略家们慎重地选择战争或其他对抗方式，注重在战略层次上的综合国力的潜在的间接的运用，因而更加重视力量生成过程中的战略较量，力求达成不战而屈人之兵的效果。

基于孙子的思想，我们要建立综合国力基础上的新人民战争观。

人民作为战争主体的地位没有改变。人民群众战争潜力更多通过综合国力体现出来，通过平时、非军事领域体现出来。人民战争思想要反映在平时力量准备和国防建设上，并且现代国防建设应与国家经济建设相协调。这要求，把国防建设视为国家发展的一个重要组成部分，认识国防所产生的安全价值在国家经济建设中的分量，认识现代大战略对国防和经济建设所提出的有机结合的要求，强调国防需求与国家经济建设一致性。我们要走深层次的军民兼容之路，根据国家的国情，依据市场经济的规律和要求，寓军于民，双向互动。强化民众的国防意识，充分动员民众，发挥民众的聪明才智，把国防植根于全民参与的沃土之中。

强胜弱败，是战争或其他竞争领域的一条最基本的规律。

孙子用"镒"称"铢"两个古代重量单位的概念，非常形象地阐述了强胜弱败的战争对抗规律。胜者就像用"镒"称"铢"一样，或者说，居"镒"者胜，居"铢"者败。强胜弱败，是战争或其他竞争领域的一条最基本的规律，要获得胜利，任何时候和任何情况下都不能违背这条规律。我们形成的任何策略和战法也都要遵循这条规律。

就国家竞争而言，国家间较量的胜败是建立在力量优劣的基础上。当一个国家具备了明显的或者说绝对的力量优势，这个国家便有可能迫使对手接受自己的要求甚至俯首称臣。所以说，从大战略的层面上看，现代国家间的竞争，更多表现在争夺综合国力的优势，而这种优势更多地体现在科技领先方面。就现代战争而言，国家间的军事较量不仅表现在战时，而且还大量表现在平时，军备竞赛和军备控制的斗争就是其表露的现象。和平时期争夺和保持军事力量的优势，控制军事斗争的战略制高点，成为国家军事战略重点研究的问题。就经济战略和企业战略而言，没有实力就不可能在市场上占有一席之地，迅速培育和增强自己的竞争实力尤其是核心竞争力，控制并扩大相关的资源，成为现代企业竞争战略研究的重要课题。

人们会要问这样一个问题，既然是强胜弱败，弱小的一方还有什么作为？以弱胜强的可能性何在？这种提法还有什么意义？就整体而言，以弱胜强的可能性是存在的，以弱胜强的战例也不少见。但是，以弱胜强仍然遵循着强胜弱败的规律。以弱胜强，并不是指在具体的对抗中以自己弱小的力量战胜了强大的力量，而是指弱小一方通过局部的以强击弱和力量结构上扬长避短来实现最终战胜强大对手的目标。理解这一点，需要解释一系列基于强胜弱败客观规律上的以弱胜强的指导规律。这些指导规律包括"避实击虚"、"出其不意"、"顺势而为"、"致人而不致于人"等，它们都在《孙子兵法》中有明确的阐述，下面都要谈到。

"形"，就像积蓄在万丈高山上的水一样，直泻而下，势不可挡。

　　在这一篇结尾时，孙子用形象的比喻对"形"做了概括的表述。他说，"形"，作为力量，就积蓄在万丈高山上的水一样，直泻而下，势不可挡。求胜者一定拥有这种"形"，它在位势上高，在数量上多，要处于绝对的优势。同时，要想获得这种"形"，要在平时重视在"地"、"度"基础上"数"的积聚，只有平时大量的积聚，才有战时直泻而下、势不可挡的释放。

　　需要提示一下，孙子在这一篇中讲到的"形"实际有两类：一是"攻守之形"，这是讲力量的作用方式和部署形态；二是"强弱之形"，这是讲力量的生成方式、物质形态以及对比结果。前者侧重于力量运用，是力量运用之"形"；后者侧重于力量形成，是力量构成之"形"。

五、势　篇

力量体现于"形"而蓄发于"势"。"势"指的是"形势"、"态势"、"气势"、"位势"等意思。就力量运用而言,"势"指的是力量在特定的时空范围内所借助各种外部条件而形成的一种有利的蓄发状态。如何增强自己的力量,如何将自己现有力量更有效地发挥作用,如何以最小的代价获取更大的胜利,这都与"势"有关,或者说都需要借助于"势"来实现。从一定意义上说,战略在很大程度上就是围绕着这个"势"字做文章。所以说,"势"是中国战略思想中的一个重要范畴。掌握中国战略思想的精华,不能不洞悉这个字的深刻内涵。

孙子曰:凡治众如治寡,分数是也;斗众如斗寡,形名是也;三军之众,可使毕受敌而无败者,奇正是也;兵之所加,如以碬投卵者,虚实是也。

孙子说:管理众人如同一人,取决于管理体制;调动千军如同一军,取决于指挥控制;统领全军迎敌而不败,取决于"奇正"战术的运用;战胜敌人如同石头击卵一样,这是避实击虚思想的体现。

在这里,孙子提出了治军和用兵的四个重要范畴,即"分数"、"形名"、"奇正"、"虚实"。"分"和"数"分别是指中国古代军队两个不同的建制单位。"分数"说的是军队的组织编制。外国人很难理解这两个字的含义,翻译起来多有偏差,如索耶将"分数"译为"分数字的问题"(a question of dividing up the numbers),实际上应译为部队的组织编制(organization)。"形名"是指军队的指挥号令。曹操注释说:"旌旗曰形,金鼓曰名。"也有的古人将"形"注释为"队形",将"名"注释为"旌旗"。"奇正"是一个对立统一的范畴,我们现在也常用到,不难理解。"虚实"也是一个对立统一的范畴,也不难理解。这两个重要的对立统一范畴,下面还要专门详细地剖析。在这段话中,

"毕"是指"必","碫"是指坚硬的石头。

孙子这段话，是"势篇"全文提示性的一段话，也是他的全部战略思想提示性的一段话。在平常人看来，治理和指挥成千上万的人是多么复杂和困难的一件事，在激烈残酷的较量中将敌人击败是多么令人生畏的一件事。但在孙子看来，这些事说难也不难，说复杂也不复杂，关键是看你能否抓住要害。这就是：将成千上万人组织成一个人那样，关键是要解决好编制体制的问题；指挥千军万马像指挥一个人那样，关键是要解决好指挥方式的问题；遇到强敌而使自己不败，关键是在"奇正"上做文章；进攻敌人并迅速解决战斗，关键是要认清"虚实"的关系。这四点提示，问题的要害抓得准，字数并不多，内涵却十分深刻。孙子寥寥数语，揭示出了力量整合和运用的四个基本规律，即编制完善、指挥严明、出奇制胜和以实击虚。我们可以细想一下，现代的力量建设和力量运用，都离不开这四个关键性的问题。我们在力量建设和力量运用上成功与失误，也都与这四个关键性的问题有关系。可以肯定地说，一名将帅在组织指挥上的忙乱，问题就出在"分数"和"形名"上；一名将帅在防守和进攻上的失败，原因就出在"奇正"和"虚实"的把握上。

凡战者，以正合，以奇胜。故善出奇者，无穷如天地，不竭如江河。终而复始，日月是也；死而复生，四时是也。声不过五，五声之变不可胜听也；色不过五，五色之变不可胜观也；味不过五，五味之变不可胜尝也；战势不过奇正，奇正之变不可胜穷也。奇正相生，如环之无端，孰能穷之？

孙子说：凡是作战，都是以"正"迎敌，以"奇"取胜。所以善于出奇制胜的将帅，其战法变化就像天地那样不可穷尽，像江河那样不会枯竭。终而复始，如同日月的运行；去而又来，就像四季的更替。声音不过五种音阶，可这五种音阶却能变化出听不完的乐章；颜色不过五种色素，可这五种色素却能变化出看不完的图画；味道不过有五种味觉，可这五种味觉却能变化出尝不完的佳肴；作战运筹不过"奇正"，但"奇正"却能变化出无穷无尽的战法。"奇正"相互转化，就像圆环那样旋转不断，无始无终，谁能够穷尽它呢？

中国古人对声、色、味的基本要素的理解与我们现在不同。按照古文注释，声有"宫、商、角、徵、羽"五种，色有"青、黄、赤、白、黑"五种，味有"酸、咸、辛、苦、甘"五种。孙子在这里讲这几种基本要素，是想形象地说明"奇正"的变化，我们不必按照现代科学的解释去理解。

在这一段话中，孙子对"奇正"这一范畴做了进一步的探讨。他指出，"凡战者，以正合，以奇胜"，并用日月、四季、声音、颜色、味道等多种人们常见的现象，对"奇正"变化和运用做了深入浅出的阐述。这一段话中的核心思想可以用两个字来概括，一个是"奇"字，一个"变"字。

"奇"，是中国战略的一个重要范畴，体现了战略艺术的一种美。

"奇"，是中国战略的一个重要范畴。出奇制胜，是中国战略的一个重要思想。提到"奇"，似乎并不难理解，通常是指"稀有"、"罕见"、"怪异"等方面的意思，但细细琢磨起来，尤其是从战略角度分析和研究，"奇"字有着深层的含义，反映着某种规律性的东西，体现了中国战略强调的某种超越常规和"反者道之用"的制胜理念。"奇"字有着一种超凡脱俗的魅力，在艺术上表现了一种美，在战略艺术上也表现了一种美。战略艺术上的这种美，是一种挥洒自如的驭力之美，是一种化险为夷的智慧之美。中国历史上有许多以奇取胜的战例，使人拍案叫绝，赞叹不已。"奇"字包含有无穷无尽的制胜诀窍，能够为你创造出各种各样的制胜良机，尤其对于对抗中的弱小一方来说，它更是由被动转为主动的"一字真言"。而这个"奇"字，只有在中国战略中才能得到正确和全面的解读。

"奇正"作为范畴，最早出自于《老子》书中的"以正治国，以奇用兵"。真正将"奇正"用于军事领域并进行了系统阐发的，则是孙子。所谓"正"，就是一般常规的做法，在人们的意料之中；所谓"奇"，就是特殊的超常规的做法，出乎人们意料之外。具体说，用兵作战，以守常为正，变通为奇；以正面当敌的主力为正，担任迂回、侧击、佯攻的偏师为奇；传统为正，非传统为奇；常规为正，非常规为奇；正规为正，非正规为奇。

国外对"奇正"这个范畴非常关注，也有很多的解释。美国的汉学家 D.C.Lau 将"奇正"译为"straightforward and crafty"，意思是"直截了当与诡计多端"。索耶按语义直译为"orthodox and Unorthodox"，意思是"正统与非正统"。美国国防大学校长劳伦斯中将说：在陆空协同的战役中，空中力量是"奇兵"，地面部队是"正兵"。在地面作战中，重型部队是"正兵"，而轻型部队用于机动则为"奇兵"。他认为美军"空地一体作战理论"就是汲取了《孙子兵法》的营养。

"奇"的深层含义就是"出其不意"。

在战略实践中，并不是很容易把握好"奇"。这需要深刻理解"奇"的深层含义，即"出其不意"。用一句形象通俗的话说：无论采用什么方法，凡是出乎敌人意料之外的就是"奇"。这个定位在战略实践中便于把握，可将抽象的战略范畴形象化和具体化，可以按照对方是否预料为基准灵活组合"奇"与"正"的变化，并由这种变化产生战略对抗的奇效。

在战略实践中，"奇"与"正"是密切联系在一起的。离开了"奇"，无所谓"正"，也不能产生和展现出"正"；离开了"正"，也无所谓"奇"，也不能出"奇"，如刘勰在《定势篇》中所说的"执正以驭奇"。在中国古代兵书《握奇发微》中有一段话比较清楚地讲述了这一道理："知阵者之于战也，以正合，以奇胜。有正无奇，正而非正。有奇无正，奇而非奇。"这段话的意思是说，凡知道用兵战略的人，都寻求以"正"求合，以"奇"制胜。只有"正"而没有"奇"，"正"就不是真正的"正"。只有"奇"而没有"正"，"奇"也不是真正的"奇"。所以，在正确把握"奇"与"正"的辩证关系上，中国战略尤其强调"奇正皆得"。在中国战略家们看来，只有"正"而无"奇"，不能有效地攻击敌人，不能获得战果；只有"奇"而无"正"，不能掌握事物的本体和本质，也不能有效合理地达成战略目的。这两者都是不可取的。李靖在回答李世民时说："凡将正而无奇，则守将也；奇而无正，则斗将也；奇正皆得，国之辅也。"（《李卫公问对·卷上》）因此说，中国战略的"奇"，绝不是单纯孤立的"奇"，而是在"奇正皆得"之后产生的"奇"。

在把握"奇"与"正"的辩证关系上，我们还要注意《握奇发微》说的另一段话，即："奇则出之以正，奇亦正也；正而出之以奇，正变奇也。奇正之道，虚实而已矣，虚实之道，握机而已矣。"这段话的意思是：以正常的方式出"奇"，"奇"实际上是"正"；以奇特的方式出"正"，"正"也就变成了"奇"。奇正的道理实际表现在虚实上，虚实的道理实际表现在把握机遇上。在大量的战略运用实例中，我们也可以发现这样一些现象：当把"奇"显示出来之后，或者说被人们知道之后，"奇"也就不"奇"了，就变成"正"了，这就是中国战略所说的"奇示之后而谓之正"。还有，在人们都认为应当以奇特方式处理事情的时候，决策者却以正常的方式处理事情，也会达到出奇制胜的效果，这就是中国战略所说的"以正制正而为之奇"。我想举一个例子来说明"以正制正而为之奇"的战略道理。在抗日战争时期，刘伯承率领八路军在一个名叫七亘村的地方成功地伏击了日军的运输部队。三天之后，刘伯承决定在原来的地方再次设伏。照常理讲，这是违背"战胜不复"的作战理论的，但是结果却大获成功，又歼灭日军三百多人。原因是什么？刘伯承是位出名的以智取胜的战将。日军认为刘伯承在七亘村设伏后的数日内绝不会还在原地重复设伏，因而没有丝毫戒备，中了八路军的埋伏。这里的制胜道理就是正确把握住了"奇"与"正"的辩证关系。原来的伏击行动是"奇"，当原来伏击任务完成后，"奇"则变成了"正"，这就是"奇则出之以正，奇亦正也"；接下来，用这个敌人已经知道的伏击行动再去伏击敌人，则产生了使敌防不胜防的"奇"的效果，这就是"以正制正而为之奇"。

真正的"奇"体现在一种没有奇正界限的"无不奇"亦"无不正"的境界之内。

从中国战略原理的更深层次上看，"奇"无所谓"奇"，真正的"奇"体现在一种没有奇正界限的"无不奇"亦"无不正"的境界之内。这个"奇"就活了，就有了神韵。在《李卫公问对》中李世民与李靖的一段对话中，谈到了这个意思。李世民问："分合为变者，奇正安在？"李靖说："善用兵者，无不正，无不奇，使敌莫测，故正亦胜，奇亦胜。三军之士，止知其胜，莫知其所以胜，非变而能通，安能至是哉。"由此而论，高明之"奇"，行于自然，果于不见；常中隐于不常，大事于不露之中。

所以，孙子在论述"奇正"关系时，特别强调了一个"变"字。他认为，把握住"奇正"两者互动的变化，就可以像"日月"、"四季"变化一样，产生出无穷无尽的战法和对策。这种变化，就像"声音"、"颜色"、"味道"一样，基本要素并不多，但变化起来却如"环之无端"，无始无终。中国古人"变生无穷"的思想表明：在自然界中，物质的基本要素是简单的有数的，但通过彼此的组合，变化出无数新的事物，呈现出多种多样的形态。在战略中也是如此，战略家掌握的无非只有"奇"与"正"两个方面，但可以变化出许许多多精彩的良策妙计，并且这种变化是没有穷尽的。就战略而言，"变生无穷"的思想还告诉我们一个"变中有变"的道理。战略对抗是双方智慧较量的过程，一方的变化，很容易被对方发觉。高明的战略家，往往将自己的最终目的隐藏在数个环环相扣的变化之中，使对方无法察觉，防不胜防。高明的战略家，他不是看一步，而是看几步，当他发现对方变化时，不但要警惕对方的变中有变，而且要随变应变，随变隐变，诱敌就范。

我下面借用中国古代的一个战例来说明这个问题。公元 617 年，李渊父子在太原起兵反隋，八月被驻守霍邑的隋炀帝将领宋老生所阻，不能前进。李渊用激将法诱激宋老生出城作战，并亲自与长子李建成率领主力部队部署于霍邑城东，为正兵；次子李世民率领偏师部署于霍邑城南，为奇兵。宋老生果然被激怒，指挥守军从东、南两门分道而出，并亲率主力向李渊父子发起猛攻，李渊不支，向后退却，李建成也不慎落马。宋老生以为有机可乘，挥军进逼，侧后暴露。这时，位于城南的李世民发现宋军的弱点，及时率领骑兵连续突击宋军阵后。李渊、李建成乘势回军反击，一战而胜，擒杀了宋老生。

亲自指挥过这次战斗的唐太宗李世民与卫国公李靖用奇正理论对这个战例进行了详细的分析。李世民指出，这次战斗有一系列的奇正变化。李渊父子所部的右军是主力，是正兵；李世民所部的左军是偏师，是奇兵。但"右军少却，建成坠马"，使宋老生误以为敌军败退，有机可乘，这样，李渊所部无形中由正兵成了奇兵。也就是说，右军稍却的无意行动变成了有意诱敌的伴动，由正而变为奇。高明的是，李世民将错就错，及时发现宋军的破绽，及时地"横突之"，于是偏师变为主力，奇兵变为正兵。所以李靖感慨地说："若非正兵变为奇，奇兵变为正，则安能胜哉？故善用兵者，奇正在人而已。变而神之，所以推乎天也。"

激水之疾，至于漂石者，势也；鸷鸟之击，至于毁折者，节也。是故善战者，其势险，其节短。势如彍弩，节如发机。

孙子说：湍急的流水能够漂起石头,是"势"的作用；天上的猛禽能够捕杀雀鸟，是"节"的作用。善于用兵的人，他创造的"势"是险峻的，他掌握的"节"是急促的。险峻的"势"就像张满的弓一样，急促的"节"就像刚射出的箭一样。

本段中，"节"，通常是指节奏，是一个速度概念，在此表示单位时间内动能的大小。"发机"指触发弩机。

孙子在这段话中谈到了一个关于如何运用力量的重要观点，即"其势险，其节短"。他提示我们：只要把握住"势"与"节"，形成势险而节短，就可以将力量更加有效地发挥出来，顺利地达到自己的战略目的。

"势"是指力量在特定时空范围内综合借助外在条件发生最佳作用时的一种外在形态。

我们首先要搞清楚"势"的含义。在《孙子兵法》中有许多地方提到"势"，其意思有些差别，但基本的含义是相同的。所谓"势"，是将力量构成和运用放在有利时空范围内和有利条件下认识和把握的一个概念。力量能否以最大的能量和从最佳的方向作用于目标，这与它在时空范围的态势有着密切的关系，与它周围各种制约条件有着密切的关系。由此而论，"势"是反映力量与它的外部要素相联系的一个范畴。如果说"形"是指力量存在和调动时的状态，那么"势"是指力量在特定时空范围内综合借助外在条件发生最佳作用时的一种外在形态。拿破仑说过："战略是利用时间和空间的艺术。"战略关注的"势"，就是把力量放在特定的时空内灵活巧妙地组合起来，形成与最佳外在条件紧密联系的一种蓄发形态。

孙子在这里所说的"势"，是一种借助于速度（速度就是一种反映时间与空间关系的概念）而形成的"势"，我们可以将其理解为"动势"。这里讲的"势险"，就是要使力量借助于速度而形成一种最有利和最有效的蓄发状态，千钧一发，泰山压顶。孙子在这里说的"节"，作为一种衡量标准，反映的是与敌接触单位时间内释放力量的大小。这里讲的"节短"，就是能够在最短的时间内释放出最大的力量，急风骤雨，电闪雷鸣。"节短"与我们平常说的爆发力大的意思相近。在战略实践中，我们谋"势"要谋"险势"，发力要求"短节"。我们无论在何种领域的实际应用中,只要认真思考一下"势"与"节",按照"其势险,其节短"的要求去做,就可以领悟到孙子这一思想的深刻涵义,并会发现这是一条具有非常普遍应用价值的竞争指导规律。

在这段话中,理解"势"和"节",一定要理解"速度",因为这里说的"势"与"节"都与"速度"有着密切的联系。大家都知道,水是液体,重量比石头轻,在平常的状态下无法将石头漂起来。那么为什么湍急的水流能够漂起石头?这靠的是很大的水流速度。这种现象告诉我们,有限的力量,可以通过速度,或者说可以借助由速度形成的"势",产生出成倍的作用力。大家也都知道,在平常的状态下,天上的老鹰并不比其他雀鸟飞得快,它为什么能够捕捉到其他雀鸟?靠的也是速度,但这种速度是在瞬间产生的速度。这种现象也告诉我们,在双方激烈对抗过程中,高明的一方,能够通过瞬间的高速度,使自己的力量最大限度地聚能、聚效,成功地战胜对手。因此,兵家们总结出"兵贵神速"的作战指导原则,通过"以快制慢",充分发挥自己军队的作战效能。当然,商家们也从中悟出自己的经验,通过"快速出击",迅速占领市场并赢得市场。有资料说,海尔集团的张瑞敏就是从孙子这句话中提炼出自己企业的"快速制胜"战略的。他认为,顾客就是孙子所说的"石头",只有依靠速度,才能迅速控制市场,才能将顾客"漂"起来。所以,我们无论做任何事情,都要强调一个"快"字,要通过"快"将自己的力量充分调动并发挥出来。当然,这个"快"绝不是一味的"快",也不是盲目的"快",而是在最有利时机产生的"快",是在正确处理好与平时的"慢"的关系上产生的"快",是一种在张弛有序的战略节奏上表现出来的"快"。

理解孙子这一思想,应当将"势"与"节"联系在一起来思考。因为,"势"与"节"是由速度构成的有着内在联系的两种力量运用状态:一种是由速度构成的"势能",形成了由高速促发的力量蓄待之"势";一种是由速度构成的"动能",形成了由瞬间高速促成的力量作用之"节"。没有前面的"势",也不会有后面的"节"。"势"是讲条件,"节"是讲实施。从具体的战略运作上看,这两者的关系主要表现为一种节奏感和瞬间时机的把握上。

纷纷纭纭，斗乱而不可乱也；浑浑沌沌，形圆而不可败也。乱生于治，怯生于勇，弱生于强。治乱，数也；勇怯，势也；强弱，形也。故善动敌者：形之，敌必从之；予之，敌必取之。以此动之，以卒待之。

孙子说：旌旗纷纷，人马纭纭，要在混乱的作战中使自己不乱；浑浑车行，沌沌人奔，要在繁杂的部署机动中使自己不败。示敌混乱，是由于有严密的组织；示敌怯懦，是由于有勇敢的素质；示敌弱小，是由于有强大的兵力。严密与混乱，是由组织编制好坏决定的；勇敢与怯懦，是由态势优劣造成的；强大与弱小，是由实力大小对比显现的。善于调动敌人的将帅，伪装假象迷惑敌人，敌人就会听从调动；用小利引诱敌人，敌人就会来夺取。用这样的办法去调动敌人就范，然后用重兵去消灭它。

关于"浑浑沌沌"，中国古人注释为"浑浑，车轮转行；沌沌，步骤奔驰"。"浑浑沌沌"是指一种车驰与徒奔的状态。关于"以此动之"，大多数的版本注为"以利动之"。这个"此"是汉简本上出现的，可作为综述上一句话的代词用，因此《孙子校释》用"此"字而非"利"字。

孙子在这段话中继续论述"势"，但在此讲的"势"与前面不一样，讲的是战场"态势"。从表面上看，战场态势是非常混乱的，旌旗舞动，硝烟四起，人喊马嘶，险象丛生。任何经历过战争的人，都会对这种混乱的场面有深刻的认识。在孙子看来，战争中的"乱"不可避免，是一种正常的现象，关键是用兵的将帅在"斗乱"时自己不能乱，有条不紊地应付乱的局面。在古代的战争中，车轮滚滚，万马周旋，浑浑沌沌，但对于用兵的将帅来说，要把这种态势视为一种"圆"，无论怎样转动，都保持自己的完整，保持自己运转的正常，即孙子说的"形圆而不可败"（我们要特别注意领悟这个"圆"字，它没有棱角，受阻面小，受力时可聚集全力以对，它非常形象地说明了中国战略的基本思想，因而在中国古代战略家的著述中常常提到这个"圆"字）。"以治斗乱"、"以不乱而应乱"、"敌乱而我不乱"是孙子在论述战场态势时所要表达的深层意思。

如何"以治斗乱"？这不仅需要将帅善于应对各种混乱的局面，还要求将帅有意识制造有利于己的混乱的局面。譬如说，有的将帅有计划地制造一种"乱",但这是"生于治"的"乱";有的将帅故意表现出一种"怯",但这是"生于勇"的"怯";有的将帅故意显示出一种"弱",但这是"生于强"的"弱"。这就是曹操在注释此义时所说的"毁形匿情"。从表面上,战场态势是"乱"、"怯"、"弱",但这是一种假象,是按照高明将帅的战略意图有意安排的,实际上是一种"治"。这就是孙子明确揭示的如何驾驭战场态势的辩证法。在实际中,做到这一点并不容易,示敌于"乱",需要自己组织得更严密;示敌于"怯",需要自己更加勇敢;示敌于"弱",需要自己具有更强大的实力,否则,就无法达到"乱中有治",无法实现"斗乱而不可乱"。辽沈战役中,我军部队在攻克锦州后立刻转兵追歼敌廖耀湘兵团,敌我兵力混在一起,犬牙交错,战场态势十分混乱。当时的四野统帅林彪说"越乱越好",这里表现出他对自己部队在"治"、"勇"、"强"等方面的坚定自信。

战场态势的"治乱"、"勇怯"、"强弱"等现象,都有其形成的原因。孙子非常明确地指出了这些原因。他认为,"治乱"与组织体制和管理方式有关;"勇怯"与战场态势有关,我们也可以理解为与战场的双方的气势有关;"强弱"与各方的实力大小有关。

战争中将帅们智力较量的关键所在,就是如何调动敌人而不被敌人所调动。

在分析了战场态势形成的原因之后,孙子明确提出了他的"动敌"思想。如何调动敌人?这是将帅们必须认真思考的重要问题。战争中将帅们智力较量的关键所在,就是如何调动敌人而不被敌人所调动。战争的艺术和其他竞争的艺术体现在这里,战略的奥秘也隐含在这里。在历史上许多著名的战例中,令人称奇和赞赏的地方,就在于成功地调动了敌人。孙子在这里谈到了两个"动敌"之法:一个是"形之",就是通过力量强弱或力量部署的形态变化,调动敌人。例如,毛泽东"四渡赤水"之战,就是通过"形之",将敌滇军调动出来,使红军跳出了敌人包围。一个是"予之",就是通过出让一些敌人想要得到的东西,调动敌人。这方面的实例在中外战争史上有很多。如果从广义上讲,这个"予之"反映了"欲取先予"的思想。"付出"与"获得"有着对立统一的辩证关系,没有付出就不会有获得,往往获得最多的都是那些会付出或敢于付出的人。这个思想不仅在军事领域有应用价值,而且在其他竞争领域也有着广泛的应用价值。

"势"不是盲目的，不是随意的，需要确立一个"固本"的思想。战场态势非常复杂。战争的指挥者要采取各种措施来制造对自己有利的态势。这里面非常重要的一条，就是要使自己处乱而不乱，处变而不变；在己治的时候示乱，在己勇的时候示怯，在己强的时候示弱。这样，才不会自乱阵脚，自我失控。这样，才能从容调动敌人，诱使敌人就范，使敌人围着我来转。待调动敌人形成了有利的战场态势之后，投入自己的兵力作战，收到"易胜"之效，达成"全胜"的目标——这正是孙子所说的"以此动之，以卒待之"。

故善战者，求之于势，不责于人，故能择人而任势。任势者，其战人也，如转木石；木石之性：安则静，危则动，方则止，圆则行。故善战人之势，如转圆石于千仞之山者，势也。

孙子说：善于作战的人，借助于有利的态势而取胜，并不是局限于力量的自身，所以他能将自身的力量与巧妙的借势结合起来。善于创造有利态势的将帅指挥部队作战，就像滚动木头、石头一样。木头、石头的特性：放在平稳的地方就静止，放在陡险的地方就滚动；方的容易静止，圆的容易转动。所以，善于指挥作战的人所造成的有利态势，就像转动圆石从万丈高山上滚下来那样。这就是所谓的"势"。

这一段话是总结。孙子借用"木"、"石"之性，对"势"做了形象生动的概括，阐明了中国战略的"任势"思想。要想以小的代价获得胜利，要想比较容易地战胜自己的对手，就必须"任势"，就必须借助各种有利的外部条件，就必须首先形成有利的战场态势之后用兵决战。同样的力量，放在不同的地方，产生的效果不一样，如把木石放在平稳的地方或陡险的地方，所产生的"势能"或"动能"就不一样。同样的力量，构成的形状不同，产生的效果也会不一样，如"方形"和"圆形"的运动效果就不一样。所以，孙子明确地告诉我们，高明的将帅轻而易举地战胜对手，并不是一味地把自己的力量拼到极限，而是通过改变自己力量的位置和形状，即通过力量的战场部署和作战编成，造成有利的战场态势，最后战而胜之。

孙子的"求之于势，不责于人"的思想包括两层意思：一是要承认"势"的客观实在性，不能违背它，不能强求它，不能异想天开地用不切实际的人为因素去取代它。要把眼睛盯在"势"上，而不要总是盯在"人"上。二是要善于求助于"势",要借天时、地利和人力(尤其是对方之力)为己用,改变自己在对抗中的不利地位,获得最终胜利。

《战国策·西周》有这样一个故事:楚军向东周和西周两个小国借道,准备进攻韩、魏。东周和西周的国君都十分恐慌。这时谋士苏子对周君说:"强楚向我借道,不能够硬抗,应顺着他的意图,将道路加宽,一直延伸到黄河,这样韩、魏必然会十分害怕。齐、秦两个大国也会害怕楚国夺取周的九鼎,必然同韩、魏联合起来一起攻楚。这样,楚国连方城之外的地方都难以守住,还怎么敢取道两周之间呢?假使不激起四国对楚的憎恨,君主就是不答应楚国,也是挡不住楚国大军的。"两周依计而行,果然因此化解了一场危机。

孙子"任势"思想曾经使国外的战略家顿开茅塞。英国战略理论家利德尔·哈特这样表述过:"真正的目的与其说是寻求战斗,不如说是一种有利的战略形势,也许战略形势是如此有利,以至于即使是它本身不能收到决定性的效果,那么在这个形势的基础上,只要打一仗就肯定可以收到这种决定的战果。"从现代战略角度上看,实际上"势"已成为衡量战略运筹胜败的标志,当对抗的一方已经失势,处于一种丧失了主动权的两难选择时,这一方已经失败了,他们在事实上被对方摧毁只是个时间早晚的问题。

孙子的"任势"思想在商战中得到广泛运用。在《哈佛商业评论》的一册书中,有一段引用威廉·莎士比亚的话,形象地说明了"任势"这一意思。他说:"世事的起伏本来是波浪式的,人们要是高潮勇往直前,一定可以功成名就;要是不能把握时机,就要终生蹭蹬,一事无成。我们现在正在涨潮的海上飘浮,倘不能顺水行舟,我们的事业就会一败涂地。"我国江苏有一位名叫车建新的企业家,是从事家具行业的。他非常会借势。车建新先在常州的新时代家具店旁边租了一间房,起名"大成家具店",实现了自产自销的愿望。他说,"狐假虎威"这个成语谁都知道,从谋略上说这叫"借势"。当时在家具行业弱小的我,之所以要把店面与全市著名的新时代家具店并排开,目的就是借势。

既然石头"危则动","圆则行",孙子就借助这个比喻阐述了"势"的涵义,即"如转圆石于千仞之山者,势也"。这句话说得非常形象也非常有气势。用现在的话来说,孙子这里讲的"势"是"位势",是指力量处在一种有利于发挥作用和增大作用的位置上。这个"位势"与力量所处的外部条件有关。孙子告诉我们,战略家理想之势,就好像把一块圆圆的石头放在一座很高的山顶之上。可以想象,这块石头随时会掉下来,并且掉下来时的破坏力非常之大!

国外的学者也有人理解到了孙子"势"的涵义。罗杰·埃姆斯在其1983年关于《孙子兵法》的译著中对"势"做了一个很长的注释。他认为"势"至少有三方面的含义:其一,"环境"或"条件"。其二,有关兵力部署的"具体配置"。其三,占据优越的地位,从而能发挥该地位所赋予的潜在优势。因此,他将"势"译为"Shih"(Strategic Advantage/Political Purchase),意思是"战略优势/政治上努力获取"。

归纳起来,我们可以将本篇孙子所说的"势"做这样的综述:"势"有多种类型,有"动势"、"位势"以及"气势"。所谓"势"不仅表现在力量与其周围条件联系而构成最佳的组合形态,而且表现在力量能够充分借助周围条件而成倍地增大自己的能量。首先,力量自身要形成一种最有利于借助外界条件的形态,如"圆"这个形态。其次,力量要处于有利的位势上,如"千仞之山"。然后,力量借助于有利的位势而发挥作用,形成巨大的能量,达到预期的目的,如圆石于高山上滚动而下。这种借助的过程充满了"顺应"和"惯性"的动感,力量在这种动感中得到猛增——这就是"势"。

六、虚 实 篇

虚实，反映了力量两种基本的形态。一般说来，"实"是指强大、主要和有备的力量，"虚"是指薄弱、次要和无备的力量。在具体的作战实施过程中，我们不能够把"虚"简单地看作"弱"，它有时是指要害、关键的部位。"虚"和"实"，是在双方力量对抗中显现的，是反映双方力量对抗的一个非常重要的对立统一范畴。这个范畴揭示了力量对抗的基本规律，形成了"避实击虚"的重要战略战术原则。

《虚实篇》是《孙子兵法》十三篇中的核心篇。从前后各篇的逻辑关系上看，"形篇"讲的是力量，力量有虚实之分；"势篇"讲的是态势，力量的虚实通过战场态势表现出来；"虚实篇"则是讲具体的作战过程中，如何认识虚实、转化虚实以及如何避实击虚。孙子许多重要的用兵思想以及他所揭示的带有普遍应用性的竞争规律都在这一篇中加以阐述。

孙子曰：凡先处战地而待敌者佚，后处战地而趋敌者劳。故善战者，致人而不致于人。

孙子说：凡先占据战场有利位置等待敌人的就主动安逸，后到达战场有利位置仓促应战的就被动疲劳。所以善于指挥作战的人，能调动敌人而不被敌人所调动。

孙子一上来就点明了本篇的主题，即"致人而不致于人"，用现在的话来说，就是调动敌人而不被敌人所调动。围绕本篇的"虚实"主题来看，孙子想要说的是：或虚，或实，是通过调动或不被调动来实现的。能够调动敌人，敌人就会由实变虚；我不被敌所调动，我则实而不虚或由虚变实。如何做到这一点？孙子提出了一个"占位"的思想。在此，孙子提到的"先"与"后"、"待"与"趋"、"佚"与"劳"六个字很耐人琢磨。在"占位"上，如果我"先"而敌"后"，则我

"待"而敌"趋"，结果会是我"佚"而敌"劳"，我调动了敌人而我未被敌所调动。在战场上，在一定的战场态势中，有着一个或数个非常重要的位置（在战略上称为"战略要地"），我们只要抢先占据了，就在战场上双方调动与被调动的角逐中占有了主动的地位。这个思想具有非常普遍的应用价值，无论是战争，商场竞争，还是下棋或足球比赛，都会用得上这一思想。

就商战而言，我们可以想像，有先见之明的人，抢先一步，将进入一个全新的领域。这里海阔天空，没有竞争对手，面对的是多得用不完的使人兴奋不已的资源和商机。所有，有企业家说，在现代经济中，重要的早已不再是强者的实力，而是领先者的优势地位。谁不采取行动，谁就会受害。这在行话中叫"先下手为强"。在新的模仿者和竞争者只需在遥远的地方按动鼠标的市场上，任何革新、任何专利都会带来巨大的优势。从商战竞争对抗的格局上看，占领战略制高点，就是占据有利的位置。许多企业家从自身经验中认识到，致人而不致于人，就要善于在最牢固的基点上确定自己的位置。任凭风浪起，稳坐钓鱼船。有位国内企业家指出，这是一个竞争的时代，但竞争不一定是你死我活的拼杀，也要会合作，也要会共存。重要的不是第几，不是排名，而是抢占到自己最适当的位置，这就是占位策略。看清烟雾迷漫的市场形势，拨开混战的千军万马的表象，找准空挡，牢牢确立自己的位置是十分重要的。

如果进一步研究，"致人而不致于人"有着更为深刻的涵义，绝不仅仅限于调动或被调动的问题，而是所有战略思想的综合反映，是一个总揽性的或者说归结性的战略理念。所以，在《李卫公问对》一书中有这样一句话："千章万句，不出乎'致人而不致于人'而已。"

"致"，是指一方力量如何作用到对方，指力量运用的过程和所产生的效果。"致"，不是谈力量的自身，也不是谈力量的外在条件，而是将双方力量综合起来谈，谈对抗双方的作用与反作用，谈双方如何运用力量获得预期的目标。在中国战略家们的论述中，"致"与"治"、"制"有近似的意思。

战争或其他对抗，是对立双方的激烈较量。双方在对抗过程中所追求的目的和所遵循的原则，归根结底无非是：控制对手，而不被对手所控制；战胜对手，而不被对手所战胜。这就是"致人而不致于人"。

六、虚 实 篇

"致人而不致于人"的核心思想就是掌握战略主动权。

"致人而不致于人"是要说明对抗双方以谁的意志为转移。对抗的任何一方，都有着自己的战略目标和战略计划，都力求迫使对方按照自己的战略安排行动；而对方则采取相反的做法，使自己不受控制，并按照自己的意愿行事。这实际上是一个争夺战略主动权的问题。"致人而不致于人"的核心思想就是掌握战略主动权。

掌握战略主动权，要求战略指导者不为敌所动，要使敌为我所动。掌握主动，不为敌所动，就不能被动地跟着对方的步子走，而是要依据自己的意图，使对方跟着我们的步子走。用毛主席的话说，就是"你打你的，我打我的"。掌握主动，不为敌所动，就要始终盯住自己的主要目标，正确处理好全局主动与局部被动的关系，不轻易地改变目标和决心，以不变应万变。

"致人而不致于人"，掌握战略主动权，说到底是一个掌握战场行动自由权的问题。有了战场行动的自由权，你就可以实现你的战略意图，灵活运用自己的力量去摧毁对方的力量；没有战场行动的自由权，就只能被迫由对方战略意图所控制，自己的力量就会被对方的力量所宰割。因此，毛泽东指出，"一切战争的敌我双方，都力争在战场、战地、战区以至整个战争中的主动权。这种主动权即是军队的自由权。军队失掉了主动权，被逼处于被动地位，这个军队就不自由，就有被消灭或被打败的危险。"法国的一位名叫博福尔的战略学家也认识到这一点。他说："战略的实质就是对行动自由的争夺。"（《战略入门》，第138页）

我国清朝时期，捻军歼灭僧格林沁是一个典型的掌握主动权而取胜的战例。僧格林沁原来是蒙古科尔沁郡王，后来由于镇压太平天国北伐军"有功"，而被封为亲王。第二次鸦片战争结束后，僧格林沁奉命赴山东镇压捻军起义。面对这个凶悍的敌人，捻军凭借精锐的骑兵，采取了大规模运动作战的方式。他们日行一二百里，急如狂飙，拖得清军精疲力竭，一旦形势有利，便杀一个回马枪，给紧追其后的敌人以致命打击。对于捻军的这个战术，愚顽的僧格林沁根本就没有看出来，他还是继续采取穷追不舍的战法，跟在捻军后面疲于奔命。结果，僧格林沁接连遭到失败，损失了一些大将。僧格林沁急红了眼，一心要找捻军决战，为部将报仇，跟在捻军后面日夜穷追，一月之间，奔驰不下三四千里。捻军利用僧格林沁急于求战的心理，故意避而不战，每天行军一二百里，拖着清军打圈子。捻军每人配备两三匹马，一匹马累了再换另一匹，交替骑乘，这样行军速度大大超过清军。为了引诱清军来追，捻军始终与敌人保持一二日路程，敌人追不上时，就停下来休息，待敌人追来时，又上马急驰。这样捻军可以得到休息，而清军却日夜兼程，疲劳不堪。为了追赶捻军，僧格林沁不得不经常远远脱离大队，率领少数精骑冒进，这就给捻军歼灭僧格林沁提供了机会。1865年5月，捻军将僧格林沁引进了早已布置好的伏击圈中，在山东菏泽西北的高楼寨，将僧格林沁团团围住。当时数万清军被远远甩在了后面，僧格林沁身边只有几千骑兵和陈国瑞等几员将领。经过一番厮杀，除陈国瑞带伤逃走外，僧格林沁的骑兵全军覆没，僧格林沁本人也被杀死于麦田之中。

能使敌人自至者，利之也；能使敌人不得至者，害之也。故敌佚能劳之、饱能饥之、安能动之者，出其所必趋也。

孙子说：能使敌人自动进到我预定地域，是用小利引诱的结果；能使敌人不能到达其预定地域，是制造困难阻止的结果。在敌人休息时使之疲劳，在敌人粮食充足时使之饥饿，在敌人驻扎安稳时使之移动，关键是要触及到他不得不为我所动的地方。

这段话中的"出其所必趋也"，按照大多数版本是放在下一段中，但与出土的汉简本有出入。本书认同《孙子校释》的说法，故将此句话按《孙子校释》排放。

孙子在这段话中具体展开论述如何调动敌人的问题。在战场上，敌人是不可能听你指挥的，那么，如何去调动他？孙子告诉我们两个字：一个是"利"，一个是"害"。用"利"，可以使敌人不请自来；用"害"，可以使敌避而远之，不敢来。这两个字，抓住了关键，切中了要害，反映了人类社会生活和行为的普遍规律，体现于战争，也体现于其他各个领域。在竞争过程中，人们争来争去，动来动去，无非就是为了这两个字。

"利"是决定力量施向的一个决定性因素。

韩非子说过：所期者利也，所用者力也。力是决定对抗胜败的最基本的物质要素，但力是死的，它作用于哪个方向，作用的量有多大，都要由力的操纵者来决定。那么，又是什么来决定力的操纵者呢？按照中国战略的理解，这就是"利"。由此，我们可以观察到"利"与"力"的相互关系，即"力"为"利"所趋。

"利"的第一层意思是"利益"。"利益"是一个较为抽象的概念，要对其内涵做出明确的阐释，并赋予一个完整的科学的定义，是一个难度相当大的理论工作。对此，过去和现在都有一些学者做了十分有益的探讨。我国古人认为"利益"是与"害"相对而言的，并从两者的对立关系中阐释"利益"的涵义。如《正字通·刀部》认为："利，害之反。"我国古代也有人从主观需求与客观获取的辩证统一关系上，来认识"利益"的涵义。如《墨子·经上》书中谈到："利，所得而喜也。"这种理解，扣住了人类"趋利避害"的本性，从而抓住最为本质问题由里至外地探讨战略指导的规律，表现出中国战略的深邃。

"利"的第二层意思需要从"得"与"失"上来理解。"利"，就是有得无失，或者说得大于失。《兵经》说："兵之动也，必度益国家，济苍生，重威能。苟得不偿失即非善利者矣。"

"利"的第三层意思是指所处的外在条件"有利"，能够有助于自己顺利实现既定目标。例如，孙子在后面所说的："地形有通者，有挂者，有支者，有隘者，有险者，有远者，我可以往，彼可以来，曰通。通形者，先居高阳，利粮道，以战则利。可以往，难以返，曰挂。挂形者，敌无备，出而胜之；敌若有备，出而不胜，难以返，不利。我出而不利，彼出而不利，曰支。支形者，敌虽利我，我无出也，引而去之，令敌半出而击之，利。"这段话所说的"利"，都是指这层意思。

为什么"利"能够调动对方的力量或者转变对方力量调动的方向？这与人的"趋利避害"的本性有关。这种本性不仅在单个人中得到体现，也在战略集团中得到反映。人类集团实际是由单个人组成的，是一个放大了的"人"。趋利避害，反映在战略对抗中，成为"合于利而动，不合于利而止"的战略原理。任何战略集团的行动都遵循这一原理。所以，"利"可以诱敌，"利"可以动敌，"利"可以趋敌。

战略决策者在综合各种"利"时，会产生认识上的差异。

有人会提出这样一个问题，战略决策者都要"以利而动"，并且以自己的"利"而动，不会为对方的"利"而动，这样的话，怎么会被你所说的"利"而驱使呢？这要从战略决策者对"利"的认识偏差说起。"利",有"近利",有"远利";有"此利",有"彼利",也就是有这一领域的利益,还有其他领域的利益。战略决策者在确定力量使用时所依据的"利",是一种综合的"利"。战略决策者在综合各种"利"时,会产生认识上的差异。有的人把"近利"看得重一些,而忽视了"远利";有的人把"此利"强调得多一些,而疏远了"彼利"。高明的战略家正是利用这一点调动和驱使敌人。他利用对方"以利而动"的心理,以"近利"让对方让出"远利",以"此利"让对方让出"彼利"。他使对方"以利而动",但动的方向是按照自己意愿设定的。这就需要战略家们通过说服的方法使对方按照自己的意愿确定对"利"的认识,有时候也需要战略家们出让一些"小利",以换取以后的"大利"。在我国战国时期,张仪就是以"六百里土地"之利劝楚与齐绝交,破坏了对方抗秦联盟,扭转了不利的战略态势。

在战略上实施"利而诱之"时,我们要注意荀子说过的一句话:"不利而利之,不如利而后利之之利也;不爱而用之,不如爱而后用之之功也。利而后利之,不如利而不利者之利也;爱而后用之,不如爱而不用者之功也。利而不利也,爱而不用也者,取天下矣。利而后利之,爱而后用之者,保社稷也。不利而利之,不爱而用之者,危国家也。"(《荀子·富国》)这句话的中心意思是告诉我们:在示利以动敌时,要主动地示利,而不要被动地示利;要在自己处于有利地位时示利,而不要在自己处于不利地位时示利。如果在被动时示利或者在自己处于不利地位时示利,不仅没有调动力,反而容易被对方所制。我们可以想像,当自己是一个弱者时,向对方晓以利害的说服力显然不如强者,同时,对方还会认为你有所求而拼命向你要价,这样做的结果,对方不会按你的意愿而动。

我们在战略上"以利诱之",要把握好利与害的辩证关系。

有些时候,告诉对方害,或者向对方显示害,也是显示利。避害也就是趋利。从这个意义上说,我们在战略上"以害惧之"与"以利诱之"是一致的,或者说,本身就是"以利诱之"的一种方法。

调动敌人的目的,就是使敌之"利"变为"害",使"佚敌"变为"劳敌","饱敌"变为"饥敌","安敌"变为"动敌",从而使整个战场态势变得对我有利而对敌不利。如何做到这一点,当然还是围绕着"利"与"害"两个字做文章。但是,当敌人处于"利"的时候,自然不会向"害"的方向走，也就是不会由"佚"向"劳"、由"饱"向"饥"、由"安"向"动"的方向走。这要求将帅们把"利"与"害"结合战场的实际情况综合起来考虑，摸准敌人的所思和所求，触动那些维系敌的或"利"或"害"最关键、最敏感的地方，迫使敌不得不为我所动。这就是孙子说的"出其所必趋也"。例如，毛泽东在指挥"四渡赤水"战役时，派兵佯攻蒋介石所在的贵州，迫使敌不得不调动滇军增援，为我跳出敌重围创造了一个缺口。还有，我军在平津战役时，围住了傅作义的嫡系部队35军，但围而不歼，使傅作义集团想动而不能动，保证了我各战区的战略决战行动的协调一致。这两个例子的成功指挥者都是触及到了对方关键、敏感部位，要么使敌不得不动，要么使敌不得不止。

行千里而不劳者，行于无人之地也；攻而必取者，攻其所不守也；守而必固者，守其所必攻也。故善攻者，敌不知其所守；善守者，敌不知其所攻。微乎微乎，至于无形；神乎神乎，至于无声；故能为敌之司命。

孙子说：行军千里而不劳累，因为走的是敌人没有部署的地方；进攻而必然会得手，因为攻的是敌人没有设防的地方；防御而必然能稳固，因为防守的是敌人必来进攻的地方。所以善于进攻的，使敌人不知道怎么防守；善于防守的，使敌人不知道怎么进攻。微妙呀！微妙到看不出形迹；神奇呀！神奇到听不到声息；所以能成为敌人命运的主宰者。

在本段话中，"守其所必攻也"在多数版本注释为"守其所不攻"。汉简本为"必"字，《孙子校释》则依此更正为"必"字，理由是：没有攻何来守，没有攻就没有必要守，守就无意义。在实际作战中，防御者要判断敌人的主要进攻方向，并将自己的主要兵力部署在这个方向上，这是军事上的常识。所谓"司命"，是指主宰命运者。

孙子在这段话中虽然没有提到"虚实"，但实际讲的就是"虚实"。如果上一段话讲的是如何通过调动暴露或制造"虚实"的话，这一段讲的是在进攻与防守的行动中如何认识和把握"虚实"。行军要入敌之"虚"，这就是敌人没有部署的地方。进攻要击敌之"虚"，这就是敌人防守薄弱或没有设防的地方。防守要针对敌之"实"，这就是敌人的主要进攻方向。

无论是进攻还是防御，都需要判断出敌我的虚实所在。我要知道敌人的"虚"在什么地方，"实"在什么地方；同时，我要让敌人不知道我的"虚"在什么地方，"实"在什么地方。这样，我就知道该往哪里攻，该往哪里守；而敌人则不知道该往哪里攻，该往哪里守。

在商战中，有许多精彩的"避实击虚"的实例。例如，在电脑产业，美国苹果公司采用这种战略大胆向IBM公司挑战。苹果公司把经营重心放在新的个人电脑开发上，而这恰恰是IBM公司忽视的薄弱环节。IBM公司长期以来把重点放在价格昂贵的大型电脑上，忽视了市场上受到欢迎的个人电脑、软件和服务等薄利多销的产品。1994年，苹果公司向市场投放了麦金考电脑，获得巨大成功，仅100天就销售了75000台，从而占领了个人电脑市场。格力空调采取"农村包围城市"战略，将注意力放在竞争对手忽视的农村市场，主要追求规模和市场份额，不过分地看重利润率，很快借助价廉物美的优势，迅速地占领了一些大牌空调无暇或不屑顾及的省市农村市场，然后再掉头向经济发达地区进攻。结果，格力成为国内销售量数一数二的品牌。

作为一名聪明的将帅，一定要把自己的虚实隐藏起来，不被敌人所知道。最好的办法，就是通过各种手段，将自己处于一种"微乎其微"和"神乎其神"的"无形"、"无声"状态。在这种状态下，我方的意图和行动，敌人"见不可见"，"闻不可闻"，或者"视而不见"，"闻而不闻"。那么，敌人会不知所措，不知道往哪里攻，不知道往哪里守，最后被我们所主宰。

用现在军事术语来说，这就是"隐蔽企图"。在战场上，真正做到无形无迹、无声无息是非常难的，这需要领会孙子所说"微乎"和"神乎"，通过"不虚不实"、"亦虚亦实"或"虚虚实实"，达成一种使敌难以捉摸的不露形迹、不露声色的状态，使我掌握住"致人而不致于人"的战场主动权。

进而不可御者，冲其虚也；退而不可追者，速而不可及也。故我欲战，敌虽高垒深沟，不得不与我战者，攻其所必救也；我不欲战，画地而守之，敌不得与我战者，乖其所之也。

孙子说：前进而使敌人不能抵御的，是因为冲击它空虚的地方；撤退而使敌人无法追击的，因为行动迅速使敌人追赶不上。所以我想打，敌人即使高垒深沟也不得不脱离阵地作战，这是因为我攻击到了敌人必救的要害之处。我不想打，虽然像"画地"一样构筑一种毫无意义的防御，敌人也不会来攻，这是因为我已将敌人调往其他方向。

此段中的"乖"字与"谬"通，意为"违背"、"相反"之义。"乖其所之也"意为将敌人调往其他地方。

这段话从字面上并不难理解，孙子讲得比较具体也比较生动。这段话的中心意思还是围绕着"虚实"展开，还是讲的"攻守"行动，但强调的侧重点与上面不同，这里强调的是在把握"虚实"基础上掌握战场主动的问题，强调的是如何将我的意志强加于敌的问题。这就是我想战的时候，敌人不得不与我战；我不想战的时候，敌人不得与我战。将残酷的战争放置于画地笑谈之间，把敌人玩弄于股掌之中，这就是中国战略家的气魄！但是，敌人就这样听话吗？我能够这样随心所欲吗？回答是"能"，但要按照孙子的两句话去做。一句话是"攻其所必救"，另一句话是"乖其所之"。前一句话，我们可以用现在的"围点打援"的战例来说明；后一句话，我们可以用"实施佯动"或"压力转移"的战例来说明。归根结底，要想敌人与我战或不与我战，核心还是一个调动敌人的问题，而解决这个问题还要落实到"利"或"害"这两个字上。

孙子在这段话中提示了一个非常重要的思想，掌握战场主动权，不能仅仅局限于实际对抗发生的地方，要把眼光放得远一些，再远一些，从对抗双方之外，从眼前对抗的地域之外，从更大的战略对抗空间，寻找克敌良策。当我想与敌战的时候，并不要在如何攻破敌高垒深沟处想办法，而是在另外的地方，通过"攻其必所救"，将敌人调出来打。当我不想与敌战的时候，并不要只在如何防御敌人上想办法，而是在其他的地方或其他对象身上向敌显其利害，使敌"乖其所之"，祸水他移。中国的战略就是这样，强调将帅的思路开阔。你之所以比对手掌握了主动权，就在于你比他想得远，看得远。往往解决问题的最好办法，并不在问题本身，而在问题之外。

故形人而我无形，则我专而敌分；我专为一，敌分为十，是以十攻其一也。则我众而敌寡，能以众击寡者，则吾之所与战者约矣。

孙子说：示形于敌，使敌人暴露而我军不露痕迹，这样我军的兵力就可以集中而敌人兵力就不得不分散。我军兵力集中在一处，敌人的兵力分散在十处，我就能用十倍于敌的兵力去攻击敌人，这就造成了我众敌寡的有利态势。能做到以众击寡，那么同我军当面作战的敌人就有限了。

本段话中的"专"就是现在的"集中"意思。

在这段话中，孙子阐述了他的著名的"我专敌分"的作战思想。实现我实而敌虚，就要"专"，就要集中兵力。在进攻中，集中兵力、形成拳头则为实；分散兵力、伸开五指则为虚。在防御中，集中兵力、重点防备则为实；分散兵力，四处防备则为虚。集中兵力，这是军事上的一条通则。敌人虽然很多，如果把自己的兵力集中在一起，把敌人的兵力分散在各处，我们仍然能够在局部上形成兵力对比的优势。形成了这种优势，我们就可以与敌交战了。

"集中兵力"，是战略指导中一个基本原则。

许多战略家们认为，战略的深奥之处，莫过于此。毛泽东说："中国红军以弱小者的姿态出现于内战的战场，其迭挫强敌震惊世界的战绩，依赖于兵力集中使用者甚大，无论哪一个大仗，都可以证明这一点。"法国的拿破仑说：在战争中，胜利属于懂得怎样在决定性的地点集中最大兵力的一方。奥地利的卡尔大公说：在兵力对比完全相等的地方不可能取得任何良好的战果。克劳塞维茨说：在数量上的优势应该看作是基本原则，不论在什么地方都是应该首先和尽量争取的。即使不能取得绝对优势，也要巧妙地使用军队，以便在决定性地点上造成相对的优势。他认为集中兵力是克敌制胜的最重要而又最简单的准则，主张在决定性的地点（空间）和决定性的时机（时间）兵力集中。英国军事理论家利德尔·哈特说：不仅是一条原则，而且可以说所有的战争原则，都可以用一个名词来表述，这就是"集中兵力"。

我举一个我国东汉时期先分兵失败尔后合兵获胜的例子来说明这个问题。东汉建武十二年（公元36年）初，一位名叫吴汉的将领率步骑兵两万人进攻成都的公孙述，立营于锦江北岸，另派刘尚率军万余人驻屯于江南，二十余里隔江相望。公孙述派谢丰、袁吉率众十万余人进攻吴汉，另派万余人钳制刘尚，使吴、刘二军不能相救。吴汉兵败退入堡垒，被谢、袁围困起来。吴汉对将领们说："我和你们跨越险阻，转战千里，深入敌人腹地。现在受到围困，与刘将军不能互相照应，后果不堪设想。我想偷偷冲出敌人的包围，与刘尚会合，合兵一处，共同抵御敌人。如果大家同心协力，大功可立；不然必定失败。

成败之机，在此一举。"众将都表示听从指挥。于是，吴汉犒赏军士，饱喂战马，闭营三天不出战。同时多立旌旗，营中烟火不绝，以迷惑敌人。然后利用夜暗作掩护，悄悄行动，移军南岸，与刘尚会合。次日拂晓，敌人发觉了吴汉的行动。谢丰亲率主力攻击刘尚，吴汉、刘尚集中全力迎战，敌军大败，谢袁二人皆战死阵中。汉军乘胜进攻成都，公孙述负伤而死，余众投降。此战汉军先分而败，后合而胜，充分说明了集中兵力的重要性。

关于"集中兵力"，在商战中也具有十分重要的战略意义，并得到广泛的应用。有的商战资料列举了1994年底TCL大屏幕彩电抢滩北京的实例。当时北京市场已有不下50个彩电品牌，但经过周密研究，李东生决定采用在短时间内集中投入力量的办法启动市场。尽管TCL人在北京白天吃方便面，晚上睡地铺，但硬是挤出80万元，在北京展开了宣传攻势。与此同时，他们想方设法说服了第一批14家商场，以每平方米柜台每月销售低于5万元则给予商场赔偿的"不平等条约"，让自己的彩电摆上寸土寸金的北京商场。制作自己特有的销售专柜，派出自己训练有素的营销员，亮出比外国名牌低2/3的价格，配以凌厉的广告攻势，结果，"王牌"在北京各大商场平均每平方米专柜的销售额高达30万元。"王牌"在北京销售量压倒进口国际名牌而坐上头把交椅。

"集中兵力"反映了强胜弱败的战争规律。

为什么说"集中兵力"是战略指导中的一个基本原则，并且集中反映了战略奥秘？这要从强胜弱败的战争基本规律说起。战争对抗是力量与力量的对抗，具有力量优势的一方获胜。集中兵力，可以获得对抗状态时的力量对比的优势，或者说形成局部的优势。所以说，"集中兵力"，反映了全局与局部的辩证关系，体现出力量在特定时空条件下组合的艺术。

在理解"集中兵力"的涵义时，我们要把握好以下几点：第一，力量集中在于点的聚集而不在力量的时空形态。力量的集中有多种表现形态，关键在于是否能将所有的力量集中在打击的目标上。第二，集中兵力是手段，歼灭敌人是目的。不能把手段误作目的，为集中而集中。第三，集中具有相对性，并不是把所有兵力都集中到一起。在具体对抗中，集中兵力的数量必须依据对方力量状况而定，必须以有把握歼灭敌人为原则,并非集中得越多越好。第四,要掌握"分"与"合"的辩证法,反对在集中兵力问题上的片面性。分有分的好处,合有合的好处,要根据具体情况灵活处置。例如,《李卫公问对》中说:"分不分为縻军;聚不聚为孤旅。"《兵经》中也说过:"兵重则滞而不神,兵轻则便而多利。"

我专,是强调我方的力量要高度集中,这也是中国战略经常强调的"三军为一"。凝聚和控制自己的力量,有许多方法。就有形的凝聚和控制方法而言,需要有一套有效的控制与管理方法,而这些方法又与先进的控制与管理体制相联系。关于无形地凝聚和控制自己力量的方法,是一门高深的战略学问,中国古代战略家们有许多论述。概括起来说,这些方法离不开"恩"与"威"两个字。从战略指导的层面上看,做到"我专",就要充分利用各种有利因素,最大限度地充实自己力量;建立统一战线,最大限度壮大自己和孤立敌人;不要把矛盾集中在自己身上,不要让其他不必要的因素削弱自己力量。对此,中国古代战略中总结了许多方法,如"无可无不可"、"中庸处置"、"不为天下先"、"坐山观虎斗"等等。在作战指导层面上看,做到"我专",就要善于把握力量在时空中的变化规律,处理好内线与外线、速战与持久关系,"以最大的兵力和最快的速度到达那里"。后面这句带引号的话,是引用了一句外国的古训。美国大西洋理事会主席安德鲁·J. 古德帕斯特在美陆军学院、海军学院和美陆军协会联合举行的学术讨论会的讲话中说:"'以最大的兵力和最快的速度到达那里',是内战时期内森·内德福德·福里斯特留下的古训,遵循它是再好不过了。"

力量对比是相对的,力量的"专"与"分"也是相对而言的。

孙子的"我专敌分"的思想,着眼于力量对比和力量转化的战略思想。这一战略思想与众不同的是,将双方力量放在一起辩证思考,从双方力量对抗过程中相对应的辩证关系中改变双方力量的对比和达成双方力量的强弱转化,即"我专为一,敌分为十,是以十攻其一也"。

力量对比是相对。在双方力量对抗的过程中,力量的"专"与"分",也是相对而言的。我"专"而敌不"分",不能达到真正的"我专";相反,"敌分"则"我专",分散敌人的力量,也等于是集中了自己的力量，形成了对抗状态下的或局部的力量对比优势。所以，《淮南子·兵略训》说："故能分人之兵，疑人之心，则锱铢有余；不能分人之兵，疑人之心，则数倍不足。"

如何分敌之力？关键还是要把握住"利"与"害"两个字。对抗的一方，是不能够直接调动对方力量的，但可以间接地调动对方的力量，这就要通过"晓之以利"或"示之以害"的方式来进行。这因为，对方是根据自己的利害得失来确定自己力量调动的方向和方式。中国历史上这方面的事例很多。例如：秦国献商於六百里地，破坏齐楚联盟；孙膑围魏救赵，按照自己的意图调动了对方力量。这里面包含有利用矛盾、制造矛盾、转移矛盾、转化矛盾等战略技巧。在调动对方力量方面，除了示害分敌之力之外，还包括击害分敌之力，这就是中国战略所说的"攻其所必救"。除此之外，孙子还告诉了我们一个重要的分敌之策，这就是通过信息不明的"不可知"方式，导致对方兵力分散。这个分敌之策，孙子在下面的论述中做了详细的介绍。

吾所与战之地不可知，不可知，则敌所备者多；敌所备者多，则吾所与战者寡矣。故备前则后寡，备后则前寡；备左则右寡，备右则左寡；无所不备，则无所不寡。寡者，备人者也；众者，使人备己者也。

孙子说：我军所要进攻的地方敌人不得而知，不得而知，那么他所要防备的地方就多了；敌人防备的地方越多，那么我军所要进攻的敌人就越少。所以防备了前面，后面的兵力就薄弱；防备了后面，前面的兵力就薄弱；防备了左边，右边的兵力就薄弱；防备了右边，左边的兵力就薄弱；处处都防备，就处处兵力薄弱。之所以兵力薄弱，就是因为处处去防备别人；之所以兵力充足，就是因为迫使敌人处处防备自己。

几乎所有的版本都是将这一段与上一段合并在一起，而我则将其分开来，主要考虑是：这一段是谈如何分敌之法，并且由"知"谈到了"备"，阐释了"备人者寡"与"使人备者众"的重要思想，其内容有相对独立性，应该分开来认识比较妥当。

分敌之兵，要造成敌人"不可知"，按现在的话说就是信息不明，从而导致敌人不得不多处防备。多处防备，自然就会分散兵力。如果扣住本篇的"虚实"主题来谈，就是要使敌人摸不清虚实。敌人不知道你的虚实在哪里，他就不知道他的兵力应该怎样摆，怎样用。不得已，只好四处把守，以防万一，导致了兵力分散。可见，信息的重要性，示形艺术的重要性，孙子所说的"诡道"，都体现在这方面，将帅的智慧也展示在这方面。用现代的眼光来看，孙子的这一思想对于我们思考现代信息战争来说，有着非常大的借鉴价值。

要想达到"我专敌分"的要求，就是统筹全局，把握重心，有所备，有所不备，有所为，有所不为。中国历史上"孙膑赛马"的故事很深刻地说明这个道理。孙膑用劣马对付对方的好马，而集中自己的好马和中等马去比对方的中等马和劣马，结果在全局上获得了胜利。大量的生活实例告诉我们，我们如果什么都想要，结果可能什么也得不到。人不可能面面俱到，也不必处处小心，关键是把握住大局和大事。在必要的时候，要舍得割爱，敢于拒绝。有些时候，从辩证的角度看，从全局看，割舍就是一种获得，拒绝将意味着回报。

孙子说的"寡者，备人者也"，"众者，使人备己者也"，是一个非常重要的战略思想。战场上主动的一方，我不备人，而是使敌人处备我。我不备人，则我的力量就集中；敌人备我，则他的力量就分散。在解放战争时期，面对国民党军队重兵进逼，我军不怕"打烂坛坛罐罐"，主动放弃城市，把主力部队集中起来寻歼敌有生力量。结果，敌人处处备我，兵力分散，我则不备敌，兵力集中。我主动，敌被动，通过各个击破，改变了力量对比，最后获得了全胜。

故知战之地，知战之日，则可千里而战；不知战地，不知战日，则左不能救右，右不能救左，前不能救后，后不能救前，而况远者数十里，近者数里乎？以吾度之，越人之兵虽多，亦奚益于胜哉？故曰：胜可为也。敌虽众，可使无斗。

孙子说：所以，能预知交战的地点，预知交战的时间，那么即使相距千里也可以同敌人交战。不能预知在什么地方打，不能预知在什么时间打，那就会左翼不能救右翼，右翼也不能救左翼，前面不能救后面，后面也不能救前面，何况远在数十里，近在数里呢？依我分析，越国的军队虽多，对争取战争的胜利又有什么补益呢？所以说，胜利是可以造成的。敌军虽多，可以使它无法同我较量。

孙子在上一段论述的基础上进一步论述"知"，强调"知战之地"和"知战之日"。集中兵力，就是将力量聚集于某一时空点上，因此，战争的指挥者必须清楚地知道在什么地方和什么时间集中自己兵力。战争的指挥者必须能够准确判断自己会在什么地点和什么时间与什么样的敌人交战，必须对战争发展过程做到基本上的心中有数。

用现代军事术语来说，孙子讲的是"战场透明"。现代信息战特别强调"战场透明"。拥有信息优势的一方或者说掌握制信息权的一方，能够使战场单向透明，即我能看到你而你却看不到我。这样就像两个拳手较量，一个睁开眼睛，而另一个则被蒙上了眼睛，其较量的结果可想而知了。孙子指出，知道在哪里交战和在什么时间交战，即使在千里之外，也可迅速将兵力集中起来，战胜对手。如果不知道这些情况，则哪怕近在咫尺，也不知所措，无法应战。对于现代战争来说，尤其是最近发生的伊拉克战争，孙子的这段话说得再贴切不过了。美国依靠其现代信息技术尤其是太空信息技术，掌握了制信息权，知道了在哪里打和什么时间打，能够迅速集中其精确打击能力，甚至包括数千里之外的精确打击能力，有效摧毁伊军的作战力量。而伊军由于"不知"，则被动挨打，全军覆没。可是，现在的局面又发生了戏剧性的变化，美国在明处，伊拉克的抵抗组织在暗处，美国不知道在哪里打和什么时间打，虽然相距很近，但无计可施，"左不能救右"，"右不能救左"，一筹莫展。

所以，孙子敢于断言，如果敌人信息不明，不知道在何地战和何时战，即使兵力再多也是瞎子，不足为惧。

故策之而知得失之计，作之而知动静之理，形之而知死生之地，角之而知有余不足之处。

孙子说：所以，要仔细策划一下，来分析敌人作战计划的得失；要挑动一下敌军，来了解敌人的活动规律；要侦察一下情况，来了解哪里有利哪里不利；要进行一下小战，来了解敌人兵力虚实强弱。

需要指出，在所有的版本中，将这段话与下面的内容合并为一起。我认为，这段话与上面的逻辑关系清楚，是在"知"的必要性之后明确如何"知"的问题，有其相对独立的主题思想，而下面的内容是谈如何"示形"，意思相差较远，故分开谈比较妥当。

孙子这段话讲的是"知形"。所谓"知形"，就是通过一系列的办法探明对方的虚实。在这里，孙子具体提出了"知形"的四种方法。这就是：认真计算和研究，分析敌人作战计划的得失；采取必要的行动,了解敌人的活动规律;组织侦察试探,得知哪里有利或不利;进行小的接触,探明敌人兵力的虚实。孙子讲的这四种方法在作战中是常用到的,现代的军事家们并不陌生。这也可以说是通过"动敌"而"知敌",不过这种"动敌"是属于具体的战术层次的。面对强大的对手,我们一定千方百计地设法探明它,否则就不能轻易下决心采取行动。譬如说,我们遇见了一个不熟悉的庞然大物,首先要了解它是什么东西,危害性有多大。怎么了解?一是要观察研究,二是要触动它一下,看看它的反应。我们可以在安全距离之外,用针去扎它一下,用石头去投打它一下,看它是死的还是活的,是凶猛的还是温顺的。

孙子在此谈到了"动静之理"。我们需要对"动静"这对范畴略做一下解释。力量"形"的变化,无非是"动"与"静"两种状态。"动"与"静"是中国古代哲学中的一对重要范畴。按照中国古人的解释,"动"是指事物的运动、变化和进程,而"静"是指事物的静止、固定和终止。"动"有力争的意思,而"静"有不争的意思。"动"导致"形"变而力发,"静"则保持"形"不变而力聚。什么是"静"?从中国战略的角度看,"动"是一种变化的有形状态,对方能够察觉;而"静"则是一种不变的无形状态,或者说是一种对方难以判定的虚无状态,是"虚无者道之舍"。在中国战略家们看来,战略计划实施之前,将力量处在一种"静"的状态下,可以做到我不动而敌动,我后动而敌先动,从而达到我无形而敌有形或者敌先于我示形。

许多商家实际上已经悟到了"动静之理"。长城集团有一则广告叫"现代商战辩证法"。广告词说:商场如战场,置身于此,沉浮与否,无人知晓。此时,要想沉着应战,通晓辩证法尤为重要,长城 R2000 系列商用笔记本电脑,汇通现代商战辩证法,助你和你的精英,掌控竞争,自如在己。尔后,重点提出三条:刚柔有度,高低有效,动静有法。

我下面要讲一个西汉名将周亚夫"以静制动"的故事。西汉景帝前元三年(公元前 154 年),吴楚七国叛乱,周亚夫奉命率军进讨,进至昌邑(今山东金乡西北),坚壁拒守。吴楚叛兵进攻梁国睢阳,梁派使者请求周亚夫驰援,景帝也派使者命令周亚夫救梁。周亚夫按兵不动,只是派出一支轻骑出淮泗口(今江苏淮阴西),切断吴楚叛军的粮道。吴楚叛军久攻睢阳不下,粮食缺乏,急于寻求与汉军主力决战。

面对叛军多次挑战，周亚夫皆坚壁不出。吴楚求战不得，士卒饥饿叛散，只好退兵。周亚夫乘敌撤退，挥动大军追杀，大败吴楚叛军。

故形兵之极，至于无形；无形，则深间不能窥，智者不能谋。因形而措胜于众，众不能知；人皆知我所胜之形，而莫知吾所以制胜之形。故其战胜不复，而应形于无穷。

孙子说：所以伪装伴动做到最好的地步，就看不出形迹；看不出形迹，即便有深藏的间谍也窥察不到我军底细，聪明的敌将也想不出对付我军的办法。根据敌情变化而灵活运用战术，即使把胜利摆在众人面前，众人还是看不出其中的奥妙。人们只知道我用来战胜敌人的方法，但不知道我是怎样运用这些方法取胜的。所以每次战胜，都不是重复老一套的方法，而是适应不同的情况，变化无穷。

孙子在这段话谈的是"示形"。如果说上段谈的是如何知对方之形，那么这一段就是谈如何使对方不知自己之形，或者说如何隐蔽和显示自己之形。谈到"示形"，这是《孙子兵法》中的一个重要内容，我们需要花较大的功夫来深入探讨。

"形"就是力量在特定时空条件下的具体部署和显示。

我们在此所讲的"形"，主要是指力量的外在表现形式，或者说是力量的外部特征。在现实的战略较量中，力量不是抽象的，而是具体的，它必须在特定的时间和空间中表现出来，这就是"形"。"形"是力量的外在表现。用战略研究所用的话说，"形"就是力量在特定时空条件下的具体部署和显示。人们只有通过"形"才能观察到力量的存在。战略只有通过"形"才能构成实际的对抗。战略作为一种运用力量的艺术，其许多方面的奥妙之处，就是体现在"形"字上，体现在力量于特定时空条件下的"示形"和"变形"的过程之中。

在商战中，"形"体现在许多方面。例如，企业发出的价值信号、产品广告、产品包装、企业形象、商务车辆、公关礼仪、办公与生产设施、甚至企业人员的着装等等。一个企业的品牌就是一个企业"形"的体现。品牌作为"形"，它要向商场上的顾客和竞争对手提示一种明确的感知信号。如摩托罗拉，在设计品牌时选用了头一个字母"M"，考虑到公司的特点，把"M"设计得棱角分明，充分体现了高科技产业的形象。麦当劳，虽然也选用"M"为品牌，却突出了柔和亲切的感觉，符合其餐饮业的形象。

对于战略来说，什么是"形"并不难理解，也没有什么深奥之处。战略的深奥之处，在于一个"示"字上，在于如何"示形"，就是如何向对方显示自己力量的形态。在实际的战场上，力量的"形"是通过"示"而展现的，力量的"形"是可以改变的，但并不总是客观和真实地反映力量本身。这就给了战略家们施展自己主观能动性的机会，他们可以通过"示形"去左右对方的战略判断和战略决心，进而达到战胜对方的目的。

中国战略强调"示形而形不可察"，即通过示形而使对方不能正确判断我真正的战略形迹，不能掌握我的力量和我运用力量的战略企图。做到这一点，就要按孙子前面所说的"能而示之不能，用而示之不用；近而示之远，远而示之近"。这叫做"反向示形"，即"示形"要依照自己力量真实的相反方向去"示"，使对方按此"形"做出错误的判断，走入战略决策的歧途。

孙子认为，"示形"的艺术发挥到了极点，便达到了一种"无形"境界，达到了一种"神乎"的境界。

中国战略之所以强调"无形"，是因为"诸有象者，莫不可胜也；诸有形者，莫不可应也"。"智见者，人为之谋；形见者，人为之攻；众见者，人为之伏；器见者，人为之备"。只有"藏形于无"，"运于无形"，才能达到"出于不意"的效果。（参见《淮南子·兵略训》）具体展开来说，在对抗过程中，只要一方有端倪可察，有形迹可寻，另一方就会有应对的措施，就会找出制胜的办法。当人们知道你的意图、你的形迹、你的力量、你的武器装备，便可有针对性地采取对策，或是进攻，或是防备，从而获得战略主动权。所以，高明的战略"示形"，就要达成"无形"，使自己的战略意图藏于无形之中，并运用自己的力量于无形之中，这样，对方便无端倪可察，无形迹可寻，便会在对抗中不知所措，无法应对。

关于"无形"，在我国古代的战略论著中还有过比较详细的描述。在《淮南子·兵略训》中是这样说的："唯无形者，无可奈也，是故圣人藏于无原，故其情不可得而观；运于无形，故其阵不可得而经。无法无仪，来而为之宜；无名无状，变而为之像。深哉瞒瞒，远哉悠悠，且冬且夏，且春且秋。上穷至高之末，下测至深之底，变化消息，无所凝滞。建心乎窅冥之野，而藏志乎九旋之渊，虽有明目，孰能窥其情？"这段话的意思是：只有无形的东西，才能使人无法对付。因此，圣人用兵，隐藏于无源可寻之处，所以别人无法看清它的情况；运动起来，没有形象显露出来，所以，别人无法衡量它的阵式。没有固定的方法，没有固定的形式，随敌之来而采取相应的对策；没有一定的名号，没有一定的形状，随着情况变化而呈现具体形象。深邃而无底，遥远而悠长，无论春夏秋冬，一年四季，向上达到最高的顶峰，向下达到最深的底层，盛衰变化，任何时候都不会滞留在一点上。心思寄托在遥远的原野，意图隐藏在深渊，纵然有明亮的眼睛，也难以观察到它的真实情况。

怎样才算达到了"无形"的境界。孙子说，"无形，则深间不能窥，智者不能谋"。一种是"深间不能窥"，深藏不露，使对方"看不见"、"摸不着"的形态。这方面的办法很多。还有一种"无形"的状态是"智者不能谋"，就是说即使对方看见了你，也无法判断你的形状，无法掌握你的动向。这是一种更高的战略示形艺术，要使敌人视而不见，见而不察，察而无谋。

在此，还有必要提及一下《淮南子·兵略训》中的一段话，即："兵贵谋之不测也，形之隐匿也，出于不意、不可以设备也。谋见则穷，形见则制。故善用兵者，上隐之天，下隐之地，中隐之人。"这段话提出了达成"无形"的三个很重要的方法，即"上隐之天"，"下隐之地"，"中隐之人"，就是说，达成"无形"，要借助并善于利用天时、地利、人文等条件，要使自己力量巧妙地与天、地、人融合起来，匿"形"于天、地、人之中，把"己形"藏于天、地、人的"大形"之内，从而达到"示形"于"无形"的目的。

以"变形"求"无形"，以"有形"求"无形"。

在追求"无形"的过程中，高超的战略指导艺术，不是只盯住"匿形"，而是注重"变形"。这就是中国战略强调的"应形于无穷"的思想。通过无穷尽的"形"的变化，达成"无形"的目的。"应形于无穷"更加高深莫测，它所追求的"无"不是没有或看不见，而是"因情变形"、"形不固定"、"形无常形"、"以形隐形"。

这种以"变形"求"无形"的战略思想，深刻反映了中国古代一个"有无相成"辩证法原理。这首先要对中国哲学"有"与"无"这对范畴有所了解。"有"和"无",来源于"道",是"道"的两种表现形式。老子说:"此两者,同出而异名,同谓之玄。玄之又玄,众妙之门。"(《老子·一章》)老子曾用车、陶器和房子说明"有"与"无"的关系。这二者共同存在,相互配合,才使事物发生作用。他是这样说的:"三十辐,共一毂,当其无,有车之用。埏埴以为器,当其无,有器之用。凿户牖以为室,当其无,有室之用。故有之以为利,无之以为用。"(《老子·十一章》)"有无相成"的辩证法原理告诉我们,"无"中生"有","有"中生"无"。就以"变形"求"无形"的战略思想而言,便是"有"中生"无"辩证法原理的具体体现。在对抗过程中,我们藏秘于公开行动之中,但要使对方视而不见,见而不察,将自己的"有形"变为"无形",则需要利用对方熟视无睹、常见不疑的心理,甚至有意利用对方反向思维的习惯,故意露出一些真实的情况,或频频露出一些"本意",使敌以真当假,习以为常,以"有"生"无",谋成于密。

以有形求无形,这在我志愿军三所里穿插作战中得到成功的体现。抗美援朝第二次战役中,志愿军某部向三所里实施战役穿插,一夜疾进一百五十华里。当他们到达松洞时,天已蒙蒙亮。为了对付敌机的威胁,顺利走完最后三十里路程,部队首长当机立断,命令部队去掉各种伪装,沿公路成纵队跑步前进。几十架敌机在他们上空活动,居然将志愿军的这支穿插部队,误认为是从德川里撤下来的李承晚伪军。于是该部队在敌机的"护送"之下,及时到达三所里,先敌地面部队五分钟抢占了有利地形,堵住了南逃北援之敌,为志愿军取得这次战役的胜利创造了条件。

在理解"应形于无穷"的战略思想时,我们还有必要关注孙子说过的"因形而措胜于众,众不能知;人皆知我所胜之形,而莫知吾所以制胜之形"。孙子的这句话告诉我们:胜之形有可知的一面,但又有不可知的一面,有有形的一面,同时又有无形的一面。真正的无形,不是视而不见,而是隐含在有形之中。战胜敌人的方法是可见的,但如何运用这些方法制胜的奥秘是不可见的。人们能够见到这种"形",但又说不清这是一种什么"形",这其中的奥秘就是"变化"两字。孙子的这句话还启发我们:我之"形"完全不让对方所知,是很难做到的。我可以用"所胜之形"示之,将"所以制胜之形"隐之和变之,达到"战胜不复"的目的。我们在战争史上常看到这样实例，同样一种战法或阵法，由于用法不同，用的时机或地点不同，会产生不同的作战效果。这些实例反映了上面所说的道理，即同样的"所以胜之形"，由于"所以制胜之形"不同，产生了不同的结果。这里的奥秘就在于"所以制胜之形"的隐匿与变化，而且这种变化没有穷尽。

中国战略在获胜的思想之中有一种更为高深的理念——"胜于无形"。

如果按照孙子的意思展开来思考，我们可以发现中国战略在获胜的思想之中有一种更为高深的理念——"胜于无形"。这就是要在对方没有察觉的情况下获得胜利，或者说要使对方不知不觉、糊里糊涂地遭到失败。相比之下，这种胜利，包含有前面所说的各种获胜思想的要求，并且还要比前面获胜的结果更为理想，但战略运筹的难度更大。"胜于无形"，要善于巧妙地诱使对方的力量为自己所用，使对方不知不觉、糊里糊涂地被牵着走，最后不露形迹地制服对方，达成目的。古往今来，这方面的实例很多。

中国有一个"二桃杀三士"的故事，能够由小见大地反映中国战略的这一思想。我国春秋战国时期，齐国有三个勇士名叫公孙捷、田开疆在、古治子。他们结为兄弟，号称"齐邦三杰"。他们挟功恃勇，对齐景公的权力构成威胁。齐国宰相晏婴想要除掉他们。一天，鲁昭公来访。齐景公设宴招待。这三个勇士立在左右。晏婴命人拿来一些桃子，故意剩下两枚赏给这三个勇士，并说这桃子只赏给最勇敢的人食用。于是，三人争功，互不服气，最后皆自刎而死。这样，晏婴没有费吹灰之力，在对方丝毫没有觉察的情况下，解除了齐王的心腹大患。

"胜于无形"，更多地体现在对抗双方智慧的较量上，要善于通过各种方法不露声色地左右对方的动机，改变对方的决心，达成自己的目的。"胜于无形"，实际上反映了中国一种十分重要的"无为而治"的战略思想。这种战略思想，强调战略统帅要在一种别人"看不见"、"摸不着"、"不动声色"、"毫不费力"的状态下，在一种"制形而无形"、"物物而不物"的状态下，达成自己的目的。正所谓"无形而制有形，无为而应变，虽未能得胜于敌，敌不可得胜之道也"。（《淮南子·兵略训》）

夫兵形象水，水之行，避高而趋下，兵之胜，避实而击虚。水因地而制行，兵因敌而制胜。故兵无成势，无恒形。能因敌变化而取胜者，谓之神。故五行无常胜，四时无常位；日有短长，月有死生。

孙子说：用兵的规律好像水的流动，水的流动，是由于避开高处而流向低处；用兵获胜，是由于避开敌人的"实"而攻击敌人的"虚"。水因地形的高低而制约其流向，作战则根据不同的敌情而决定不同的战法。所以，用兵作战没有固定刻板的战场态势，没有一成不变的作战方式。能够根据敌情变化而取胜的，就叫做用兵如神。五行相生相克没有哪一个固定常胜，四季相接相代也没有哪一个固定不移，白天有短有长，月亮有缺有圆。

孙子在本篇的最后一段话中做了总结，明确提出了"避实而击虚"的战略思想。这五个字是整个"虚实篇"的点睛之笔。这一思想是中国传统"以柔克刚"战略思想的典型反映。中国战略为什么强调"避实击虚"？道理并不复杂，正如管子所说，"凡用兵者，攻坚则韧，乘瑕则神。攻坚则瑕者坚，乘瑕则坚者瑕"。(《管子·制分》)这句话的大意是：凡是作战，打强点就会受阻碍，打弱点就会建奇功。如果打在对方的强点上，弱小的对方也会变得强大起来；如果打在对方的弱点上，强大的对方也会变得弱小。

在我国历史上，有关"避实击虚"的实例很多，如孙膑的"围魏救赵"，是一个典型的例子。当魏国主力攻打赵国时，孙膑建议齐国军队不去赵国与魏国主力正面作战，而是乘机围攻魏国兵力薄弱的城池，这样不但解了赵国之围，还迫使魏国军队疲于奔命，遭受失败。还有，在中国革命战争时期，毛泽东采取"诱敌深入"的战略方针，避实而击虚，以劣势兵力成功地粉碎了敌人的多次"围剿"。毛泽东提出了"敌进我退，敌退我追，敌驻我扰，敌疲我打"的"十六字诀"，充分体现了"避实击虚"的中国战略思想。

"水"最能够反映中国战略深奥的道理。

孙子在这一段中借用"水"的比喻来形象说明自己的观点，一下子使极为深奥的战略理论变得深入浅出，明明白白。这是孙子表述方式的一个杰作，一个亮点，一个非常成功的地方。

六、虚实篇

水与兵非常像,水避高趋下,兵避实击虚。水根据地形改变流向,兵根据敌情确定战法。一切都在不断的变化之中,都在根据不同情况而形成的不同变化之中。孙子将其称之为"神"。水有水势,如决千仞之积水;水有水速,能够成激水而漂石。水处静而平和,动则依势而发出雷霆万钧之力。水最为符合中国战略所强调的"顺势"、"乘势"的要求。水有形,但不固定,无常形。水能够在有形中达成无形,这便是中国战略在"示形"中所追求的一个最为理想的目标。

深入地说,《孙子兵法》中核心思想反映的是中国传统战略"以柔克刚"的思想,集中体现了一个"柔"字。掌握《孙子兵法》的精髓,关键是吃透这个"柔"字。而对"柔"字最形象的理解就是水。我们可以想像到,天下之物,最具"柔"性的莫过于水。正如老子所说:"天下柔弱莫过于水,而攻坚强者莫之能胜,以其无以易之。弱之胜强,柔之胜刚,天下莫不知,莫能行。"(《老子·七十八章》)

能够综合形象反映中国战略"不争"思想的莫过于水。水能制胜,而且是通过一种独特的方法制胜。这靠的是一种柔性,一种持久不衰的韧劲。水通过"不争"而达成"争"的目的。这种制胜的方法适合弱者,是一种以弱胜强的方法。

水具有中国战略所主张的"道"性。水符合"道"的本质涵义。《淮南子》一书对此做了明确的表述:"天下之物,莫柔弱于水,然而大不可极,深不可测;修极于无穷,远沦于无涯。"(《淮南子·原道训》)水还符合"道"的道德涵义。正如老子所说,"上善若水。水善利万物而不争,处众人之所恶,故几于道"。(《老子·八章》)

水能与它所处的环境保持最和谐的状态。这是中国道家主张的重要思想,也反映了中国人的民族性格。通俗地说,就是随遇而安,因情而变。从哲学上讲,这一思想要求顺应客观条件的变化,在顺应的同时把握和利用这种变化,达到自己的目的。这一思想要求人们追求主观与客观完美的统一。这一思想在《孙子兵法》中得到了完美的体现。

能因敌变化而取胜者,谓之神。

战争或其他方面的对抗是双方互动的过程,任何一方的变化,都要适应对方情况的改变。这就是敌变我变,因敌而变。孙子非常强调这一点。他说:"能因敌变化而取胜者,谓之神。"这里面包括被动地

"变"和主动地"变"两个方面:一是随着敌人情况的变化而变化,使自己的决策符合敌我双方的客观实际;二是预测和判断敌方变化的动向,顺势而为,将变化导向自己预期的方向。后一种"变"对战略指导者的要求更高,有些类似于我们常说的"将计就计"的味道。

最后,孙子通过水的比喻将所论述的问题归结到"变"字上。水有形,谁都能看得见,但水又无形,谁都说不出它的形状是什么样子。这是为什么?其中的奥秘就在于一个"变"字。依此要求,中国战略强调变化,也就是将自己的力量运用处在一种经常变化之中,向敌展示为一种随机的因情而动的无固定形状,即"兵无成势,无恒形"。这种内涵,不仅水可以表现,而且也在诸多大自然的现象之中表现出来。用兵就像孙子所说的"五行"、"四时""日月"变化那样,"无常胜","无常位","有短长","有生死"。

对于商战来说,这个"变"字十分重要。这个"变"字,就是适应,就是发展,就是不断地创新。在商战中有这样一句话:没有发展就意味着死亡。奔驰公司董事长埃沙德·路透的办公室却挂着一幅巨大的恐龙照片,下面写着一句话:"在地球上消失了的不会适应变化的庞然大物比比皆是。"著名经济战略学家加里·哈默说:对企业来说,战略的一成不变比实力雄厚的对手更危险。针对社会个性化需要,适时进行灵活多变的调整,是现代经济战略必须关注的特点。战略需要不断调整,但这种不断是建立在一定的稳定基础上的,战略作为一种长远的指导,不允许随意变动,但也不能一成不变,战略家不好当,难处也就表现在这种变化与稳定之间关系的恰到好处的处理上。

七、军争篇

按照中国古人的解释,"争,趋利也";"争者,争利,得利则胜"。"军争",是指调动和部署自己的军队争取获胜的有利条件。如果前者侧重讲如何调动敌人,这里侧重谈如何运用自己的力量。也有人说"军争"是现代"机动"的意思。这种理解与上面的"变化"有联系,"变"依赖于"动",只有"动"才有"变"。

孙子曰:凡用兵之法,将受命于君,合军聚众,交和而舍,莫难于军争。军争之难者,以迂为直,以患为利。故迂其途而诱之以利,后人发,先人至,此知迂直之计者也。

孙子说:大凡用兵的法则,将帅接受国君的命令,从征集民众、组织军队到同敌人对阵,在这过程中没有比争取先机之利更困难的。争取先机之利最困难的地方,是要把迂回的弯路变为捷径,要把不利变成有利。所以用迂回绕道的佯动,并用小利引诱敌人,这样就能比敌人后出发而先到达所要争夺的要地,这就是懂得以迂为直的方法了。

孙子认为,在战争过程中,军争是最难的事情。通过军争,将帅们要把战场上的不利变为有利,把曲折变为坦途,把后发变为先至,这里关键要知道"迂"与"直"的关系。孙子由此提出"以迂为直"著名思想,这是"军争篇"的核心思想。这一思想告诉我们,与敌进行对抗,不要进行硬碰硬的对抗,而要进行一种巧妙的"以迂为直"的对抗,如同水一样,遇到坚实的地方,不是硬撞,而是绕了过去,流向前方。这一战略思想与上面所讲的"避实击虚"是紧密相联系的,要想在双方力量接触上"避实击虚",要想"行千里而不劳者,行于无人之地也",就要在力量运用方向和方式上"以迂为直"。

以迂为直，强调要用一种在形式上与达到目标相反的做法或选择一条与表面上离目标较远的路线去实现目标。

这一战略思想，充满着非常深刻的辩证法原理。中国古人对此有过大量的论述。根据《资治通鉴》的记载，吕尚曾向周文王说：猛禽在出击的时候，往往将身子缩起来，将翅膀合起来；猛兽将要搏斗的时候，往往俯伏身体；圣人将要行动的时候，常表现出一种愚蠢迟钝的样子。老子对此也有过一段论述："将欲歙之，必固张之；将欲弱之，必固强之；将欲废之，必固兴之；将欲夺之，必固与之。"（《老子·三十六章》）这种相反的举动，恰恰可以最容易得到你想得到的东西。正如老子所说，"曲则全，枉则直，洼则盈，敝则新，少则得，多则惑"，（《老子·二十二章》）"大直若屈，大巧若拙"。（《老子·四十五章》）这就是老子一贯强调的"反者道之动"的思想。（《老子·四十章》）想要得些东西，就要从其反面开始；想要保持什么东西，就要在其中容纳一些与它相反的东西。

"以迂为直"，也可理解为"以屈求伸"，其基本思想是：通过"示形"、"度势"和因地、因情的变化，隐蔽自己的真实意图，为自己积蓄力量和造势创造有利的条件，并且造成敌方的错觉，麻痹敌方的斗志，松懈敌方的力量，最终达成"避实击虚"、"以柔克刚"的战略目的。正如《六韬》中所说："发之以其阴，会之以其阳。"就运用力量对抗的战略而言，可以这样概括地说："以迂为直"，就是要避开敌方的锋芒，减弱或消除对方对抗的力度，在对方无备和无力的情况下顺利达成预定的目标。这一战略思想包含有两个十分重要原则：一是不露声色地蓄力；二是出其不意地发力。

在中国战争史上，"以迂为直"的实例有很多。公元前260年，秦赵两国相争。秦昭襄王并不急于同敌军决战，而是依照范雎的建议，先攻韩国之上党，使赵国失去依持；又假意言和，使诸侯不再援赵；再施反间之计，使赵王撤大将廉颇而任用赵括，最终大败赵军于长平。除此之外，吕尚提出的恭顺事商、麻痹纣王的战略，范蠡辅佐勾践灭吴的战略，张良辅佐刘邦灭楚的战略，都算是这方面的典型实例。

下面，我想专门谈一下张良辅佐刘邦灭楚的战略，这也是我们大家所熟悉的"明修栈道，暗渡陈仓"的故事。楚汉相争初期，刘邦实力远不及项羽。刘邦以退为进，让出关中，进驻边远的巴、蜀、汉中之地。进驻后，依照张良之计，烧掉关中通往汉中的栈道，表示自己不再返回，麻痹了项羽，同时也保证了自己的安全。当刘邦准备向项羽发动进攻时，又利用栈道做了一篇精彩的战略文章。他派人明修栈道，向项羽发出进攻的信号，吸引了敌人的注意力。同时，又利用栈道修复工期长的现象，使敌人产生近期不会有战事的误判。在一切布置好以后，刘邦派军迂回到陈仓，向项羽军队突然发起攻击，大获全胜，重新占领了关中。

在商战中，"以迂为直"的实例也很多。沃尔沃汽车制造商有一则成功市场营销的例子。他们确信女性比男性对行车安全更敏感。因此，尽管沃尔沃是男性驾驶的车型，他们还是经常在女性阅读的杂志上做广告，希望女性基于安全考虑而影响她们的丈夫购买这种车。许多久经商战的老将有这样的体会：侧面进攻，击其虚弱最有效。有一本书中这样写道：英特尔公司面对挑战的哲学思想是：剑走偏锋——不断寻找新的生存契机。

"以迂为直"，要求人们更多地通过间接手段而不是直接手段达成目的。

因此，外国人也将其称为"间接路线战略"。英国战略理论家利德尔·哈特曾经总结了大量成功的战略运筹的战例。他惊异地发现，这些战例大多使用间接战略手段，只有极少数使用直接战略手段。他的"间接路线战略"就是受到这一思想的启示而提出来的。他认为，在战略上，最漫长的迂回道路常常是达到目的的最短途径。他还说："间接路线的方法，还可以有更加广泛的应用范围。在生活的所有一切领域内，这种间接法可算是一条定律，也是哲学上的一个真理。"（《战略论·前言》）这一思想的确在非军事领域得到广泛的应用。美国的商战专家对此非常推崇，并在理解这一思想时举出一个很有意思的例子。他们说要从地球的一面到另一面去，并不是穿过地心走最快，而是绕着地球走最快。

孙子谈到的"以患为利"与"以迂为直"是同一个意思，都是中国战略"以柔克刚"思想的反映，都是强调要采取一种表面上与目标相反的方式来实现目标。这个意思是说，要想获得"利"，最好的办法并不是直接奔"利"而去，而是通过"患"来取"利"。这个"患"，或是一种主动的付出，或是一种客观的缺失，或是一种困难。但是，通过这个"患"或者说只有通过这个"患",你才能获得"利",获得"大利"。就作战而言,你可能会损失一些部队,丢掉一些城市,走很远的路,才能得到胜利。就商战而言,你只有对市场和合作伙伴先付出,你才会得到市场份额和合作伙伴的信任。这就是中国人常说的"欲先取之,必先予之"。孙子的"以患为利"还包含有另一层意思,就是"患中有利","由患见利"。"患"与"利"是辩证统一的,相辅相成的。对于一般人来说,有些事情是"患",而对于高明的战略家来说,这些"患"则是为"利"。高明的战略家善于把"患"转化为"利",把挑战转变为机遇。在军事上,有些将帅被敌所谋,遭受了失败;而有些将帅则将计就计,变不利为有利,获得了胜利。在商战中,就拿"非典"的影响来说,有的企业在这次影响中损失惨重,但有的企业却大赚了一笔;有的企业由此而消沉下去,有的企业却总结了教训,调整了机制,产生了新的动力。

"以迂以直"与"后发制人"联系在一起,后者是前者的目的,也是前者的条件。

孙子说"后人发,先人至",这是讲通过"以迂为直"可以达到的一种结果,即我虽然比你后出发,但由于没有受到阻碍,有可能会比你先到达。这只是一种字面的理解,如果从战略层面上看,孙子这句话还有更深层的意思,这就是"后发制人"。在中国战略思想中,"以迂以直"与"后发制人"联系在一起,后者是前者的目的,也是前者的条件。

关于"后发制人"的思想,中国古人是这样表述的:"先唱者,穷之路也;后动者,达之原也。何以其然也?先者难为知,而后者易为攻也。先者上高,则后者攀之;先者趴下,则后者蹶之;先者颓陷,则后者以谋;先者败绩,则后者违之。由此观之,先者,则后者之弓矢之的也。所谓后者,非谓其底滞而不发,凝结而不流,贵其周于数而合于时也。夫执道理以耦变,先亦制后,后亦制先。是何则?不失其所以制人,人不能制也。"(《淮南子·兵略训》)

"后发制人"的基本思想是:避其锋芒,察见其形,先削弱敌人力量,暴露敌人的弱点,在动态中捕捉和创造战机,待条件成熟果断决战,可夺得胜利。由此可见,"后发制人"是一个非常高明的战略思想,它不是消极的,而是积极的。

"后发制人"与"道"有着深刻的联系，它是"道之容"。中国古人指出："无为者，道之体也；执后者，道之容也。无为制有为，术也；执后之制先，数也。放于术则强，审于数则宁。"《淮南子·诠言训》所谓的"容"讲的是外在表现，所谓"数"讲的是力量和力量的对比。"后发制人"就是强调力量对比的转化，强调时机和条件的成熟。

如何能够做到"后发制人"呢？我国古人有过比较详细的论述："视其所为，因与之化。观其邪正，以制其命。饵之以所欲，以罢其足。彼若有间，急填其隙。极其变而束之，尽其节而仆之。敌若反静，为之出奇。彼不吾应，独尽其调，若动而应，有见所为，彼持后节，与之推移。"《淮南子·兵略训》这段话比较难懂，大致的意思是这样的：观察敌方的行为，顺应其变化而变化。观察敌方决策和行动的正确和错误，以控制其要害。用他所贪求的东西作为诱饵，使他疲于奔命。敌方出现空隙，要尽快地乘虚而入。让他把各种花招都使出来，然后设法加以束缚；让他把各个环节都暴露出来，然后设法加以打击。敌方若反过来对我采取以静待变的方法，我就出奇兵袭击他。敌方若不做出反应，我就想办法调动他。敌方若采取行动回应，我能发现他的行为企图，就要抢先行动，使他处于被动地位，这样和他周旋，以寻找战机。我想说明一下，在这里面，如何按照自己的意愿调动敌人，是战略艺术着重体现的地方。

"后发制人"，不能轻举妄动，一定要待时审势。对于弱者来讲，要确立持久制胜的思想，保存和积蓄自己的实力，分化和消耗对方的实力，抓住有利时机和有利的态势，一举击败对手。弱者需要经受住时间的考验，要经受住任何情况的诱惑和冲击，在对方的弱点彻底暴露、有利条件完全出现之前，绝不动手。一旦决定出击，后发而动，要特别强调一招致敌。

"后发制人"强调持久等待，绝不是消极地等待，而是要在等待过程中积极创造条件，采取一些战略方面的行动，最大限度地减弱对方的优势。正如中国古人所说："故善用兵者，先弱敌而后战者也，故费不半而功自倍也。"这是一条很重要的原则，虽然简单，但极容易被人们所忽视。有许多人，一见到对方气势汹汹而来，就奋起迎头而上，即使获得胜利，自己也损兵折将。如果这些人能够冷静一下，先想出一些办法削弱对方，消耗对方，然后再全力击之，便会获得事半功倍的效果。还有，对于弱者来说，在许多情况下，减弱对方的优势，释放对方的能量，不能急于求成，要善于在对方不知不觉的情况下将其力量消耗完毕。对此，我们需要理解"缓冲"和"三鼓而竭"这些词语的意思。

关于"后发制人"，我举一个我国古代的战例来加以说明。春秋时期，楚庄王三年（公元前611年），楚国发生了一场大灾荒，原本臣服于楚的庸国乘机反叛。楚国调动军队前去镇压，却被庸军打败。于是有人提出，敌人众多，楚国应征发大军，连同楚庄王的禁军也一齐参战。楚国大夫师叔表示反对，他说：现在不能那样打，暂时还要以这些部队与敌人周旋，骄纵敌人。敌骄我怒，最后就能打败他了。于是楚军又接连同庸军打了七仗，七仗都主动后退。庸军接连取胜，将骄兵疲。楚军一直退到临品（今湖北均县境内），与楚庄王主力会师，取得秦、巴两国帮助，又与当地少数民族部落结盟。经过一番准备，就乘庸军骄傲松懈的时机，分兵两路反击，一举克奏。

商战中也有许多"后发制人"的成功实例。在这方面最有代表性例子便是戴尔公司一度退出笔记本电脑市场。此举当时令许多人感到吃惊。但戴尔用军事术语解释了自己的意图："战术上的撤退为了是重新部署力量，以便进行决战。"果然，没过多久，戴尔突然推出了新的笔记本电脑系列产品，新产品依靠其长效电池一举击败对手。

故军争为利，军争为危。举军而争利则不及，委军而争利则辎重捐。是故卷甲而趋，日夜不处，倍道兼行，百里而争利，则擒三军将；劲者先，罢者后，其法十一而至。五十里而争利，则蹶上军将，其法半至。三十里而争利，则三分之二至。是故军无辎重则亡，无粮食则亡，无委积则亡。

孙子说：军争有有利的一面，同时军争也有危险的一面。如果全军整装去争利，就不能按时到达预定位置；如果轻装去争利，辎重就会丢失。因此，收起铠甲日夜兼程，走上百里去争利，三军的将领都可能被敌俘虏；强壮的士兵先走，疲弱的士兵随后，其结果只会有十分之一的兵力赶到；走五十里去争利，上军的将领会受挫折，只有半数的兵力赶到；走三十里去争利，只有三分之二的兵力赶到。因此，军队没有辎重就不能生存，没有粮食就不能生存，没有物资储备就不能生存。

此段话中,"三军将"是从《孙子校释》,各版本均为"三将军"。如果确指"三军之帅"的话,"三军将"用法可为准确。"罢者后"的"罢"是从《孙子校释》,但其他各版本将此字定为"疲",古文中"罢"与"疲"通,此用"罢"是为了保持孙子用字的前后一致。在《作战篇》,孙子用了"破车罢马"一语。"蹶"是跌倒的意思,引申为挫折、损失。"委积"是指物资储备。

孙子在这段话中主要想提示人们注意,行军作战是一个非常复杂的行动,如果组织得不好,有着极其危险的一面。他的这种提示是根据古代当时的装备技术条件做出的。上百里地,对于我们现在来说,已经不是遥远的距离,而对古代军队来说,则是非常漫长的一段路程。士兵们如果以强行军的速度奔袭上百里,再加上供给保障不及时,其战斗力的衰减是可想而知的。在中国古代著名的"马陵之战"中,孙膑就是诱使庞涓"百里争利",尔后"擒三军将",将庞涓射毙。

孙子这段话与上段话的意思是紧密联结在一起的。以迂为直,长途跋涉,驱军争利,有着容易被忽视的并且极易导致危险的地方,这就是保障组织的不力。有时候,战役计划得很好,部队也先敌到达指定位置,但却因为保障的疏忽而争不到"利",甚至不仅争不到"利"而且导致了"患",导致将领被俘,作战失败。这种实例,在以往的战争历史中屡见不鲜。军无粮食则亡。曹操与袁绍一战,曹操胜就胜在烧了对方的粮仓,袁绍败就败在自己的粮食尽失。

我们由此得到的启示是:无论是古代作战,还是现代作战,组织部队机动,抢占有利的时机或有利的地形,都要充分考虑到各种有利的因素和不利的因素。东西带多了不行,带少了也不行;走慢了不行,走得太快了也不行;走近了不行,走得太远了也不行。如何确定?要始终以保持住整体的作战力量为标准。即使部队"先人至",但丧失了战斗力,那么前面就是有再大的"利",你也争不上。我们要正确理解孙子的这个提示。在作战中,并不是要否定长途奔袭和"百里争利",而是要考虑到其保障的复杂性,及时充分地组织好人员补充和物资供给,以保证部队战斗力的完整。

孙子的这段话对我们其他竞争领域也有非常重要的启示作用。就商战而言,许多案例表明,一些企业老总的策划并非不高明,时机和目标选择也并非不正确,但就是在运作实施的过程中,往往出现资源不足的情况或资金缺口。在这种情况下,企业老总要么半途而废,前功尽弃，要么东墙西补，搅动全局，导致更大损失。

故不知诸侯之谋者，不能豫交；不知山林、险阻、沮泽之形者，不能行军；不用乡导者，不能得地利。故兵以诈立，以利动，以分合为变者也。故其疾如风，其徐如林，侵掠如火，不动如山，难知如阴，动如雷震。掠乡分众，廓地分利，悬权而动。先知迂直之计者胜，此军争之法也。

孙子说：不了解列国诸侯战略企图的，不能与之结交；不熟悉山林、险阻、水网、沼泽等地形的，不能行军；不重用向导的，不能得到地利。所以，用兵作战要善于用"诈"，采取行动要取决于"利"，部署与战术的变化要通过集中或分散来实现。所以，军队行动迅速时像疾风，行动舒缓时像森林，攻击时像烈火，防御时像山岳，隐蔽时像阴天，冲锋时像雷霆。要分兵掠取敌域内作战物资，要派兵扼守扩张地域内的有利地形，要衡量利害得失相机而动。事先懂得以迂为直方法的就胜利，这就是军争的法则。

此段话中的"悬权而动"的"权"是指秤锤，此处引申为权衡利害、虚实之意。曹操注此句为"量敌而动"。

孙子在这一段的开始提出了部队行军作战的几点具体要求，这里面包括要了解与战争相关国家的战略企图，了解地形条件，善于利用向导而得地利。这些话本身具有很强的可操作性，无须太多的理论解释。但是，在这几点具体要求之后，孙子接着提出了一个用兵的基本要求，这就是"兵以诈立，以利动，以分合为变"。这句话非常重要，可以说是"以迂为直之计"的核心思想，也是对整个用兵规律的高度提炼和总结，揭示了竞争对抗的极为深刻的原理，有着非常普遍指导意义。

在现实中，无论什么样的战争，无论什么样的竞争，无论什么样的对抗，都要隐真示假，要趋利避害，要不断变化，而变化无非基于分与合两种形态。我们把竞争中的无数现象归纳一下，可以从中发现它们都不会离开"以诈立"、"以利动"、"以分合为变"这三个基本要点。我们如果能够深刻理解这三个基本要点，就可以从根本上操纵竞争对抗中各种各样的复杂现象。

"兵以诈立"。用兵作为激烈残酷的竞争行为，其实质就是用诈。如果我们承认用兵是一种智慧较量的话，就应当坦诚地直面这一点，无需遮遮掩掩，羞羞答答。所以，无论对谁来说，用兵必须从"诈"讲起，否则，用兵就只是缺乏智慧的力量机械碰撞，就只是工程专家们的事情，战略家在此的存在就变得毫无意义。在《孙子兵法》中，"诈"与"诡"是同一个意思。关于"诈"的涵义，如何用"诈"，以及"诈"的道德标准把握，我们在前面孙子"兵者，诡道也"的解释中已经展开过，这里不再赘述。

"兵以利动"，是用兵的基本原则。"兵"为什么要以"利"动？这是由与战争目的有关的"利益"和作战条件是否"有利"所决定的。"利"决定了力量运用的方向和方式。用兵的将帅必须把关注点始终定在这个"利"字上。关于"利"，我们在前面已经做过比较详细的解释。至于怎样才能以"利"而动，我们在下面孙子"合于利而动"的论述中还要专门展开解释。

"兵以分合为变"，揭示了力量变化的基本形态和方式。力量，要在时空中分布，要在不同的条件下存在，其表现出来的基本形态就是"分"与"合"。战略在组合或运用力量过程中的各种变化，无非就是这两种基本形态的转换。如果能正确把握好这两种形态的变化，就能够把握好特定情况下双方力量的对抗形态，形成实际对抗过程中的我优敌劣的力量对比。这对于战略运筹尤其是在总体上力量处于劣势一方的战略运筹来说，实在是太重要了。所以，力量的"分"与"合"是战略的重要问题。力量的分合观，是中国战略思想的重要内容。掌握了用兵的分合之变，就掌握了战略之精妙。

更为重要的是，我们要把这句话中的三层意思联系起来分析，认真领会其内在的逻辑关系。"兵以诈立，以利动，以分合为变"，揭示了三个联系非常紧密的环节，即先"立"、后"动"，求"变"。这三个环节都有各自的依据，即以"诈"为"立"、以"利"为"动"，以"分合"为"变"。这就明确告诉我们，凡用兵作战，首先要判断对方的企图，设想出奇制胜的方案，先谋后定；然后运用力量，采取行动，争取有利的条件，实现获利的目的；在运用力量的过程中，有分有合，通过力量巧妙的组合艺术最终战胜对手。

在行军作战中，如何"动"？如何"变"？孙子用"风"、"林"、"火"、"山"、"雷"等自然现象，对行军作战的不同行动做了形象描述（孙子这段话受到日本战国时期的名将武田信玄的推崇，并据以制成"风林火山旗徽"）。至于每一种作战行动，在古今中外的作战条令中都有详细的阐释，这里不必展开介绍，但有必要提示的是，孙子在这里指出，军队的行军作战绝不是单一的，呆板的，它有快有慢，有动有静。在这种快与慢、动与静的转换把握之中，战略家们才能够导演出一幕有节奏、有起伏、有旋律的战争活剧。

"掠乡分众"和"廓在分利"，是行军作战中的两个辅助性的行动，但这些行动非常重要，不可忽视。在这两个行动中，也充满了分合之变，需要在充分考虑"诈"与"利"的基础上"悬权而动"。

在论述完以上内容之后，孙子又将话题回到了本篇的主题上，就是强调掌握"以迂为直"的道理，并指明所有军争之法则尽在其中。依孙子之意，我们可以这样说，什么是"军争之法"？就是全面掌握"以迂为直"之意，灵活运用"以迂为直"之计。

《军政》曰：言不相闻，故为金鼓；视不相见，故为旌旗。故夜战多金鼓，昼战多旌旗。夫金鼓旌旗者，所以一民之耳目也，民既专一，则勇者不得独进，怯者不得独退。此用众之法也。

孙子说：《军政》说过，作战中用话语难以传递指挥信息，所以设置了金鼓；用动作难以让士兵看清指挥信号，所以设置了旌旗。因此夜间作战多用金鼓，白天作战多用旌旗。金鼓和旌旗，是统一全军行动的。全军行动既然一致，那么，勇敢的士兵就不会单独冒进，怯懦的士兵也不会畏缩后退。这就是指挥大部队作战的方法。

与其他版本相比较，此段按照《孙子校释》，改动比较大。主要改动是将"故夜战多金鼓，昼战多旌旗"此句前提，并删去了"所以变人之耳目"。这种改动有汉简本为依据，并且语句上下贯通，逻辑关系也比较清晰，最后以"此用众之法"结尾也比较贴切。本段中的《军政》是一部比《孙子兵法》还要早的古兵书，这说明在孙子之前，中国的兵学研究已经是硕果累累。

孙子在这里论述了"军争"的另一个问题，即"用众之法"。在行军作战中，人数众多，地形复杂，又会有很多敌情和意想不到的情况，搞得不好，就会出现前面所说的"军争为危"的局面。所以，孙子非常重视"用众之法"，使全军号令统一，指挥及时，上下行动协调一致。孙子列举了"金鼓"和"旌旗"的作用及其使用的时机和方法。显然，这种方法在现在的战争中已经过时不用了，但其"用众之法"的思想依然有着现代应用方面的启示作用。启示作用具体表现在：第一，指挥千军万马一定要像指挥一个人那样，令行禁止，步调一致。第二，做到这一点，必须要使指挥信息清晰可靠地传达到每个士兵。这要设法增强军队"耳朵"和"眼睛"的功能，古代用"金鼓"和"旌旗"来增强，现代用各种先进的信息技术来增强，今后我们还可以发明更好的方法来增强。第三，使用各种指挥手段，要因时制宜，因地制宜，白天有白天的手段，晚上有晚上的手段，在不同的条件下要采取不同的手段，不能千篇一律。第四，使全军上下"专一"，仅仅具备了统一的指挥手段还不够，还要使每个士兵都能够遵从这一号令，勇敢的不会冒进，怯懦的不会后退。这就需要平时的严格训练，使士兵绝对服从号令。这种"绝对"要绝对地灌输到士兵的潜意识之中。为了保证这一点，孙子在吴国的演兵场上杀掉了吴王的两个爱姬，留下了一个传至今天的"孙武斩美姬"的故事。

故三军可夺气，将军可夺心。是故朝气锐，昼气惰，暮气归。故善用兵者，避其锐气，击其惰归，此治气者也。以治待乱，以静待哗，此治心者也。以近待远，以佚待劳，以饱待饥，以治力者也。无邀正正之旗，勿击堂堂之陈，此治变者也。

孙子说：对于敌人的军队，可使其士气衰落；对于敌人的将领，可使其决心动摇。军队初战时士气饱满，过一段时间，就逐渐懈怠，最后士气就衰竭了。所以善于用兵的人，要避开敌人初来时的锐气，等待敌人士气懈怠衰竭时再去打它，这是通过削弱敌军士气而获胜的办法。用自己的严整对付敌人的混乱，用自己的镇静对付敌人的喧嚣，这是通过利用敌军心理躁动而获胜的办法。在离自己较近的战场上等待远道而来的敌人，在自己部队得到充分休息的状态下等待疲惫不堪的敌人，在自己部队吃饱肚子的情况下等待饥肠辘辘的敌人，这是通过消耗敌军力气而获胜的办法。不要试图缴获排列整齐（军队）的军旗，不要试图攻击堂堂列阵的敌人，这是通过待敌之变获胜的办法。

此段中的"陈"同"阵"。

能不能通过"以迂为直"达成"军争"之目的？孙子的回答非常肯定，其理由就是"三军可夺气，将军可夺心"。这是一句点题的结论性的话，明确告诉我们，我们完全可以不用在与敌正面和全面对抗的情况下战胜对手。为什么？这因为我们可以通过其他的方法削弱对方士兵的士气，改变对方将领的决心。不通过拼"力"，而通过"夺气"、

"夺心"而实现"军争"的目的,这就是中国战略思想的高人之处。孙子在这里用了"夺"字来描述,非常有力度,很耐人寻味。关于"夺心",实际上是改变敌方统帅的决心或征服其意志。国外对这个"心"理解不了。在有的国外译注中,把"将军可夺心"的"心"直译为"mind",实际上译为"determination"(决心)才准确。

如何通过"以迂为直"达到"军争"之目的,孙子在此谈到了"治气"、"治心"、"治力"和"治变"四种方法。这就是孙子著名的"四治"思想。

"治气",就是设法削弱敌军的士气,待敌气衰之后,再用兵击败他。

力量的构成中,有有形的,也有无形的,有物质的,也有精神的。军队的士气,在战斗力的构成中占有非常大的分量。当一支军队没有士气的时候,它即便有再多的人数,再好的装备,也无法赢得对手。美国的一位著名将领李奇微到达朝鲜战场后,看到美国士兵的脸,发觉这支军队已经没有士气了。他认为这是最严重的问题,必须先把士气鼓起来后再投入作战。"气"是可以"治"的,是可以"夺"的。任何军队的士气都不可能始终如一,都有一个由盛到衰的过程。一般说来,初战时盛,再战时衰;乘胜时盛,受挫时衰;利大时盛,利小时衰。我们不能在敌气盛的时候与其决战,这样就会碰在敌人的实处,很难取胜,即便得到胜利,也会得不偿失。因此,我们应当在敌气衰的时候与其决战,这样我们就会轻而易举地获得胜利。这就是孙子所说的"避击锐气,击其惰归"。孙子这一思想在战争中得到非常广泛的应用。例如,中国历史上有个"曹刿论战"的典故,讲的是公元前684年,齐国大举进攻鲁国。两军在长勺摆开了阵势。鲁国将军曹刿随鲁王阵前督战。齐国大将鲍叔牙没有把鲁军放在眼里,首先击鼓进军,向鲁军猛冲过来。鲁王见状,想击鼓迎敌。曹刿劝阻了鲁王,并严令鲁军坚守阵地,不得擅自出战。齐军第一次进攻受挫,退了回去。鲍叔牙下令齐军再次击鼓,发动第二次攻击,仍没有奏效。鲍叔牙见鲁军两次不出动迎战,认为鲁军怯阵,于是下令击鼓发动第三次攻击。这时,曹刿建议鲁王发令迎战。此时,齐军攻势已衰,而鲁军攻势正盛。结果,齐军被打得丢盔卸甲,狼狈逃窜。鲁军大获全胜,缴获了无数辎重。

"治心",就是搅乱敌人的心理,待敌心理躁乱的时候,再用兵击败他。

行动是受思想支配的,军队作战要根据将领的决心号令实施,士兵的士气或者作战能力的发挥也要受其心理因素的影响。所以,孙子强调要"治心",通过对敌心理施加影响,导致敌方力量的削弱,或改变敌人力量运用的方式和方向。"治心",首先要设法改变将帅的决心。实现的方法主要是通过示之利害,诱使或迫使敌方统帅修改或重新考虑自己原有的作战意图。中国历史上的纵横家如苏秦、张仪,就是专门"夺将军之心"甚至"夺君王之心"的战略家。另外,"治心",要设法造成敌方士兵心理慌乱。实现的方法有多种多样,主要是根据对方士兵的心理特征,有针对性地采取一些瓦解宣传行动。中国历史上"四面楚歌"的典故,就是一个非常好的实例。在此,孙子提出了"以治待乱"、"以静治哗"的"治心"之法。此法反映了孙子在前面所说的"先为不可胜,以待敌之可胜"的思想,也就是先保证自己的"治"和"静",然后等待和制造敌人的"乱"和"哗"。无论是什么样的将领或什么样的士兵,在复杂多变的战场条件下,其心理不可能不产生变化,这种心理变化也不可能不引起指挥判断的失误或作战行动的延误。我们只要静下心来,就能够抓住敌人的心理变化,利用其作战中的失误,为最后获胜创造有利的条件。现代战争特别强调攻心作战,一些发达国家专门成立了心理战部队,设立了攻心宣传机构,有的国家甚至专门成立了制造假新闻的部门。

"治力",就是通过驰远、饥饿、疲惫等方式,大量消耗敌人的气力,待敌气力衰竭时,再出兵一举击败之。

士兵是血肉之躯,必须保持足够的体力,才能保持强大的战斗力。尤其在古代战争中,士兵的体能与部队的战斗力有着非常直接的关系。所以,聪明的将领,尤其是掌握兵力较弱的将领,绝不会在敌军士兵体能充沛时与敌交战,这样自己的士兵损失太大。他们往往会通过各种办法消耗敌人的气力,消磨敌人的斗志,待敌疲惫时,战斗力锐减时,再出兵交战,结果是如虎扑羊,胜负立见。如何"治力",孙子提出一些方法:要使敌人长途奔袭而我却在近处等着他,要使敌人吃不上饭而我却吃饱了等着他,要使敌人疲惫不堪得不到休整而我却养精蓄锐等着他。这样，敌失力而我聚力，力量对比就会向我方倾斜。毛泽东在中国革命战争中采取"诱敌深入"的战略，就是成功运用孙子这一思想的典范。他指挥我红军先不与敌交战，避其锐气，将敌军放进我根据地里来，并派出部分兵力牵着敌人的鼻子转。一段时间下来，敌军没吃没喝，疲惫不堪，肥的拖瘦，瘦的拖死。待敌士气大落的时候，我红军抓住机会，一举歼敌，大获全胜。

"治变"，就是不要同严阵以待的敌人打，而要待敌产生了变化之后，再抓住有利的战机战胜他。

用现在话来说，这是一个针对敌人"有序"或"无序"状态而采取作战行动的问题，也就是要避敌之"有序"状态，而战敌之"无序"状态。道理很简单，任何事物，在有序的状态时都是稳固的，难以击破，但在无序的状态时则是松散的，容易击破。在古代作战中，通过敌人旗帜和阵法可以观察其处于有序或是无序状态，以此来判定自己是战还是不战。我们还用曹刿论战的例子。当齐军败退时，鲁王欲下令追击，曹刿加以阻止，待观察到齐军车辙混乱、旌旗不整时，得知敌真的溃败了，这才建议鲁王下令追击。孙子这一思想告诉我们，当敌人军阵严整的时候，处在有序状态，我们不要盲目接战。在这个时候，我们一定要耐心等待，机会总是会来的，敌人毕竟不是铁板一块，总有一个由有序向无序的转化过程。在以往的战争中，有许多将领就是缺乏这种耐心，敌人未乱时出了兵，没到火候揭了锅，使有利的战机失之交臂，结果未能达成作战目的。

针对敌人的利与害，反其道而行之，做敌人最不希望做的事。

孙子的"四治"思想，尤其是"避其锐气，击其惰归"的论断，其核心要点就是：针对敌人的利与害，反其道而行之。通俗地说，就是做敌人最不希望做的事。用自己有利的一面，去对付敌人不利的一面，促使敌人由有利转向不利，等到敌人力竭时交战。中国战略家们反对蛮干和硬拼，主张用巧力，主张"易胜"。这表现了中国战略思想的"柔性"。外国人理解不了这个"柔性"。他们始终不理解中国"积极防御"战略思想，总是找不到答案。在一次国际学术讨论会上，有位外国专家向我提出了这个问题。我当时也很难回答，因为外国人对中国的"道"、"势"等基本战略范畴都不理解，也很难用一般的语言向他们说明白。于是我就想了一个"弹簧"的例子。我说：中国的战略就像"弹簧"一样，当你击来的时候，绝不会与你硬扛，待把你的力消解掉，而我之力聚集时，我就会突然发力，将你击倒。这位外国专家听了以后恍然大悟，连连称好。我想，这个"弹簧"的例子多少能够体现孙子"四治"的意思，形象反映出孙子"避其锐气，击其惰归"的含义。

故用兵之法：高陵勿向，背丘勿逆，佯北勿从，锐卒勿攻，饵兵勿食，归师勿遏，围师必阙，穷寇勿迫，此用兵之法也。

孙子说：用兵的法则是：敌军占领山地不要仰攻，敌军背靠高地不要正面迎击，敌军假装败退不要跟踪追击，敌军的精锐不要去攻击，敌人的诱兵不要去理睬，敌军退回本国不要去拦截，包围敌人要虚留缺口，敌军已到绝境时不要过分逼迫。这些，就是用兵的法则。

在本篇的最后一段，孙子根据"以迂为直"的思想，具体概括总结了"军争"中的用兵方法，人们简称孙子的"用兵八法"。这八个方法，是密切结合古代战争的实际情况提出来的，充分体现了中国战略"避实击虚"、"慎战"、"易胜"等一系列作战思想。"高陵勿向"、"背丘勿逆"、"锐卒勿攻"，体现的是"避实击虚"；"佯北勿从"、"饵兵勿食"，体现的是防敌"隐实示虚"；"归师勿遏"、"围师必阙"、"穷寇勿迫"，体现的是"慎战"和"易胜"。

"用兵八法"，有些好理解，有些不好理解。譬如说后面的三句，为什么敌人逃跑了就不能去追？为什么把敌人围起来还要留一个缺口，让敌人跑掉？我们要从两个方面来看。从第一个方面看，这是孙子在《军争篇》中所说的内容，这八种方法，不是指所有作战通用的方法，而是指"军争"使用的方法。在"军争"中，双方的兵力都在部署展开过程中，双方的力量对比还没有最后形成，战场上的不确定性因素很多。在这种情况下，孙子特别强调"慎战"，不打无准备之仗，不打不无把握之仗，按照既定目标完成"军争"的部署，形成战场有利的态势。在"军争"趋利的过程中，孙子关注的是"到位"、"占位"，而不是"务歼"。所以，在这种时候，不能将敌逼急了，逼"实"了，给自己造成不利、被动的局面。从另一个方面看，中国战略特别讲求"用度"，反对把事情做过了，警惕事情会在极端的情况下走向反面。

所以，在兵力不足的情况下，在没有绝对把握的情况下，只能选择力所能及的合理目标，不能把口子开得太大，不能把敌人逼向对自己不利的一面，特别要防止敌人"背水一战"、"孤注一掷"、"狗急跳墙"。在理解和运用孙子"用兵八法"时，我们不能忘记孙子思想中最核心的东西——"变"，要"因敌而变"，"因情而变"，对于任何方法，都要根据实际情况灵活运用，不能用呆了，不能用死了。当实际情况有可能并且需要的时候，归师可以追，穷寇可以逼，这不是违背孙子的思想，而是灵活运用孙子的思想，这恰恰用到了孙子思想的精髓。

商战中，我们也要深刻理解"围师必阙"这一思想，掌握一个度，不能把对手逼得太急了，防止对手做出孤注一掷的非理性举动，避免困兽之斗。对此，有的专家在一部名叫《经营战略》的书中这样说道：有的企业凭借其资源和能力优势来迫使行动的结果向有利于自己利益的方向发展，以此克服并最终战胜对手的报复——我们称这种方式为暴力方式。只有当企业有明显的优势时才可能采取这类方法；而只有当企业能保持这些优势而且竞争对手认识到这些优势并没有打算去改变自己的地位时，这种方式才能维持下去。有些企业似乎把竞争行动完全看作一种暴力游戏：纯粹以资源的优势去进攻竞争对手。某企业的优势和劣势有助于说明其面临的机遇和挑战。但是纯粹的资源优势并不总是保证行动结果有利于自己，因为竞争者有可能毫不让步的（激烈的、孤注一掷的或非理性的）的反应，而且当竞争对手追求差异极大的目标时也是如此。进一步讲，并非每个企业都拥有能用来改善自己战略地位的明显的优势力量。最后，即使拥有明显的优势，胜者也会和败者一样，为这场消耗战付出巨大的代价。所以，最好能避免这种竞争战。

八、九 变 篇

　　在中国战略家看来，人们所认识和指导的对象都是变化的，正如孙子前面所说的"兵无常势，水无常形"。所以，中国战略特别强调"天道变化，消长万汇"，"用兵之术，知变为大"，"以变合于事"。（《虎钤经》）中国战略特别关注这个"变"字，在"变"中将自己掌握的各种战略方法灵活组合起来，在"变"中将对手的弱点暴露出来，在"变"中形成一种有利于自己的战略平衡，在"变"中寻找出奇制胜的良策。"变"，是战略运筹的灵魂。"变"，是战略指导中永恒不变的一个原则。

　　孙子在这一篇就是讲"变"。该篇题名为"九变"。"九"指的是"很多很多"的意思。所谓"九变"就是指要大量的无穷尽的变化。在该篇之前，孙子已经就"变"的问题做过大量论述，如在《势篇》中论述的"奇正之变"。我们在理解孙子"变"的思想时，应当前后联系起来思考。

　　孙子曰：凡用兵之法，将受命于君，合军聚众，圮地无舍，衢地合交，绝地无留，围地则谋，死地则战。途有所不由，军有所不击，城有所不攻，地有所不争，君命有所不受。故将通于九变之利者，知用兵矣。将不通于九变之利者，虽知地形，不能得地之利矣。治兵不知九变之术，虽知五利，不能得人之用矣。

　　孙子说：大凡用兵的法则，主将接受国君的命令，组织军队，聚集军需，出征时在难以通行的"圮地"不可宿营，在四通八达的"衢地"应结交邻国，在难以生存的"绝地"不可停留，在被敌包围的"围地"要巧设计谋，陷入走投无路的"死地"就要坚决奋战。有的道路不要走，有的敌军不要打，有的城池不要攻，有的地方不要争，国君的有些命令不要执行。所以，将帅能够精通以上各种机变的运用，就是懂得用兵了。将帅不精通以上各种机变的运用，虽然了解地形，也不能得到地利。指挥军队不知道各种机变的方法，虽然知道上面的"途"、"军"、"城"、"地"、"君命"五事之利，也不能充分发挥军队的作用。

在本段中，"圮地"原义是指被水淹没毁坏之地，这里泛指难以通行之地。"衢"字在古语中指"四通八达的道路"，"衢地"是指四通八达之地。"绝地"是指难于生存之地。"围地"指被包围之地。"死地"是指走投无路之地。孙子说的"五利"是指上述"途"、"军"、"城"、"地"、"君命"五事之利。

在许多版本中，将这一段分为两段，一段是谈"地"，一段是谈"变"。实际上，孙子这段话粗看是两层意思，实际上是讲"变"，是围绕一个中心思想而展开的。前面讲的"地"是铺垫，是为了引出下面的"九变"之论。这样的论述，与上篇的"军争"衔接紧密，并且娓娓道来，形象自然。

孙子指出，战争一旦发生，将帅受命出征，领军作战，要根据各种地形灵活用兵，切不可机械死板。孙子列举了五种作战地形，即"圮地"、"衢地"、"绝地"、"围地"和"死地"，并且论述在这五种地形条件下不同的作战要求和作战方法。我把它们简要概括为"因地五法"。在"军争"用兵的过程中，孙子列举了五种情况，强调将帅们在复杂多变的情况下要善于和敢于拒绝一些诱惑。我把它们简要概括为"止兵五利"。在论述完这两方面的内容之后，孙子引出本篇的主题。他指出，要想在各种不同的地形上用兵作战，就要"通于九变之利"，否则就得不到地形之利；要想在各种复杂的情况下清醒认识自己的目标，知道哪些该要，哪些不该要，就要"知九变之术"，否则你的力量就难以发挥出来。孙子在这一段最终要强调的就是一个字——"变"。

在"因地五法"中，孙子根据不同地形讲了不同的做法。这些做法，并不是现成就有的，而是根据地形的特征和特性而灵活确定的。有些地形就是不能宿营，有些地形就是不能停留，有些地形必须拼死作战才能逃脱。这些情况，并不以我们主观意志为转移，必须适应当时的地形要求，必须根据当时地形条件做出变化。这就叫做"通于九变之利"。孙子在此用了几个典型的地形实例告诉了我们如何"通于九变之利"。目前，孙子的这些思想，已经超出具体的作战范围，被广泛应用于当代国际地缘战略的研究之中。有许多国家的外交家和国际问题专家,运用孙子"衢地交合"的思想,分析当今国际间的地缘关系,提出了一些有实际指导意义的地缘战略理论。

用兵作战,导致将帅固执死板的最大动因就是"诱惑"。

在"止兵五利"中,孙子实际上已经告诉了我们如何"知九变之术"。这就是要善于根据当时情况改变自己原有的计划,调整自己的思维定势,按照自己的目标灵活应对出现的各种情况,明确自己该做或不该做的事情。在孙子看来,用兵作战,导致将帅固执死板的最大动因就是"诱惑"。所以,要学会拒绝,不该争的,不该要的,不该占的,坚决放弃。这一点很重要,我们日常生活大量的经验和教训都可证明,许多失误常常是由于贪图或不愿放弃一些小利而造成的。不敢于拒绝和放弃,容易被敌所诱。在这方面,著名商战专家波特说:领导人的工作就是,教导组织内的其他人发展战略,同时对诱惑说不。基于战略思考,选择哪些该做,哪些不该做,其实同样重要。

在拒绝方面,我们要特别注意"君命有所不受"这句话。许多战争教训表明,这是一个影响将帅随机应变的主要原因。在作战中,有些将帅善于拒绝敌人的诱惑,却不敢拒绝君王的命令。有些将帅在战场上明知应该变和如何变,但在君王的命令下却没有变,结果招致惨败。为什么?这是一个推卸责任的问题,反正我听了君王的命令,败的责任不在我。所以说,身居前线的指挥官,能够做到只唯实,不唯上,是难能可贵的。只有将生死置之度外的人,只有将国家利益和民族利益放在第一位的人,才能做到这一点。也只有在这种情况下,才能够看出一名优秀将领的品质。粟裕就是这样将领。解放战争中,他根据当时情况,直言建议中央改变"渡江南下"的作战方针,其建议的正确性被尔后的战争实践所证明。

掌握"九变"思想,要深刻理解一个"易"字和一个"活"字。

孙子的"九变"思想与中国传统文化有着非常密切的联系。《周易》的"易"字,就包含有变化的意思,并且包含有深刻的"变"与"不变"的辩证法原理。对此,我国著名哲学家冯友兰有过专门的论述。他说:"《易纬·乾凿度》说:'易一名而含三义,所谓易也,变易也,不易也。'第一个意义是:容易,简单;第二个意义是:转化,改

129

变；第三个意义是不变。转化、改变是指宇宙的各个事物；简单和不变是指事物的道或遵循的原理。事物变，而道不变。事物是复杂的，而道是容易和简单的。"他接着谈到："易有一个意义是转化、改变，合称变化。'易传'强调：宇宙万物永远在变化过程中，泰卦九三爻辞说：'无平不陂，无往不复。''易传'认为这句话是万物变化的公式。这就是万物变化的'道'。"（《中国哲学简史》，北京大学出版社，1996年，第146、148页）张立文先生指出："《周易》作者以'易'命名，其中含有变易之义。从形式上看，六十四卦任何一卦，只要变动其中一爻，便由此卦变为彼卦。因此，变的观念是《周易》的中心课题。"（《中国哲学范畴发展史》，第117页）

孙子提出"通于九变之利"和"知九变之术"，其核心思想就是强调一个"活"字，也就是中国古代战略家们所说的"化执为活"。说到这一点，我们不能不提到大家熟悉的一个"纸上谈兵"的典故。在战国时期的赵国，有一位将军名叫赵括，是赵国名将赵奢的儿子。他自幼喜读兵书，说起兵法来头头是道。当秦国举兵来犯时，赵王派赵括领兵迎敌。赵奢认为儿子并没有真正理解兵法的精粹，不可为将，故而竭力阻拦。赵王不听，结果赵国惨败，大伤元气。赵括是"化执为活"的一个非常有说服力的反面典型。在《何博士备论》一书中列举了大量事例来说明"化执为活"的道理。书中谈道：退走的敌军不要追击它，所以曹操击败了张绣，然而皇甫嵩却违背这个原则而击破了对方的军队；走投无路的敌军不要追得太急，所以赵充国追击时缓缓前进，然而唐太宗却违背这个原则而使薛仁杲投降；百里争利，先头部队的将领就会遭受挫折，所以孙膑杀死了庞涓，然而赵奢却违背这一原则击败了秦军，贾诩违反这一原则而击败了羌人；遇到强敌就回避它，所以周亚夫不攻击吴楚叛军精锐部队，汉光武帝刘秀却违反这个原则而大败王寻、王邑，石勒违反它而击败姬澹；兵力少而分散兵力就会失败，所以黥布反戈导致了楚军的覆灭，然而曹操却用众少分兵的方法击败了袁绍，杀死了颜良；阵前易将是很危险的，骑劫取代乐毅，所以燕军失败，然而秦王却临时换上白起而击败了赵括；薛公揣测黥布反汉在军事行动上有三条计策，并且知道他一定会抛弃上策、中策而只采用下策；贾诩为张绣谋划，用精兵追击曹操的退军一定会失败，而用败军再次攻击获胜的曹军就一定会取胜；宋武帝预先估计到谯纵的情况，使军事行动出乎谯纵的预料，然后在他们意想不到的地方进攻；李光弼率军暂时出外，驻扎在郊野，忽然又带领军队回去，使得史思明的两个将领不战而降。这些用兵的范例都不是死守兵法所能够做到的，也不是兵书所能够教会的。善于用兵的人运用它，却如此的巧妙，这不在于一定要尊崇前人留下来的原则而拘泥固守它。

是故，智者之虑，必杂于利害。杂于利，而务可信也；杂于害，而患可解也。是故，屈诸侯者以害，役诸侯者以业，趋诸侯者以利。

孙子说：聪明的将帅思考问题，必须兼顾到"利害"两个方面。考虑到"利"，能够充分估计到顺"利"的一面；考虑到"害"，能够预先解除祸患。要通过"害"迫使诸侯屈服，通过繁杂之事役使诸侯忙乱，通过"利"诱使诸侯上当。

此段中，"务可信"的"信"同"伸"，指事情顺利发展。"役诸侯者以业"的"业"是指危险繁杂的事情。

孙子认为，只有"通于九变之利"，"知九变之术"，才能知道如何用兵，才能"得地之利"，"得人之用"。那么，怎么变？依据什么来变？孙子在这段话中给了我们明确的答案，这就是"杂于利害"，即辩证认识和分析"利"与"害"。只有这样，我们才能够趋利避害，不被地形所迷，不被敌利所诱，不被君命所束，灵活地应对各种复杂的情况。

国外哲学家将"利"与"害"称为"快乐"和"痛苦"。边沁的功利哲学是这样说的：人类为两种最上威权所统治，此两种威权，即是快乐和痛苦。只此两种威权能指出人应做什么，决定人将做什么。我们要注意他所说的后两句话，这是我们以上分析的一个落脚点。战略决策者的思考必须依据于"利"，决定自己应做什么，将做什么。如果我们把握住"利"，我们也就会知道别人应做什么，将做什么。如果用一句形象的话比喻"利"在战略决策中的地位和价值，可以这样说，它是一把解开战略智力较量谜团的万能钥匙。

观察所有的竞争和对抗，一切变化都是围绕着"利"与"害"而展开的。

把握住这两者，就知道如何变，朝向哪个方向变。这个思想十分重要，但做起来十分难，难就难在许多人不知道什么是"利"，不知道什么是"害"，甚至将"利"视为"害"，将"害"视为"利"。尤其是在战略对抗中,"利"与"害"的实际结果不是马上就可以显现的,再加上一些人为操纵因素,"利"与"害"的界限很容易混淆。很多主观上的"利",实际上是"害";很多主观上的"害",实际上却是"利"。很多眼前的"利",从长远上看则是"害";很多眼前的"害",从长远看则是"利"。这些"利"与"害"的辩证关系,没有清醒头脑和长远眼光的战略家是很难看出来的。因此,在战略决策过程中,我们应区分主观确定之"利"与客观实际之"利"。也就是说,人们主观想像中的"利",与客观实际存在的"利",并不完全一致。有时候,人们认为有利的方面,而在客观实际中却表现为不利。可以肯定地说,几乎所有的战略决策者在思考时都要"杂于利害",但有的决策正确,有的决策不正确。为什么?这里反映出战略决策者认识和把握"利"与"害"的能力高低。不高明的战略决策者,往往只顾眼前的"利"、局部的"利"和虚假的"利",而忽略了长远的"利"、全局的"利"和真实的"利"。高明战略决策者的做法则恰恰相反。

  无论是在战争中,还是在人们的日常生活中,一些人在得到"利"的时候,往往乐得昏昏然,容易忽视"害"的一面;在遇到"不利"的时候,往往愁得垂头丧气,容易忽视"利"的一面。所以,孙子强调"杂于利害"。在得"利"的时候,要知道其"害",在遭受"害"的时候,也要看到"利"的一面,如曹操在注释此句时所说:"在利思害,在害思利。"中国古代典故"塞翁失马"也是说的这个意思。在这里,我想提示大家,做一些事情之前,把可能发生的最坏的情况考虑进去,立足于最困难的局面打算,这对你的事业只会有好处,绝对没有坏处。只有考虑到最有害的,才能够防止最有害的。

  在现实的对抗中,战略决策者常常面临"利害并存"、"利害兼有"的复杂选择。这种情况下,战略决策者仍然依据"利"确定自己的选择,只不过这种选择是在"利"与"害"的程度比较中完成。例如,我国的墨家在《大取》篇中说:"断指以存腕,利之中取大,害之中取小也。害之中取小,非取害也,取利也。"

  孙子在阐明"利"与"害"的辩证关系之后,他又通过如何掌控诸侯行动的问题来进一步论述他的观点。对于诸侯来说,他们可以说是"智者"。"智者之虑,必杂于利害",他们的行动必受"利害"所左右。因此,通过分析诸侯的"利害"所在,就可以迫使他们或"屈",或"役",或"趋"。至于为什么"害"能"屈","利"能"趋",前面已经讨论过。这里要说一下"业"。所谓"业",或许是诸侯必须要做的事情,不能说是"利",也不能说是"害",或者说它有"利"也有"害",就事情本身而言(如解决某些问题)是有"利"的,但就事情之外而言(如被人役使利用)却是有"害"的。一位高明战略家,在需要的时候,将其掌控对象的注意力集中于某些事情上,陷其于某些他认为应该做的事情上,这样就可以达到役使他的目的,在一定程度上减少来自于这一方向上的威胁和顾虑。

在孙子这一论述的基础上,我们有必要进一步理解中国战略"相对而变"的思想。在中国的战略思想家们看来,事物是由相互对立的两个方面构成的,如"阴"和"阳"。这两个方面是相互作用、相互转化的,这种相互作用和转化要靠"变",同时这种相互作用和转化又促成了"变"。在这一认识上的基础上,中国战略揭示了"变"在事物转化过程中的重要作用,同时看到了"变"是由事物对立面相互作用引起的。从对立面相互作用、相互转化的角度看,"变"应当朝向有利己不利于敌的方向转化。《兵经》一书在对"转"字解释时谈到了这方面的意思。书中说:"故善用兵者,能变主客之形,移多寡之数,翻劳逸之机,迁利害之势,挽顺逆之状,反骄厉之情。转乎形并转乎心,以艰者危者予乎人,易者善者归诸己,转之至者也。"这里告诉我们,在对抗过程中,存在着"主客"、"多寡"、"劳逸"、"利害"、"顺逆"、"骄厉"等许多对立统一的关系。"变",就是在这些对立面之间往返转换。"变"的基本原则,就是趋利避害,使自己变得有利,使对方变得不利。为了使对方朝着不利方向转化,需要在"变"的过程中,对方怕什么,就"变"什么;为了达成出奇制胜的效果,对方越是难以预料的,越是要朝这个方向去"变"。一句话,要善于反其道而"变"之,"绝不做敌人希望你做的事"。最后这句带引号的话,是拿破仑军事格言第16条说过的话,即"绝不做敌人希望你做的事——这是一条确定不移的战争格言"。

故用兵之法:无恃其不来,恃吾有以待也;无恃其不攻,恃吾有所不可攻也。

孙子说:用兵的法则是,不要寄希望于敌人不会来,而要依靠自己做好了充分准备;不要寄希望于敌人不进攻,而要依靠自己拥有使敌人无法进攻的力量。

就对抗双方而言，变化是互动的，互为因果。也就是说，我应当因敌而变化，同时，敌方的一些变化也会因我而起。所以，孙子认为，有些敌方变化的原因，不应当单纯从敌方身上去找，还要从我方身上去找。由此，他提出，不应把希望和决策的基点放在对方如何变上，而应放在自己做到充分准备前提下积极应对敌人的变化上。这与前面所说的"先为不可胜，而后待敌之可胜"、"不可胜在己，可胜在敌"、"先胜而后战"等思想是一致的。这与我们现在战略所强调的"求其在我"的思想也是相通的。孙子的这段话虽然不长，但含义却非常深刻，在《孙子兵法》全篇中的分量也很重。许多版本对这段话的解释不到位，没有理解孙子这一思想的深刻之处。其实，孙子在这里还是讲"变"，没有离开本篇"九变"的主题，但他在这里讲的"变"，并不是一般人所能理解的"变"，而是一种充满了辩证性的"不变之变"。

在中国战略思想家们看来，在把握"变"的过程中，最高的境界是能够理解"不变之变"，达到一种更高的"不变"层次，这也是我们常说的"以不变应万变"，"你有千条妙计，我有一定之规"。用老百姓平常的话来说，就是"我自己准备好了，谁来我也不怕"。能够随机应变者固然是高明的战略家，但能够以不变应万变者则是更高明的战略家，因为后者比前者思考得更深，看得更远。"不变之变"这一战略思想，充分反映在中国"保己全胜"的战略谋划中。这种谋划强调立足于自身，立足于长远，力求形成一种以不变应万变的万全之策。这种思想也被有些中国战略家们称为"无为而应变"。如《淮南子·兵略训》中所说："静以合躁，治以待乱，无形而制有形，无为而应变，虽未能得胜于敌，敌不可得胜之道也。"

对于战略指导者来说，达到"以不变应万变"并不是一件容易的事情。其要求包括以下几个方面：第一，要善于抓战略各要素之间最本质的联系，认识并把握住其中的相对稳定的"不变"成分，从本而治，从根本上找原因，从根本上寻对策，无论情况怎样变化，紧紧抓住根本不放。第二，治其机先，把可能发生的变化提前考虑进来，依据具有普遍指导意义的战略原理和原则，思考和制定能够适应多种不确定性情况的"适中"之策，做到有备而无患。第三，立足于自身，着眼于长远，做好充分准备，保持强大的能够应付各种复杂情况的机动力量，使自己始终处于"不可胜"的战略主动地位。第四，在具体的战略指导过程中，要正确处理好"短变"与"长变"、"战略之变"

与"战术之变"、"偶然性变化"与"必然性变化"的关系，该变则变，不该变时则不变。战略上要关注本质性的"大变"忽略非本质性的"小变"，坚持"以不变应万变"的主动性变化；不为"小变"而大动，防止单纯因变应变的被动性变化。

故将有五危：必死，可杀也；必生，可虏也；忿速，可侮也；廉洁，可辱也；爱民，可烦也。凡此五者，将之过也，用兵之灾也。覆军杀将，必以五危，不可不察也。

孙子说：将帅有五种致命的弱点：只知死拼可能被诱杀，贪生怕死可能被俘虏，急躁易怒可能中敌人轻侮的阴谋，廉洁好名可能入敌人污辱的圈套，一味"爱民"可能导致烦扰而不得安宁。以上五点，是将帅的过错，也是用兵的灾害。军队覆灭，将帅被杀，必定是由于这五种危险引起的，是不可不充分认识的。

在本段中的"忿速"指急躁、偏激的意思。

孙子在本篇的最后一段话中专门论述了将帅的变通性。贪生怕死和性情刚烈，都可能会招致杀身之祸。在许多看起来是优点的东西，如不怕死、廉洁和爱民，如果不知变通，过于苛求，也会被敌所乘，从而变成了弱点。这种实例，在历史上有很多。激将法等计谋均出自于这一思想。

我们可以从不同的角度来理解孙子所论述的将帅"五危"。从对抗的角度，我们从中可以悟出如何"将军可夺心"的道理。从将帅素质的角度，我们从中可以领会到将帅如何加强自身修养的要求。我们如果仍然扣住本篇的主题来理解，便能够发现孙子在此论述了一个非常重要的关于"变"思想，即"变中有度"的思想。

"度"，反映了一种如何在战略对抗中保持平衡、保持稳定的重要思想，体现了战略对抗过程中的对立统一规律。

中国战略强调"守度"，并将这一范畴与"执道"、"循理"、"审时"等范畴并列在一起来论述。"度"，作为中国战略的一个重要范畴，反映了一种如何在战略对抗中保持平衡、保持稳定的重要思想，体现了战略对抗过程中的对立统一规律；它能够使战略统帅在决策时处于平稳的心理状态，在调动战略资源和选择战略时机时做到"恰到好处"，从而形成最佳的力量部署，达到最大的战略效益。它既是"常行之理",又"精微极至",前者强调了把握"度"的必要性,后者则强调了把握"度"的难度。事实也是如此,"度"在战略实践中既非常重要却又非常难以把握,无论在利用条件方面,还是运用力量方面,既不能不及,也不能过之,尤其在对抗的关键时刻,更不能有丝毫的差错。

"度"在中国古语中有多种解释。一种是"度量"的意思,如"寸寸而度之";还有一种是"限度"的意思,如"生之有时,而用之亡度,则物力必屈"。(参见《古汉语常用字字典》,商务印书馆,1979年版)我们在这里所说的"度",是后一种"限度"的意思,这种意思是说,要注意事物变化中的数量关系及其可能达到的程度。

中国战略的"度",体现于"中"和"衡"。

老子曾有这样一句名言:"多言数穷,不如守中。"(《老子·五章》)通俗一点讲,这句话的意思是,说得再多,说来说去,不如守住一个"中"字。而这个"中"字,就是最佳的"度"。实际上,中国战略的"度"的核心就是这个"中"字,这里面有着非常深奥的辩证法思想,深刻反映了中国哲学的"中庸"思想。因此,深刻理解中国战略的"度",还有必要了解中国哲学的"中庸"思想,尤其是其中的"执中"思想。中国古人对"中庸"有过明确的解释,即"不偏之谓中,不易之谓庸。中者,天下之正道。庸者,天下之定理"。"中庸者,不偏不倚,无过不及,而常行之理,乃天命所当然,精微之极至也"。(《中国哲学辞典大全》,韦政通主编,世界图书出版公司,1989年)应当说,这两个解释对"中庸"思想表述得比较清楚,即"中庸"就是"不偏不倚","无过不及"。中国战略特别强调不可偏执,如孙子说的"五危"。在具体的战略指导上,做到不可偏执,就要充分留有余地,不可把事做满。如冯梦龙所说:"处在局内的人,常留有一块余地,就会退进在我。这是处事的良策。"(《智囊补》,第174页)

"度"与"衡"也是两个紧密联系的范畴。"衡"在中国古代是指马车上的横木,还包括用秤称东西的意思。按照现在的解释,"衡"也就是我们平常所说的"平衡"。"守度"也就是"持衡"。无论在自然界,还是在社会领域,如何"持衡",是一门具有普遍意义的学问和艺术,它对包括人类在内的万事万物有一种内在规律性的要求,反映了我们前面所讲的"道"的某种要义。众所周知,掌握平衡的关键是掌握重心。敌变,我变,重心也要变,一个人的指挥艺术高低,可以说取决于他把握作战重心技能的高低。那么,作战中应把握哪些重心?又如何把握重心呢?在这里,孙子的"五危"强调的是将帅把握好其情绪的重心,掌握心理的平衡。苏东纽斯在评价恺撒时说过:"他那合乎实际的想像力和十分平衡的心灵,经常能做出闪电般的决定。"果断正确的指挥,建立在平衡心理基础之上,军事指挥员应根据战场和部队的情况,把握住自己的情绪重心。胜不骄,败不馁,激不怒,诱不贪,弱不卑,使头脑始终处于思维的最佳状态,并随着战场情况的变化而变化,避免因情绪波动造成指挥失误。

所谓"度",就是"恰到好处"和"顺其自然"。

上面谈到,"度"的核心是一个"中"字,标准是既不能过,也不能不及。但是,在具体的战略实践中,我们把握"度",很难去精确地量化"太过",或者"不及"的一端,而只是从整体上迅速把握住两端中间的最佳点。这种整体上迅速把握的能力,取决于战略决策者的素质,来自于他一种战略上整体和谐的灵感,也就是说,他所做出的战略决策和采取的战略行动,从整体上看非常得体,在整体结构上非常到位,与周围各要素的联系也非常顺畅和简捷,形成了一种既不能多一分也不能少一分的整体完美感。这种完美感,用我们现在的话说,就是"恰到好处"。冯友兰在解释《易经》时具体地阐述了这一点。他说:"事物若要臻于完善,若要保住完善状态,它的运行就必须在恰当的地位,恰当的限度,恰当的时间。《易》的卦辞、爻辞,把这种恰当叫做'正'、'中'。"(《中国哲学简史》,第148页)

对于"守度"来说,"恰到好处"是一种要求,而"顺其自然"则是一种更高的要求。这里所说的"自然",也就是古书《兵经》中所说的"自"字。该书在解释这个字时说:"性无所不含,狃于事而出,久则因任自然。故善兵者,所见无非兵,所谈无非略,所治无非行间之变化。是以事变之来,不得安排计较,无非协畅于全经。天自然,故运行;地自然,故专凝;兵自然,故无有不胜。是以善用兵者。欲其自然而得之于心也。诗曰:左之右之,无不宜之;右之左之,无不有之。""顺其自然",是一种和谐,是一种中国古人所追求的"天人合一"、"身心合一"更高层次的和谐,正如老子所说:"人法地,地法天,天法道,道法自然。"(《老子·二十五章》)达到了这种和谐,自然也就把握好了自身与周围各种相关要素的"度",自然就会处于一种最为"适中"的位置和状态。当然,在别人看来,这种把握,没有任何人为的做作的痕迹,没有显示出任何刻意的趋向,一切都好像是客观使然,一切都在情理之中。理解这个问题,我们还需要讲到"庸"。"庸"讲的是自然平常的意思。中国古人将"中"与"庸"联系在一起;并不是简单的文字叠加,而是有着深刻的寓意。应当说,顺其自然地"守度",这是一种很高的战略境界,是孙子"善战者,无智名,无勇功"所要求的战略素质在另外一种形式上的体现。达到了这样的境界,具备了这样的素质,战略决策者的"守度"就变得举重若轻,游刃有余。"顺其自然",是一种动态的"守度"。战略决策者用动态的眼光而不是静态的眼光注视着周围的各种联系,随着情况的变化而不断地调整"度"的"刻度",保持自己的重心,保持自己的平衡,始终使自己处在最佳的位置上,就像骑手和冲浪者一样。

关于"度"的态度,就是强调不要片面,不要偏激,不要太趋向和执着于某一端。

在现实中,很精确地把握"度"是困难的,这要有一种技巧,有一种弹性。更准确地说,我们在"过之"和"不及"两端把握的中间位置,不是一个"点",而是一个"段",有一定的幅度和范围。只有这样,我们"守度",才能围绕"中"的最佳位置保持一种灵活性,才能恰到好处,顺其自然。做到这一点,则需要我们采取一种"无可无不可"的态度,做什么事情不可过于"执着",以免走向极端。对此,中国思想家们有过专门的论述。孔子说:"虞仲、夷逸,隐居放言,身中清,废中权。我则异于是,无可无不可。"(《论语·微子》)他认为虞仲、夷逸这些人,过着隐居缄默的生活,保持清高的节操,退隐得合乎时机,这当然也好。但他自己却不然,要根据具体情况采取更为灵活的态度,即所谓"无可无不可"。孔子还说:"质胜文则野,文胜质则史,文质彬彬,然后君子。"(《论语·雍也》)"毋意,毋必,毋固,毋我。"(《论语·子罕》)孟子对孔子的这一思想大加称道,说这是"可以仕则仕,可以止则止,可以久则久,可以速则速"。(《孟子·公孙丑上》)

细细品味,古代圣人们关于"度"、"中"的态度,就是强调不要片面,不要偏激,不要太趋向和执着于某一端。这种不偏不倚,表现出非常全面而又灵活的姿态。这种不偏不倚，需要很高的战略素养才能理解和掌握，否则，就会导致一种机械性的认识和行为。对于这一点，冯友兰曾有过深刻的论述。他说："中"的观念在《中庸》里充分发展了。"中"很像亚里士多德的"黄金中道"的观念。有人可能把它理解为做事不要彻底，这就完全错了。"中"的真正涵义是既不太过，又不不及。他还说："'易传'和《老子》一样认为，要取得胜利，就一定要注意不要过分地胜利；要避免丧失某物，就一定要在此物中补充一些与它相反的东西。所以《系辞传·下》说：'危者，安其位者也。亡者，保其存者也。乱者，有其治者也。是故君子安而不忘危，存而不忘亡，治而不忘乱，是以身安而国家可保也。'"（《中国哲学简史》，第148～149页）

九、行军篇

在本篇中，孙子围绕着行军作战详细论述了"处军相敌"之法，即在行军作战过程中如何选择地形部署军队和如何观察判断敌情。这些方法，都是根据作战经验而总结的具体方法，属于战术层面，可操作性很强。所谓"处军"，就是回答军队根据当时的地形状况应该朝哪个方向走、应该怎样走以及如何部署等问题。就现实而言，孙子所说的这些"处军"方法有其古代作战的局限性，应用的价值不大了，我们对此也不必过多展开研究。但是，通过这些具体的方法，我们可以进一步去领会孙子在前面所说的"以迂为直"、"避实击虚"、"兵以利动"的战略思想。对于孙子观察问题的方法，如"相敌32法"中的由表及里的认识方法，我们应当借鉴；对于孙子"兵非益多"和"令之以文，齐之以武"的用兵治军思想，我们应当汲取。由现象观察本质，走精兵之路，掌握"文武之道"，都是现代战略领域特别强调的一些内容。

孙子曰：凡处军相敌，绝山依谷，视生处高，战隆无登。此处山之军也。绝水必远水；客绝水而来，勿迎之于水内，令半济而击之，利；欲战者，无附于水而迎客；视生处高，无迎水流。此处水上之军也。绝斥泽，惟亟去无留。若交军于斥泽之中，必依水草而背众树。此处斥泽之军也。平陆处易，而右背高，前死后生。此处平陆之军也。凡此四军之利，黄帝之所以胜四帝也。

孙子说：凡在不同地形上部署军队和观察判断敌情，应当在通过山地时选择有水草的溪谷穿行，应当在居高向阳的地方驻扎，不应当仰攻敌人占领的高地。这就是在山地部署军队的方法。我横渡江河，应当远离水流驻扎。敌渡水来战，不要在水中迎击，要等它渡过一半时再攻击，这样最为有利。如果要同敌人决战，不要紧靠水边列阵；在江河地带扎营，也要居高向阳，切不可处于敌人的下游。这就是在水网地带部署军队的方法。路经盐碱沼泽地带，要迅速通过，不要逗留；如果同敌军在盐碱沼泽地带遭遇，必须旁依水草而背靠树林。这就是在盐碱沼泽地带上部署军队的方法。在平原上应占领开阔地域，而主要侧翼要依托高地，前低后高。这就是在平原地带部署军队的方法。以上四种"处军"方法的好处，就是黄帝之所以能战胜其他四帝的原因。

此段中，"绝山依谷"的"绝"是指越过。"视生居高"的"生"指生地，指向阳地带。曹操注："生者，阳也。""战隆无登"的"隆"是指高地，"无登"是指不要自下而上仰攻。"斥泽"是指盐碱沼泽之地。孙子讲到的"黄帝"，是中国上古时代黄河流域部落联盟的首领，姓公孙，名轩辕，与炎帝同被尊为中华民族的祖先。"四帝"指周边部族的首领，一般泛指炎帝、蚩尤等人。

孙子在这里谈到的四个"处军"之法，是根据以往作战经验总结出来的。当然，这些方法，有些可能是他本人总结的，也有可能是他的前人总结的。孙子的论述告诉我们，用兵必须根据不同的地形而采取不同的部署方法，这与他在前面强调的意思一样，即"因地而变"。对于现代军队来说，与古代军队相比，地形的影响虽然要小得多，但毕竟还是存在的，在用兵作战中也不能不加以考虑。至于地形对作战的影响，现代出版的各种军事地形学的著作中，都有非常详细的介绍。我们在这里关键要掌握孙子如何因地而取利的思想，这就是一定要把地形分析透，要把各种地形对作战的有利或不利的影响分析透，然后找出最为有利的部署军队的方法。

孙子这里讲的"处军"方法只是一般性方法，千万不能绝对化。所以，我们在理解孙子"处军"的思想时，千万要记住孙子一再强调的"变"字，一定要用活。在"处军"时，适应地形只是在利用条件，绝不是最终目的。也就是说，我们用兵当然要适应地形，但这种适应不是盲目的，而是要考虑在这种适应的过程中围绕作战目的使兵力与地形更为有利地结合起来。作战目的不同，我们"处军"的方法也不同，并不是特定的地形特征就一定要用特定的部署方法，有时并不一定按照孙子上面所说的"处军"方法去做。例如，三国时期的诸葛亮挥泪斩马谡，就是因为马谡把兵力部署在"居高"之处，使作战要地街亭失守，导致整个作战失败。刘备为给关羽报仇，发兵攻吴，在背靠山林的高地结阵，结果反被吴将陆逊"火烧连营"。用一个现代战例来说，在解放战争时期，蒋军王牌部队第74师，错误地选择孟良崮防御，无水无粮，重装备难以发挥作用，结果弹尽粮绝，扬短避长，被我军歼灭。在江河地带作战，也并非一定要远离江河。例如，项羽和韩信就是通过背水列阵，激励士气，获得胜利。

下面我就展开讲一下韩信背水列阵的战例。公元前204年，韩信率三万汉军越过太行山东进，赵将陈余集中大军于井陉口（今河北井陉东），号称20万，占据有利地形，准备在此与汉军决一死战。韩信探知陈余轻视汉军，便制订了出其不意、一举破敌的计划。夜半时分，韩信派出轻骑两千，各持红旗一面，由偏僻小路迂回到赵军壁垒附近潜伏起来。同时，正面以万人先出隘路，进至绵蔓水东岸，故意在赵军壁垒之西违背常理，背水列阵，以给陈余造成韩信不知用兵的假象。拂晓时分，韩信率领主力至井陉口，诱使赵军出击，接着又佯败而退，进入背水阵。壁垒内的赵军以为汉军已败，便空壁而出。埋伏在赵军壁垒附近的汉军乘机进入壁垒，将赵旗全部换成汉旗。汉军背水列阵，士有必死之心，赵军屡攻不下，正要撤退，突然发现自家壁垒上汉旗招展。进不能克，退无所归，赵军顿时大乱，汉军乘势发动全线进攻，赵军大败，陈余本人也被杀死。

对于聪明的将帅来说，地形的利弊是可以转化的。他能够观察到常人所不能观察到的地形之利或之弊，将生地变为死地，或将死地变为生地。有些在常人眼中的地形之利，有时候在他的眼中则是弊；而有些在常人眼中的地形之弊，有时候在他的眼中则是利。例如，第二次世界大战的苏德战场上，苏军将领朱可夫就是利用沼泽地迂回到德军的侧后，达成战役的突然性。再如，我军"智取华山"的战例中，敌军自认为借地形之利无懈可击，疏于防备，结果被我奇兵偷袭，束手待毙。关于因地"处军"的辩证法很有意思，有些被视为最安全的地方，往往最不安全，有些被视为最不安全的地方，往往却最安全。有许多聪明的将帅，就是取地形之弊，获出其不意之效，或者说，就是巧用地形之小弊，而获作战之大利。

凡军好高而恶下，贵阳而贱阴，养生而处实，军无百疾，是谓必胜。丘陵堤防，必处其阳而右背之。此兵之利，地之助也。上雨，水沫至，止涉，待其定也。绝天涧、天井、天牢、天罗、天陷、天隙，必亟去之，勿近也。吾远之，敌近之；吾迎之，敌背之。军旁有险阻、潢井、葭苇、山林、蘙荟者，必谨覆索之，此伏奸之所处也。

孙子说：大凡驻军总是喜欢干燥的高地，避开潮湿的洼地；重视向阳之处，避开阴暗之地；靠近水草地区，军需供应充足，将士百病不生，这样就有了胜利的保证。在丘陵堤防行军，必须占领它向阳的一面，并把主要翼侧背靠着它。这些对于用兵有利的措施，是利用地形作为辅助条件的。上游下雨，洪水突至，禁止徒涉，应等待水流稍平稳后再行动。通过"天涧"、"天井"、"天牢"、"天罗"、"天陷"、"天隙"，必须迅速离开，不要接近。我们应远离这种地形，让敌人去靠近它；我们应面向这种地形，而让敌人去背靠它。军队两旁遇到有险峻的隘路、湖沼、水网、芦苇、山林和草木茂盛的地方，必须谨慎地反复搜索，这些都是敌人可能隐伏奸细的地方。

此段中的"天涧"指两岸陡峭、水流其间的险恶地形。"天井"指四周高耸、中间深陷的地形。"天牢"指险山环绕、易进难出、形如牢狱的地形。"天罗"指荆棘丛生，有如罗网，不易通过的地形。"天陷"指地势低洼、泥泞易陷的地形。"天隙"指两山之间狭窄难行的地形。"潢井"指低洼积水之地。"葭苇"即芦苇，指水草丛生之地。"蘙荟"指草木生长旺盛之地。

孙子在这一段的开始，对行军驻扎的一般性的原则进行了总结，这就是"好高而恶下，贵阳而贱阴，养生而处实"。按此原则"处军"，军队处在易守难攻的位置上，比较安全。同时，按此原则"处军"，军队获得的自然条件较好，并且能够得到充足的军需保障，军队的战斗力得到完好的保存。从战略上理解，孙子这句话讲的是"地势"。所谓"地势"，是指力量所处的空间位置或布局不同而发生的倍增或衰减效应。中国战略强调，地势要居高，要在对抗中"成地势"，夺占制高点。从战术上讲，这个制高点，是指高的地形，如某个山头；从战略上讲，这个制高点具有更广的涵义，指一种有利发挥力量作用的位势，如某个要害相关的地点或地带。对此，中国古代战略家有过许多精辟的论述，能够帮助我们更好地理解这个问题。例如商鞅曾对秦孝公说："秦之与魏，譬若人之有腹心疾，非魏并秦，秦即并魏。何者？魏居岭厄之西，都安邑，与秦界河，而独擅山东之利。利则西侵秦，病则东收地。今以君之贤圣，国赖以圣。而魏往年在破于齐，诸侯叛之，可因此时伐魏，魏不支秦，必东徙，秦据河山之固，东向以制诸侯，此帝王之业也。"范雎也向秦王献策说：秦国本身北有甘泉、谷，南带经渭，右陇蜀，左关阪，四塞以为固，可攻可守。六国之中，韩、魏地处天下之枢，而近邻韩国对于秦国乃是心腹之病，因此必须首先灭韩，

143

而后灭魏，控制天下之枢，取得战略上的主动地位，然后即可威胁楚、赵，迫使齐国卑辞重币以事秦。

孙子在这里提到了"军无百疾"。这一点十分重要。军队的士兵在恶劣的条件下和不适应的环境中，很容易得病，甚至使整个军队丧失战斗力。这在以往的战例中屡见不鲜。有些地形对行军作战非常有利，但士兵的身体不能适应，最终也不能保证作战胜利。我国三国时期的赤壁大战，蜀吴两国大败曹军，其中一个原因就是利用曹军士兵不服南方水土的弱点。现代战争也是同样，尽管武器装备再先进，人的身体承受力是有限的（甚至可以说，现代人的抗病能力还不如古人），因此，在选择地形"处军"时考虑"军无百疾"尤为重要。以近期的海湾战争和伊拉克战争为例，许多美军士兵在战时或战后得了一些怪病，这与中东地区的气候和水土有关。

如果说上一段所说的四个"处军"方法是针对一般地形而言的话，这一段孙子主要是针对一些特殊地形谈行军中的"处军"方法。我们要特别注意孙子在论述问题时由一般到特殊的逻辑顺序。我们在分析问题时，首先要考虑到一般，考虑到通常情况下处置，但是也不能忽视特殊的情况，尤其是那些事关全局的特殊情况。有许多情况，在大的方面都很好，都很顺利，但就是在一些小的但却是关键的地方受到阻碍，以至于整个计划受挫，甚至前功尽弃。用老百姓的话来说，大风大浪挺过来了，但却在小阴沟里翻了船。所以，战略家虽然是关照全局的，但不只是注意大的方面，同时非常关注那些关键性的小的方面。一位高明的战略家，往往对那些带有全局性的小的方面，有着特殊的敏感性。他能够以小见大，见微知著，见常人所不见，思常人所不思。

我们可以从广义上来理解孙子的这段话。无论是军队行军、企业发展还是人生进步，都会遇到"天涧"、"天井"、"天牢"等艰难险阻，都要防备在"潢井、葭苇、山林"和"蘙荟"中的奸人。我们要时刻准备在一些特殊地形和特殊的情况下，与敌人进行遭遇战，并且要迅速在这种遭遇战中使己处于有利位置，而将敌置于不利的位置上。这需要战略家有清醒的头脑，能够事先判断出哪里是危险的"天涧"、"天井"和"天牢"，哪里是隐藏奸人的"潢井"、"葭苇"和"山林"，预做准备，从容应对。同时，还需要战略家有敏捷的反应，在与敌遭遇时，迅速判断和选择有利的周围条件，抢先占领有利的地形，形成有利的战势，置敌于死地。

最高明的战略家，能够在行军中预先避开"天涧"或"潢井"；一般的战略家，能够在进入"天涧"和"潢井"时，知道自己陷入险境，迅速采取措施脱离；拙劣的"战略家"，在自己陷入"天涧"和"潢井"时，还不知险，甚至见到小利之后主动往"天涧"和"潢井"里面钻。

敌近而静者，恃其险也；远而挑战者，欲人之进也；其所居易者，利也。众树动者，来也；众草多障者，疑也。鸟起者，伏也；兽骇者，覆也。尘高而锐者，车来也；卑而广者，徒来也；散而条达者，薪来也；少而往来者，营军也；辞卑而益备者，进也；辞强而进驱者，退也。轻车先出，居其侧者，陈也；无约而请和者，谋也；奔走而陈兵者，期也；半进半退者，诱也。杖而立者，饥也；汲役先饮者，渴也；见利而不进者，劳也。鸟集者，虚也；夜呼者，恐也；军扰者，将不重也；旌旗动者，乱也；吏怒者，倦也。粟马肉食，军无悬甄，不返其舍者，穷寇也。谆谆翕翕，徐言入入者，失众也；数赏者，窘也；数罚者，困也；先暴而后畏其众者，不精之至也。来委谢者，欲休息也。兵怒而相迎，久而不合，又不相去，必谨察之。

孙子说：敌人逼近而安静的，是依仗它占领险要地形；敌人离我很远而来挑战的，是想诱我前进；敌人之所以驻扎在平坦的地方而弃险不守，是因为对它有某种好处。许多树木摇动，是敌人隐蔽前来；草丛中有许多遮障物，是敌人布下的疑阵。群鸟惊飞，是下面有伏兵；野兽骇奔，是敌大举突袭。尘土高而尖，是敌人的战车驰来；尘土低而宽广，是敌人的步兵开进；尘土疏散飞扬，是敌人正在曳柴而走；尘土少而时起时落，是敌人正在扎营。敌人使者措辞谦卑却又在加紧战备的，是准备进攻；措辞强硬而军队又做出前进姿态的，是准备撤退。轻车先出动，部署在两翼的，是在布列阵势；敌人尚未受挫而来讲和的，是另有阴谋；敌人急速奔跑并排兵布阵的，是企图约期同我决战；敌人半进半退的，是企图引诱我军。敌兵倚着兵器站立的，是饥饿的表现；供水的士兵打水先自己喝，是干渴的表现；敌人见利而不进兵争夺的，是疲劳的表现。敌人营寨上集聚鸟雀的，下面是空营；敌人夜间惊叫的，是恐慌的表现；敌营惊扰纷乱的，是敌将没有威严

145

的表现；旗帜摇动不整齐的，是敌人队伍已经混乱；敌军吏士怨怒的，是一种疲倦的表现。用粮食喂马，杀牲口吃肉，丢弃吃饭喝水的器皿，不返回营舍的，是准备拼死作战的穷寇。低声下气同部下讲话的，是敌将失去了人心；不断犒赏士卒的，表明敌军陷入窘境；不断处罚部属的，表明敌军处于困境；先强暴然后又害怕部下的，是最不精明的将领。派来使者送礼言好的，是敌人想休兵息战。敌人逞怒同我对阵，但久不交锋又不撤退的，必须谨慎地观察它的企图。

在本段中，"兽骇者，覆也"的"覆"指倾覆，引申为敌军铺天盖地而来。"散而条达"指尘土散漫细长、时断时续的状态。关于"薪来也"，多数版本不用"薪来"用"樵采"，《孙子校释》认为这里说的是"曳柴"而非"砍柴"，所以用"薪来"更为准确，本书认同这种说法。"杖而立者"指倚着兵器站立。"汲役先饮者"在多数版本中为"汲而先饮者"，《孙子校释》按照汉简本和有关注释做了改正，本书从之。"粟马肉食"与其他版本不同，本书从《孙子校释》，这样可为准确表达"穷寇"之意。"谆谆翕翕"指恳切和顺、絮叨不休的意思。"徐言入人者"与其他版本不同，本书从《孙子校释》。"不精之至"指不太精明。"委谢"指馈赠礼物，谢罪道歉。

在这很长的一段话中，孙子详细描述了军队行军作战过程中所遇到的各种各样的情况，总结了如何根据这些情况判断敌情的32种方法。我们称之为"相敌32法"。这些"相敌"的方法，是以往长期观察的结果，反映了当时军队行军作战的规律性，能够为古代作战的将军们提供直接的"相敌"指导。

每一位军事将领必须善于"相敌"，这因为"相敌"是"胜敌"的前提，"相敌"是军事将领在作战中接触最多的问题之一。作为一名军事将领，他的脑子里总是在问"敌人想干什么"？"敌人在干什么"？他总是想从中找出肯定的答案，有时需要思索很长时间，寝食不安。聪明的将军，即使只有蛛丝马迹，也能够准确把握住敌军的行动企图；愚蠢的将军，即使事情已经挑明，也难以得出正确的判断结论。将帅素质的高低，在很多方面就表现在"相敌"上。

"相敌"都"相"什么？我们通过孙子的"相敌32法"可以归纳为三大类。第一，通过敌军部署的远近和使者的言辞等，判断敌人的作战意图——是攻还是守，是进还是退，是想与我战还是不想与我战，或是另有什么阴谋。第二，通过一些自然现象和军队行动的暴露特征，

九、行 军 篇

判断敌人的行动状态和方式——是行军还是宿营，是迅速奔我而来还是缓慢奔我而来，是乘车而来还是徒步而来。第三，通过一些士兵的举动和将帅的言行，判断敌人战斗力的状况——敌军是否饿了，是否渴了，是否倦了，是否惊恐了，是否陷入了窘境和困境，敌军的将帅是否还有控制力，等等。

怎样"相敌"？孙子在"相敌32法"中并没有专门讲这个问题，只是列举了大量的"相敌"实例和具体做法。但是，我们可以通过这些实例和具体做法观察到孙子的基本的"相敌"之法，这就是透过现象发现本质。在战场上，不管是什么人，不管他采取什么样隐蔽措施，总会有端倪可察，总会通过某种现象反映出来，关键是你能不能看得到，或者看到了能不能想得到。这使我联想起现代军事教学常讲的一个例子。第一次世界大战期间，德军发现法军阵地上有一只金丝猫，判断出这是法军指挥位置，立即开炮射击，结果击毙了法军一名高级指挥官。

在现实作战中，现象太多了，究竟通过哪些现象才能发现本质呢？这当然主要是看将帅们平时的经验积累和当时当地的思维表现。不过，我们通过孙子的"相敌32法"能够做一些理论上的阐释。孙子关注的现象大致有四类：第一类是可能受作战行动影响的自然现象，如草木、鸟类等；第二类是军队行动所产生的迹象，如动静、远近、扬尘、车马、布阵等；第三类是敌军官兵的言行举止，如怨怒、惊恐、疲惫、赏罚，以及使者"辞卑"或"辞强"等。第四类是敌军的一些反常现象，如"近而静"、"远而挑"、"见利而不进"、"无约而请和"，以及"兵怒"而"不合"等。

或许人们会认为，孙子这些"相敌"之法，是在古代作战中总结出来的，对现代战争用处不大。从直观上讲，应当承认，许多方法已经不适用了，譬如说行军的几种扬尘，现代战争与古代战争肯定大不相同。但是，我们如果从广义上深入想一想，就有可能得到许多启迪。例如，"敌近而静者，恃其险也"，这就是说，对手在离你很近的情况下不动声色，也不惧怕你，必然有所恃。"其所居易者，利也"，这就是说，对手弃险不守，到一个危险的地方去，必须是认为有利可图，奔利而去。"辞卑而益备者，进也"，"辞强而进驱者，退也"，这就是说，对手有时候言辞谦卑，做出防守的样子，实际是有进逼的企图；而对手有时候言辞强硬，做出进攻的样子，实际是想退逃。"无约而请和者，谋也"，这就是说，没有任何约定，没有任何前提，突然有人提出与你合作，这里面可能会有阴谋，必须提防。另外，孙子通过将帅言行唯诺、赏罚过度等现象，判断将帅控制能力和治军状况，这对于我们现在分析治军管理等问题，仍有很大的帮助。

兵非多益，惟无武进，足以并力、料敌、取人而已。夫惟无虑而易敌者，必擒于人。

孙子说：打仗不在于兵力多就好，只要不轻敌冒进，并集中兵力，判明敌情，取得部下的拥戴，也就足够了。那种既无深谋远虑而又轻敌的人，必定会被敌人所俘虏。

孙子在这里阐述了一个非常重要的战略思想：兵不在多而在精。这与我们现在所说的"质量建军"、"走精兵之路"的道理是一致的。不过，需要加以说明的是，在许多版本的解释中，把孙子的这一思想归结为重要的建军思想，实际上，孙子这一思想不仅局限于建军方面，还体现在作战方面，而且更多地体现在作战方面。孙子在这里不是一般地讲建军问题，而是讲在行军作战过程中"兵非多益"的问题。

在一般人的眼中，兵当然是越多越好，兵多也就表示自己的力量强大。但是，在实际的作战中，兵多并不一定就代表力强，兵多并不一定必然会获胜。力量包括数量与质量两个方面，数量少但质量高的一方，往往会战胜数量虽多但质量差的一方。总体上的兵多并不代表在具体对抗时空中一定会兵多，总体上的兵少也并不代表在具体对抗时空中一定会兵少。兵力少的一方，如果能够"知战之地"，"知战之日"，做到"我专敌分"，便可以在具体对抗的关键地点和时间上形成超过对方的兵力优势，从而战胜兵力多的一方。所以，孙子说，"兵非多益"，而在于"并力"、"料敌"、"取人"。这恰恰表现出了将帅的智慧，为将帅们展开自己的智慧提供了可能和广阔的空间。对于聪明的将帅来说，他当然关注兵力的多少，但他更加关注如何"并力"、"料敌"和"取人"。在这样的将帅手中，军队的作战能力会得到成倍的提升，军队的作战效能会得到成倍的增强。我们常说的"千军易得，一将难求"，也在这里得到了体现。我们常常会听到有人抱怨"兵力少"、"资源少"，并以此来推卸自己的责任，这实际是一种不知"并力"、"料敌"、"取人"的无能表现。这些人只知道机械地堆积兵力，而不知道灵活地运用兵力。在这些人的手里，一个士兵就是一个士兵，而在聪明的将帅手里，一个士兵可以变成十个士兵。

现代战争，战场情况复杂多变，战场态势呈现为"非线性"，作战行动节奏快，作战保障难度大，作战机动隐蔽的要求高。在这种情况下，部队趋向于精干灵活的小型作战编成，作战更多地突出质量对抗，指挥更加强调"并力"和"料敌"。在其他竞争领域也是如此，竞争的结果并不完全取决于你表面上力量的大小、规模的大小和资源的多少，而取决于你掌握的力量的质量如何，取决于你能否准确地判断形势，将力量和资源集中用于关键的时间和关键的地点。以最近发生的伊拉克战争为例，从表面上看，美军的兵力比伊军少得多，但是美军掌握了制信息权，战场单向透明，并且依靠其先进的指挥控制系统和远程精确打击能力，将各种作战能量迅速聚焦于一点。这样，美军在"并力"、"料敌"方面都胜出伊军很多，尽管投入兵力不多，但却完全掌握了战场主动权。由此可见，孙子在2500年前所说的"并力"、"料敌"和"取力"，对于现代战争和现代竞争来说，仍然有着非常普遍的指导意义。

对孙子"兵非多益"的理解不能绝对化，不能认为在各种情况下都适应。对于暂时弱小并拥有雄厚支撑资源或能够得到这种资源的一方来说，恐怕是兵多为益；对于推行消耗战略并且具备消耗条件的一方来说，当然是兵越多越好；当对抗无法避免而你一时无法弥补力量的质量差距时，也不能排除采取以数量弥补质量差距的措施。

卒未亲附而罚之，则不服，不服则难用也；卒已亲附而罚不行，则不可用也。故合之以文，齐之以武，是谓必取。令素行以教其民，则民服；令素不行以教其民，则民不服。令素行者，与众相得也。

孙子说：士卒还没有亲近依附就执行惩罚，那么他们会不服，不服就很难使用。士卒已经亲近依附，如果仍不执行军纪军法，也不能用来作战。所以要用说服教育的手段使他们自觉顺从，用法规惩罚的手段使他们畏惧服从，这样就必能取得部下的敬畏和拥戴。平时严格贯彻条令，管教士卒，士卒就能养成服从的习惯；平时不严格贯彻条令，不管教士卒，士卒就会养成不服从的习惯。平时命令能够贯彻执行的，这表明将帅同部属之间相处融洽。

此段中的"令素行"指平时认真贯彻法令，"素"指平时的意思。

"与众相得"的"得"在此指亲和的意思。

从上下文的逻辑关系上看,孙子这段话是上面"取人"命题的展开论述,也就是说,这段话是回答如何"取人"这个问题的。这是一个管理学方面的问题。在此,孙子提出了"合之以文,齐之以武"的观点。这一观点,触及到了管理学中最本质的问题,揭示了人类行为在接受控制时的基本规律,因而具有非常普遍的指导意义,即使在现代管理学领域中,也仍然是我们必须遵循的一个原则。

所谓"文",是指教育、爱抚、感化、奖赏等管理方法;所谓"武",是指纪律、约束、惩罚等管理方法。纵观我们古往今来各个不同领域的管理方法,都离不"文"与"武"这两个字,或者说都这两个字的具体展现,所以说,"文"与"武"是控制人类行为两种最具有普遍性的方法。为什么这样说?在我看来,这两个字分别针对人类本性和行为发生基本动因而提出来的。人有精神追求的一面,也有物质追求的一面;有其理性的一面,也有其非理性的一面;有趋利的一面,也有避害的一面。"文",是一种作用于道义的力量,强调思想心理的作用结果,控制着人的精神追求,左右着人的理性施向;"武",是一种体现于物质的力量,强调有形的生存性的作用结果,控制着人的物质追求,左右着人的非理性施向。"文",是基于趋利上的诱导;"武",是基于避害上的制服。

深刻理解孙子的这一观点,必须把握好"文"与"武"的辩证关系。

文武之道,一张一弛,两者各有各的作用,不可替代。针对不同的情况,针对不同的人,针对不同的目的,有时候强调"文"的方法,有时候则强调"武"的方法。

"文"与"武"两者不能分离,也不能偏废,只用"文"的方法不行,只用"武"的方法也不行。单纯强调说服教育,没有严明的组织纪律作为保障,是无法组成有战斗力的军队;单纯强调组织纪律,缺少思想疏导和精神激励,也是无法组成有战斗力的军队。这两种方法是互动的,相辅相成的,共同形成一种治军或管理的合力。在许多情况下,一种方法产生不了效果,只有在另一种方法的辅助下,才能产生并凸显其效果。

在结合使用"文"与"武"这两种方法时,是有先有后的,这就是孙子说的"卒未亲附而罚之,则不服,不服则难用也"。"文"在先,

九、行 军 篇

"武"在后，先说服，后制服，只有心服，才会口服。在没有达到心服的情况下，在没有得到部属信服的情况下，盲目采取"武"的方法，只会得到相反的效果，甚至会激起兵变，用一般的话说，就是激化矛盾。

"文"与"武"这两种手段在什么时候用，在什么场合用，对什么人用，用到什么程度，这全在于将帅的临机处置。将帅的管理水平和管理艺术也就体现在这里，体现在这两种手段控制变化上，这种变化是没有穷尽的，在这种变化中可以产生出无数的管理上的奇思妙想。借用孙子上面说过的"战势"的话来类比，"战势不过奇正，奇正之变不可胜穷也"，管理也是如此，管理不过文武，文武之变不可胜穷也。

如果从管理领域扩展到战略对抗上，也同样存在着"合之以文，齐之以武"的学问。就军事领域的战略对抗而言，非常强调综合力量的较量，运用多种军事和非军事手段战胜对手。就其他领域的战略对抗而言，除了用"硬"的手段之外，还包括大量"软"的手段；除了大量有形手段之外，还包括大量无形手段。我们如果真正领悟到"文"与"武"的辩证关系，就能够掌握住各个不同领域战略对抗中的深刻原理，能够破解其中的许多难题。

十、地形篇

"地"对军队行军作战的影响极大,尤其对于技术落后的古代军队,其影响在某些时候甚至带有决定性的。因此,"地"是孙子非常关注的一个制胜因素,在第一篇的"五事"中,他就专门强调过"地"。在这一篇中,孙子主要通过对"地有六形"和"兵有六败"的分析,论述了军队在作战时如何利用地形的方法,并进而分析了兵败在将帅方面的责任及动因,最后把本篇的论述收尾于"知天知地"上。

用现在的战略术语中,"地"是指战略双方对抗的"空间",这里面包括地势的高低、距离的远近、自然或人文的地理环境以及双方兵力部署所形成的战场位置关系,等等。古往今来,许多作战成功或者失败的例子,都与地形的选择有关,或者与在某种地形上部署兵力的对错有关。因此,认识和处理好"人"与"地"的关系,借"地之助"去求"兵之利",反映了战略家和军事家的素质和能力。纵观历史,真正的战略家和军事家,都是熟悉地理和地形的专家。

孙子曰:地形有通者,有挂者,有支者,有隘者,有险者,有远者。我可以往,彼可以来,曰通。通形者,先居高阳,利粮道,以战则利。可以往,难以返,曰挂。挂形者,敌无备,出而胜之;敌有备,出而不胜,难以返,不利。我出而不利,彼出而不利,曰支。支形者,敌虽利我,我无出也,引而去之,令敌半出而击之,利。隘形者,我先居之,必盈之以待敌;若敌先居之,盈而勿从,不盈而从之。险形者,我先居之,必居高阳以待敌;若敌先居之,引而去之,勿从也。远形者,势均,难以挑战,战而不利。凡此六者,地之道也,将之至任,不可不察也。

孙子说:地形有"通形"、"挂形"、"支形"、"隘形"、"险形"、"远形"六种。我们可以去,敌人可以来的地域叫做"通形"。在"通形"地域上,应先占领视界开阔的高地,保持粮道畅通,这样作战就有利。可以前出,难以返回的地域叫做"挂形"。在"挂形"地域上,如果敌人没有防备,就可以突然出击而战胜它;如果敌人有防备,出击又不能取胜,难以返回,就不利了。我军前出不利,敌军前出也不利的地域叫做"支形"。在"支形"地域上,敌人虽然以利诱我,也不要出击,而应率军假装败走,诱使敌人出来一半时再回兵攻击,这样就有利。在"隘形"地域上,我们应先敌占领隘口,并用重兵据守隘口,以等待敌人的到来。如果敌人先占领隘口,并用重兵据守隘口,就不要去打;如果敌人没有用重兵封锁隘口,则可以不去打。在"险形"地域上,如果我军先敌占领,必须控制视界开阔的高地,以等待敌人来犯;如果敌人先占领,就应引兵撤退,不要去打它。在"远形"地域上,双方地势均同,不宜挑战,勉强求战,就不利。以上六条,是利用地形的原则。这是将帅的重大责任所在,不可不认真考察研究。

在此段中,"通形"指四通八达、平坦便利的地形。"挂形"指复杂多碍、易进难退的地形。"支形"指双方均有险可据、先出者不利的地形。"隘形"指两侧高山耸峙、中有深谷可通的地形。"盈"意指满、充足的意思,这里表示兵力配置充足。"至任"指最为重要的责任。

在这段话中,孙子将地形归纳为"通"、"挂"、"支"、"隘"、"险"、"远"六种类型,并分析了这几种类型的地形对军队作战的利弊影响。对于古代军队作战来说,这几种地形是基本的,依据这几种地形所提出的作战方法也是带有规律性的,所以孙子将其视为"地之道"。就现代战争而言,这些"地之道"也没有完全过时,只要军队还在地面上作战,这些方法和原则都还具有一定的指导性。

我想,我们的讨论不要局限于孙子"地之道"的具体运用上,而应再深入一下,探讨"地之道"后面的"道",以求通过对孙子具体用兵方法的认识,获得一些方法论上的启示。归纳起来,孙子思考"地之道"主要着眼于以下几个方面:其一,考虑进退。利用地形,一定要考虑进退的难易和进退的自由。如果我进退不便而敌进退自如,则为不利。另外,既要考虑进,也要考虑退,如果进去方便退出难,则要视情而定,权衡利弊。在我们日常生活和各种领域的竞争中,都存在进退问题,保持住自己的进退自由,进而可攻,退而可守,这就是一个带有普遍性的"地之道"。其二,"先居高阳"。在竞争中,一定要考虑位势,先敌占据"高阳之地"。从广义上讲,所谓"高阳之地",

就是那些能够先得到并且得到最多有利条件的位置，处在这个位置，你也许不费吹灰之力，便可获得成功，或者说，这个地方就是离成功最近的地方。那么，哪些是"高阳之地"，如何占领"高阳之地"，就是竞争者认真思考的具体问题了。其三，以有备而对无备。地形的利与弊，与占据者的有备或无备有很大关系。据有利地形而无备，地形之利则变为弊，有可能被敌所乘；据无利地形而有备，地形之弊可变为利，诱敌之所动，出敌所不意。特别是在那些对双方都有利或都有弊的地形上，有备或者无备便成为决定性的因素了。其四，据险以待敌。你如果不想在遭遇战中与敌迎头相撞，拼个你死我活，最好的办法是寻找一个对自己有利的地形等待敌人，然后你要做的一个事情也许是反映你的战略水平的事情，就是设法把敌人引诱过来，用什么办法引诱，孙子已经教我们许多。如果敌先据险而待我，我一定设法避开。其五，千万不要勉强应战。在双方都有利或都不利的情况下，许多将帅很容易犯片面性的错误，看到敌不利的多一些，看到自己不利的少一些，结果轻举冒进，铸成大错。其六，诱敌于不利之地再战。当敌处于有利位置，而我不得不与敌交战，切不可抡拳就上，而要冷静分析战局，最好的办法是按孙子所说的"令敌半出而击之"，就是把敌人调出来打。我军采用的运动战，以及具体的"围点打援"的战法，就是孙子这一思想的灵活运用。

故兵有走者，有弛者，有陷者，有崩者，有乱者，有北者。凡此六者，非天地之灾，将之过也。夫势均，以一击十，曰走。卒强吏弱，曰弛。吏强卒弱，曰陷。大吏怒而不服，遇敌怼而自战，将不知其能，曰崩。将弱不严，教道不明，吏卒无常，陈兵纵横，曰乱。将不能料敌，以少合众，以弱击强，兵无选锋，曰北。凡此六者，败之道也，将之至任，不可不察也。

孙子说：军事上有"走"、"弛"、"陷"、"崩"、"乱"、"北"等六种必败的情况。这六种情况，不是自然造成的灾害，而是将帅的过错造成的。凡是地势均同而以一击十的，必然败逃，叫做"走"。士卒强悍，军官懦弱的，叫做"弛"。军官强悍，士卒懦弱的，叫做"陷"。偏将怨怒而不服从指挥，遇到敌人擅自率军出战，主将又不了解他们的能力，叫做"崩"。将帅懦弱又无威严，治军没有章法，官兵关系混乱紧张，布阵杂乱无章，叫做"乱"。将帅不能正确判断敌情，以少击众，以弱击强，手中又没有掌握精锐部队，叫做"北"。以上六种情况，是造成失败的原因，是将帅重大责任之所在，不可不认真考察研究。

此段中，"走"指败走。"弛"指涣散、松弛。"陷"指将强兵弱，将孤身奋战，陷于败没。"崩"指崩溃。"北"指败北。"大吏"，曹操注："大吏，小将也。""怼"，音"对"，怨恨。这里有意气用事的意思。"选锋"，指古代以勇敢善战的士兵组成的用来冲锋陷阵的部队。

在这段话中，孙子指出了军队战败的六种情况，并强调统军的将领必须认真观察和分析这六种情况，防止军队出现这六种情况，以避免作战失败。结合这一篇的"地形"主题，孙子明确指出，这些失败的原因，不能归咎于地形天候等客观条件，而在于将帅指挥的错误。这里面包含有更深的一层意思：地形的有利或不利，这是客观存在的，如何利用地形，这不仅与地形本身有关，还与军队自身的因素有关，其中将帅的指挥尤其重要。

孙子所说的兵败的六种情况，虽然是根据古代军队作战总结的，但在今天仍然适应。我们如果认真分析一下自己失败的原因，或多或少能够与这六种情况对号入座。另外，孙子所说的六种情况并不局限于军事领域，在其他领域的竞争中，也同样存在这六种情况，只不过表现的形式与军队作战有所不同罢了。

在这六种情况中，孙子有两处强调了不能够以寡击众，以弱击强。在兵力对比不利的情况下与敌交战，这是兵家之大忌，非导致失败不可。可我们有些人总是自觉或不自觉地犯这样的错误，总是自以为是地要去试上一试。将帅犯这样的错误，或许他不了解敌我双方真实的兵力对比情况，或许在了解真实情况以后心存侥幸。我们必须牢牢记住，以少胜多并非不可能，但绝不是用弱兵去战强兵，它一定要符合强胜弱败的客观规律，或者说，它是在深刻理解强胜弱败客观规律基础上的灵活运用。

在这六种情况中，孙子有三条涉及到了军官与士兵、将帅与军官之间的关系问题，这属于作战力量内部结构的一个问题。或官强而兵弱，或兵强而官弱，或将与官之间不合，这些现象不仅古代军队中有，我们今天的各个领域的组织结构中也大量存在。作为统军的将帅，不能不高度关注这些问题，否则就会出现孙子所说的"弛"、"陷"、"崩"的败像。怎么解决？这当然涉及到用人选将的问题，涉及到力量层次的科学构成问题，涉及到官兵之间合理搭配的问题。这里面牵扯到大量的人事科学内容，非常复杂，不可能展开论述。但有一条，将帅一定要用心去思考琢磨这些问题，在选将用人的问题上，一定要慎之又慎，一定要选用最强的军官，并且给他们配上最好的士兵。孙子在这里告诉我们一个非常深刻的道理：分析力量的强弱，预测作战的结果，不能只看官强，也不能只看兵强，一定要全面分析力量的结构成分和它们组合搭配的情况。往往你掌握的兵力不少，掌握的资源也不小，就是因为组合搭配的不合理，结果效能锐减，导致失败。

军队作战最怕乱。两军交战，如果士兵不听指挥，军官各行其是，"吏卒无常"，"陈兵纵横"，岂有不败之理？纵观战争历史，有些军队的失败，并不是敌人强大，也不是敌将高明，而是败在阵脚自乱上。所以，如何治乱，一直是军事家们关注和研究的问题。究其乱的原因，大致有四个方面：一是由将帅指挥失误造成的。这要求将帅发出的命令必须前后一致，必须清晰准确，必须有很强的可操作性。二是军队平时训练管理不够。所以孙子特别强调"令素行以教其民"，强化官兵令行禁止的服从意识，加强部队雷厉风行的作风培养。三是军队缺乏实战锻炼和良好心理素质。战争是异常残酷的，大战临头，生死关头，官兵必须有非常强的心理承受力，才能保持一种临危不乱的镇静。参过战与没有参过战的部队，打仗多与打仗少的部队，在战场上的表现就是不一样。所以，将帅要重视官兵的实战锻炼，要迫使部队在逼近实战的情况下训练，要采取各种手段提高官兵的心理素质。四是对基层的控制力度不够。战场情况千变万化，敌我双方犬牙交错，将帅必须加强对基层单位的控制，否则就难以避免混乱局面的出现。加强控制的措施有很多，譬如：通过改进指挥控制手段来提高战场指挥控制能力；通过战前完善的协同计划来自始至终保证部队行动有序；通过提高基层组织自身的凝聚力来保证全军上下高度的一致性。毛泽东在三湾对红军进行了改编，将党支部建在连上，结果保证了基层连队与上级指挥的高度统一，使红军变成了一个打不垮、打不烂的钢铁军队。

我们要特别注意，孙子在分析兵败原因时讲到的"兵无选锋"这句话。所谓的"锋"，不能简单地理解为先锋部队或尖刀部队，它是整个作战力量中的精锐之精锐，是统帅手中的"王牌"。作为统帅，必须善于"选锋"，必须精于"用锐"。一个完整的作战力量，其各个单元，没有可能也没有必要完全是一样的，必然有主有次，有强有弱。但无论怎样，都必须有一支作战能力突出的精锐部队，它要成为整个军队的样板，成为整体力量的核心，成为统帅用于关键时刻的决战决胜的力量。在战场上无论遇到什么样的情况，只要这支部队不乱，全军就不会乱，只要这支部队不散，全军就不会散。当然，这支部队形成不是轻而易举的，这要靠平时的磨炼，要靠战时的熏陶，也包括将帅有意识的锻造。

夫地形者，兵之助也。料敌制胜，计险易、远近，上将之道也。知此而用战者必胜，不知此而用战者必败。故战道必胜，主曰无战，必战可也；战道不胜，主曰必战，无战可也。故进不求名，退不避罪，唯民是保，而利合于主，国之宝也。

孙子说，地形是用兵的辅助条件。判断敌情，为夺取胜利，考察地形险易，计算道路远近，这是高明的将领必须掌握的方法。懂得这些道理去指挥作战的，必然会胜利；不懂得这些道理去指挥作战的，必然会失败。遵照战争指导规律分析，战略上需要并有必胜把握，即使国君不敢下决心打，坚持打是可以的。遵照战争指导规律分析，没有必胜把握的，即使国君说一定要打，不打也是可以的。进不企求战胜的名声，退不回避违命的罪责，只求保全民众符合国君的利益，这样的将帅，才是国家的宝贵财富。

此段中，"上将"指职务最高的将领，或指贤能之将。"战道"指战争的指导规律。在许多版本的注释中将"战道"解释为战争规律。从严格的军事概念上说，战争指导规律与战争规律不是一回事。"主"是指君主。

"地形者，兵之助也"这句话的直接意思是，利用地形，能够对用兵提供帮助；延伸的意思是，利用客观条件，能够增强自己的力量。这是中国古代十分重要的一个战略思想。中国战略强调易胜，重视借力，而借力，除了借对方和盟友之力外，还有很重要的一个方面，就是借自然条件之力。在中国历史上的许多战例中，除了巧妙地利用地形外，还利用火、水等自然之力来达成作战目的，取得了克敌制胜的奇效。例如，中国历史上楚汉之争时期，韩信率军与齐楚联军在潍水河两岸对峙。韩信决定利用潍水破敌。他先命士兵把上万个装满沙子的口袋运到潍水河上游，堵住水流。然后，他亲自率领小部军队渡河去袭击敌军，设法诱使敌军渡河追击。敌军上当，恃强轻敌，贸然渡河，结果被汉军放下的急流冲散阻断。韩信率军反击，大获全胜。高明的战略家，需要知彼知己，但不能把眼光仅仅局限于对抗的双方，还要善于借助各种条件和力量，从与对抗相关的更大的范围中寻找"兵之助"。

关于在用兵中如何借助地形，孙子总结为"料敌制胜，计险易、远近"，并将此作为一条重要的战争指导规律提出来。这是一种高度的抽象和概括。我们在选择和利用地形，无论遇到什么样的情况，无论采取什么的对策，都离不开"险"、"易"、"远"、"近"这四个字，或者说都是在围绕这四个字做文章。险易，讲的是地形的特征；远近，讲的空间的距离。借助地形而用兵，无非就是据险求易，我近而敌远。推而广之，我们如果仔细想一想，在各种领域的竞争中，我们都会与这四个字打交道，我们许多战略对策要么出自这四个字，要么出自这四个字之间的辩证关系中。因此，孙子特别强调指出，知此而用战者必胜，不知此而用战者必败。

接下来，孙子将"战道"的话题很自然地转到了将帅与君主的关系上，转到了将帅在处理这种关系时应当具备的素质上。他所要强调的基本意思是：无论在什么情况下，将帅一定要按照战争指导规律办事，要对国家负责，不计名利得失，不能盲目唯君命是从。这句话理解起来并不难，但做起来却相当不容易。为什么？这关系到将帅的功过是非，甚至身家性命。历史上大量的事实表明，在违抗君命的情况下，将帅们打了败仗自然是人头落地，但打了胜仗也不一定有功，也不一定会让皇上高兴。或者说，在违抗君命的情况下，将帅们打了败仗罪过当然自己承担，但打了胜仗功劳也不一定就落在真正的有功之臣身上，特别是当你把威胁消除于萌发之时而成为一名"无智名"、"无勇功"的将军时，你的大功不会被人们察觉，也不会被历史记载，你也许会成为一个普普通通的平常人而被社会所遗忘。所以，把个人利益放在国家利益之上的将帅总是讨好自以为是的君主，总是恭维君主如何如何英明伟大，从不敢说一个"不"字。结果呢？是民族遭殃，国家灭亡。这样的将帅，是祸国殃民的将帅；而轻信这样将帅的君主，是有眼无珠的昏君。因此，孙子把"进不求名"、"退不避罪"、"唯民是保"的将帅视为"国之宝"。但可惜的是，纵观历史，这样的"国之宝"并不少，但能够赏识和保护这些"国之宝"的君王太少了。就算是孙子当面提醒过的吴王，他的良将们最后也是落得个"兔死狗烹"

的悲惨下场。

关于孙子说的"故战道必胜,主曰无战,必战可也"这句话,多数人理解为:从战争规律上看必定获胜的,即使国君说不要打,也应该坚决地打。这种理解如果不加前提条件,是不正确的。在战争中有许多这样的情况:从战术上看是可打的,但从战略上考虑却不能打;从军事角度看是可打的,但从政治角度考虑却不能打。有时候,在将帅看来是正确的事,在君王看来却不正确。他们的分歧并不是谁对谁错,而是处在不同的层次上思考问题。在这种情况下,将帅们如果坚持自己的观点,并背着君王采取行动,麻烦可就大了。所以,我们在理解孙子这句话时,要加上"战略需要"这个前提条件,只在战略需要并且有必胜把握时,将帅们才应该坚持自己的主张。

视卒如婴儿,故可与之赴深谿;视卒如爱子,故可与之俱死。厚而不能使,爱而不能令,乱而不能治,譬若骄子,不可用也。

孙子说:对待士兵像对婴儿,士兵就可以跟他共赴患难;对待士兵像对爱子,士兵就可以跟他同生共死。对士兵厚待而不使用,溺爱而不教育,违法而不惩治,那他们就好像娇惯坏的子女一样,是不能用来作战的。

这里,孙子由上面的将帅与君王关系的话题,转到了将帅与士兵关系的话题上。如何看待士兵,如何处理好与士兵的关系,这是将帅治军的一个关键性的问题,也是如何形成有强大凝聚力的作战力量结构的问题。这个问题与孙子上面所说的"兵有六败"有着直接的关联。

中国战略文化特别强调通过一种内在的感情因素来维系将帅与士兵的关系,用现在军中常说的话表达,就是"以情带兵"。这体现了中国传统文化的特色,与西方文化有很大的不同。就经济领域而言,在企业管理中,有许多学者们发现,西方企业重视有形管理,而东方企业重视无形管理;西方管理强调制服,东方管理强调心服。在中国军事家和思想家们看来,人是有感情的,人是讲感情的,只有通过感情维系的关系才是最为牢固的关系。而人世间的各种感情中,首推的是亲情关系。当自己的亲人遇到威胁时,人们大多会舍身相救,将生死置之度外。所以,孙子强调将帅爱兵如同爱子。中国俗话说,上阵父子兵,有什么样的军队敢同这样的军队较量呢?

但是，只有爱并不一定有战斗力。所以，孙子提出，爱兵要有度，不能溺爱，不能宠爱，否则士兵就不是士兵，而是一个惯坏了的"骄子"。爱兵如子，以情带兵，必须要让士兵了解这种感情，珍惜这种感情，能够产生这种感情所应有的精神动力，并最终将这种动力转化为强大的战斗力。所谓的"骄子"就是不了解你给他的感情，不珍惜你给他的感情，甚至把你的爱视为应该的，不给不行的，甚至给少了还不干。为了避免把"爱兵"变为"溺兵"，把"士兵"变为"骄子"，将帅们需要着重把握好两点：一是将帅必须使自己具有"父亲"的威严和位势，要首先赢得士兵的爱戴和尊重，否则，他给予士兵的感情不是高价的而是廉价的，他给予士兵的感情越多，在士兵的眼里就越不值钱。二是将帅处理好"爱"与"严"关系，也就是前面所说的"文"与"武"的关系，该爱的时候爱，该严的时候严，严要以爱为目的，爱要为严做基础，刚柔相济，宽严有度，有张有弛。

知吾卒之可以击，而不知敌之不可击，胜之半也。知敌之可击，而不知吾卒之不可以击，胜之半也。知敌之可击，知吾卒之可以击，而不知地形之不可以战，胜之半也。故知兵者，动而不迷，举而不穷。故曰：知彼知己，胜乃不殆；知天知地，胜乃可全。

孙子说：只了解自己的部队能打，而不了解敌人不可以打，胜利的可能只有一半；了解敌人可以打，而不了解自己的部队不能打，胜利的可能也只有一半；了解敌人可打，也了解自己的部队能打，而不了解地形不利于作战，胜利的可能也只有一半。所以懂得用兵的人，他行动起来决不会迷惑，他的战术变化不致困窘。所以说，了解对方，了解自己，争取胜利就不会有危险；懂得天时，懂得地利，胜利就可保万全。

孙子在本篇的最后一段做非常精辟和非常有气势的总结概括。他指出，将帅只是了解自己，或只是了解对方，或只是了解双方而没有了解地形，这都不够，必须知己、知彼、知天、知地，并且灵活变通地将这些要素综合起来加以运用。这才是真正懂得用兵作战的将帅，这样的将帅才能获得胜利。

孙子总结概括了"知胜"的三个基本要素，即"己"、"彼"和"天地"。具体说：要想知道能否获胜，先要了解自己，了解自己的实力，了解自己胜算的把握有多少；还要了解对手，了解对手的实力，了解对手胜算的把握有多少；这还不够，还要把双方的力量放到实际的对抗空间中去分析，了解哪些条件对自己有利或不利，哪些条件对敌方有利或不利。这样的话，你得出的"知胜"结论就全面了，比较准确了。

这三个"知胜"的基本要素有着内在逻辑联系："己"和"彼"同属于力量范畴，也包括敌我将帅的决策企图，它们是对立的但又是不可分离的矛盾共同体，而"天地"属于力量运用的外部因素，属于对作战产生影响的各种客观条件。需要特别指出，孙子这里说的"天地"，不仅仅是指天时和地理，还包括与力量运用相关的方方面面的制约因素。"己"和"彼"是对立统一关系；"己"、"彼"与"天地"构成内部与外部的关系，是适应与被适应、利用与被利用、借助与被借助的关系。因此，我们在"知胜"的时候，应当把握这个逻辑关系，先知己，再知彼，把敌我力量对比和作战企图搞清楚，然后将这些判断与所处的客观环境及相关条件联系起来，从中得出战略性的判断的和规律性的认识。在这种判断和认识的基础上，将帅才会"动而不迷"，"举而不穷"，在各种假象面前不至于迷失，采取的战法没有穷尽。

孙子说的"动而不迷"，"举而不穷"，概括得非常简练，寓意也很深刻。这是我们在战争和其他形式竞争中必须遵循的两个基本要求。无论在什么样的情况下，我们要做到"不迷"；无论遇到什么样的对手，我们采取的对抗方法要做到"不穷"。达到这两个要求，我们就会无往而不胜。仔细回想一下，我们为什么会失败？无非就是这两个字，一个是"迷"字，一个是"穷"字。

十一、九 地 篇

　　这一篇，是《孙子兵法》中篇幅最大的一篇，约一千一百字，占全书的五分之一。在这一篇，孙子还是谈"地"，但谈的不是一般的地形，而是战略地理。孙子根据地理位置对整个战略态势的影响，归纳出九种不同的类型，并针对这些类型提出了基本的战略行动原则。据有资料反映，孙子这一篇中的许多思想，对当今世界的国际关系学说产生了极大的影响。许多著名的国际关系专家提出的一些很有价值的观点，均受益于孙子的思想。孙子的思想，不仅反映了现代地缘政治的实际，而且对当今地缘政治理论的发展具有巨大的推动作用。

　　研究战略地理和地缘关系，是一个如何把握战略空间的问题。在这方面，孙子特别强调迅速占领战略要地，控制战略枢纽，将敌部署割裂开来，或者说，通过要地夺取，破坏敌方力量的整体布局，积极创造有利的制胜条件。这里关键要把握住两点：一点是，"合于利而动，不合于利而止"。这句话，反映了对抗的实质问题，是一条具有普遍指导意义的作战原则，需要我们牢牢记住，并在实际中灵活运用。另一点是，兵贵神速，攻敌不及，攻敌不备。这也是一条具有普遍指导意义的作战原则，需要我们牢牢记住。这两条原则，都适合于广义的竞争领域。

　　我国古代一些《孙子兵法》研究专家指出，本篇与上篇《地形篇》都是谈"地"，但有差别，这种差别在于《地形篇》单纯谈"地"，但本篇谈到了"人情"。这种"人情"是指人为因素和兵力部署等，具体说，是指士兵的心态、诸侯的态势、敌我的态势、将帅企图等等。也就是说，孙子在本篇中将人的因素与地形因素统一起来考虑，从"人"与"地"的互动关系中总结和寻找作战良策。所谓"九地"，并不是单纯的九种地形，而是从作战角度考虑，依据地形，分析"人情"，所反映出来的九种地势。这里的侧重点反映在战略空间中由各方力量部署

十一、九地篇

关系所导致的利害变化上,如古人王晳注说:"用兵之地,利害有九也。"

孙子曰:用兵之法,有散地,有轻地,有争地,有交地,有衢地,有重地,有圮地,有围地,有死地。诸侯自战其地者,为散地。入人之地而不深者,为轻地。我得则利,彼得亦利者,为争地。我可以往,彼可以来者,为交地。诸侯之地三属,先至而得天下之众者,为衢地。入人之地深,背城邑多者,为重地。山林、险阻、沮泽,凡难行之道者,为圮地。所由入者隘,所从归者迂,彼寡可以击吾之众者,为围地。疾战则存,不疾战则亡者,为死地。是故散地则无战,轻地则无止,争地则无攻,交地则无绝,衢地则合交,重地则掠,圮地则行,围地则谋,死地则战。

孙子说:按照用兵的原则,兵要地理可分为"散地"、"轻地"、"争地"、"交地"、"衢地"、"重地"、"圮地"、"围地"、"死地"。诸侯在本国境内作战的地区,叫做"散地"。在敌国浅近纵深作战的地区,叫做"轻地"。我军得到有利,敌军得到也有利的地区,叫做"争地"。我军可以去,敌军也可以去的地区,叫做"交地"。多国交界的地区,先到就可以得到诸侯列国援助的地区,叫做"衢地"。深入敌境,背后有众多敌人城邑的地区,叫做"重地"。山林、险阻、沼泽等难于通行的地区,叫做"圮地"。进军的道路狭隘,退归的道路迂远,敌军能够以劣势兵力打击我方优势兵力的地区,叫做"围地"。迅速奋勇作战就能生存,不迅速奋勇作战就会全军覆灭的地区,叫做"死地"。因此在"散地",不宜作战;在"轻地",不宜停留;遇"争地",不要贸然进攻;逢"交地",行军序列不要断绝;在"衢地",则应结交诸侯;深入"重地",就要掠取军需物资;遇到"圮地",就要迅速通过;陷入"围地",就要巧于谋划;置于"死地",就要奋勇作战,死里求生。

本段中,孙子对几种类型的战略区域讲得比较明确,读者自己能够理解清楚,无须再详加解释。这里,有几个生僻的字需要说明一下。"圮地"的"圮",汉简本作"泛";《长短经·地形》作"汜",并注:"汜地,侵沴之地。""诸侯之地三属"的"三属",指三国交界的地区。

163

曹操注："我与敌相当，而旁有他国也。"

孙子从战略的高度概括了九种不同的作战区域。这些作战区域有着各自不同的特征，有的表现在自然条件上，有的表现在远近的距离上，有的表现在与其他国家的关系上，有的表现在作战难易的程度上。对于作战的任何一方来说，都必须认真分析这些地域的特征，判断对自己有利还是不利，并考虑如何处置的办法。在这些方面，孙子为我们做了分析和判断。孙子这九种战略区域的区分，对这些区域作战条件的分析，以及如何在这些区域作战的办法，都有着重要的学术价值，对我们今天的军事领域以及其他竞争领域都有着十分重要的指导意义。

所谓"散地"，是指在本国境内作战的地区。为什么要称之为"散"？曹操在注释时这样说："士卒恋土，道近易散。"所以，孙子主张"散地则无战"。古代作战，许多士兵是被强迫来的，他们本身不愿意参战，有机会就想跑。如果在家门口打仗，地形道路熟悉，对家人眷恋，就很难控制士兵开小差。由此看来，孙子不主张在家门口作战是有道理的。但是，在现代条件下，对于防御者来说，对于必须依靠自己国家综合国力的弱小者来说，这个仗还必须在国内打。防御的弱小者，可以充分利用本国的有利条件，迷惑敌人，疲惫敌人，消耗敌人，最后战而胜之。毛泽东采取"诱敌深入"的战法，就是充分利用根据地的有利条件，得天时、地利、人和，把敌人放进来打，粉碎了敌人的多次围剿。从广义上来说，我们要思考这样一个问题：我们在竞争中会遇到各种各样的"散地"，在这些地方，我们的力量有可能散，我们的军心有可能散，我们的财力有可能散，我们的物资有可能散，我们的朋友有可能散。因而，我们必须设法避开这些地方，千万不能在这些地方较劲。

所谓"轻地"，是指进入敌方境内不深的地区。为什么要称之为"轻"？我国古代学者张预注："始入敌境，士卒思还，是轻返之地也。"意思是说，士兵在这个地域内可以轻易地返还自己的家乡。孙子认为在这种地方不宜停留，迅速通过。从孙子的直接的意思看，还是考虑到军心的问题，考虑到如何防止士兵逃散的问题。如果从更大的范围来理解，我们进入"轻地"，也就是刚刚进入敌方区域，我方士兵确实有一个适应和犹豫的阶段，而敌人也有一个觉察和准备的阶段。我们必须尽快通过这个地区，不给自己的士兵留有更多的退逃选择的余地，不给敌人留有更多的缓冲准备时间。我一旦下决心进入敌人的区域，就要快速进入，直奔核心，直击要害。从广义竞争的角度看，我们会经常遇到这样的"轻地"，它不仅是指某一空间的区域，而可能指某一种科技、专业或经营的领域。进入这些领域，我们遵循孙子的这一教诲去做，是不会有错的。

所谓"交地"，是指敌可来我可往的那些地区。这种地区，敌我之间利益交叠，控制交叉，行动交错，故称之为"交"。这是一个敌我双方都竭力争夺并控制的地区，并且双方都有影响力的地区。它类似于我们抗日战争中的游击区，有两套政权体系，双方的部队都在这个地区活动。在这个地区，容易发生遭遇战，容易与敌方的部署交织在一起。所以，孙子强调在这个地区作战，要保持军队部署和序列的完整，不能断绝联系。从战略上说，交地关系着双方的重大利益，处在双方的影响范围之内，无论从利益或影响力上看，都存在非常大的交叠面，因此，这种地区有着非常多的不确定性，有着极大的战略敏感性，非常容易形成突发事件。在这种地区采取行动，必须周密设计，部署得当，先保证自己立于不乱、不败之地。这种从战略上对"交地"的理解，不仅适用于军事，而且也适用其他领域的竞争。

所谓"衢地"，是指数国交界并在地理位置上四通八达的地区。关于这种"衢地"，孙子在前面的《九变篇》中已经谈到过。这是一个典型的战略地理概念，是一个通常在战略上把握的空间，多体现于处理多国关系的伐谋、伐交的运用上，如孙子所说的"衢地则交合"。从地缘战略关系上看，"衢地"非常重要，许多重大的战略对抗行动常常在这一地区展开。其原因在于，这一地区是战略边缘地区，是大的战略板块对接的地区，故而是战略力量对抗将要接触的地区。再进一步说，这种地区往往是战略实力的"真空"地区，并且是关系到各国利益的枢纽地区，谁先控制了这一地区，谁就会得先机之利。我国的兵家必争的中原地区，革命战争时期的井冈山地区，均属于"衢地"。世界范围的中东地区、巴尔干地区，也属于"衢地"。就各种领域的竞争而言，发现"衢地"，争夺"衢地"，控制"衢地"，是一个不可忽视的重大战略问题。

所谓"重地"，是指敌人境内并有众多城邑地区，也就是指敌人腹地的经济、政治发达地区。这个地区人力财力集中，是敌国战争的潜力所在，对战争的胜负有着重要的作用。孙子称其地为"重"，既包括物质基础雄厚的意思，也包括对战争影响十分重大的意思。不过，我们在理解上还应当提示一下，这个地区虽然"重"，但却很"虚"，是敌人兵力不足，防备薄弱的地区。如果不是这样的话，你的部队也不可能进去，你也不可能掠到任何东西。美国南北战争时期，北军将领谢尔曼率军进入南军腹地，就是典型的进入"重地"的行动。北军在南军"重地"里大肆抢掠，严重破坏了南军战时经济，对扭转战局产生了重大的影响。在理解这个问题的时候，我们有必要将孙子前面说过的"因粮于敌"思想联系在一起，从中完整把握孙子战略思想的内涵。

所谓"圮地"，我们可以将其理解为自然条件恶劣、不利于部队行军作战的地区。我红军过的草地，就是典型的"圮地"。在这种地区，部队行动困难，粮食或其他物资供应严重不足，因而不易久留，迅速通过。从战略上看，这种地区都是作战双方竭力避开的，但恰恰由于这一点，一些聪明的将军专门利用"圮地"策划出奇制胜的行动。当然，也有被逼入"圮地"的。对于自己来说，无论是主动的还是被动的，都设法尽快通过，越快越好。对于敌人来说，你则要设法使他久陷于"圮地"，最大限度消耗他的战斗力。

所谓"围地"，就是指从地形和地势上来说对敌有利对我不利的地区，如果用孙子"地形，兵之助"的话来说，就是这种地区有助于敌而无助于我。敌人可以借助有利地形条件，用较少的兵力围歼我大量的兵力。"围地"就是"危地"，对于任何作战一方来说，都应当避免进入这种地区。当因为各种原因迫不得已进入到这样的地区，必须清楚地知道自己所面临的险情，要设法使自己脱围而出。如果是被敌诱入到"围地"，这时候局势是相当的危险了，用常规的作战方法已经是难逃厄运，必须运用奇谋，运用一些超常规手段，出其不意，才能脱离险境。

所谓"死地"，顾名思义，就是离死亡不远或者说即将死亡的地区。军队陷于这种地区可以说是相当的危险了。这种危险不单指处境而且还指时间，也就是说，时间不允许你有谋划和选择的余地，只能拼死一战了。在这种情况下，我们只有具备"狭路相逢勇者胜"的气概，才能获得绝处逢生的结果。这让我联想起一个"青蛙试验"的故事，在温水里的青蛙将会死掉，在沸水里的青蛙也许会逃生。"死地"和"绝处"或许会给你一次巨大成功的机会，或许是你一生的重大转折，这就要看你有没有全力一拼的精神和勇气。

十一、九地篇

我们可以将孙子归纳的这几种战略地域从广义加以理解，将其视为不同的战略处境，有近的，有远的，有险的，有易的，有应该加强"合交"的，有应该拼死突围的。这样，我们能够从更深的层面上理解《孙子兵法》的要义，在更普遍的范围内应用《孙子兵法》的原理。

古之善用兵者，能使敌人前后不相及，众寡不相恃，贵贱不相救，上下不相收，卒离而不集，兵合而不齐。合于利而动，不合于利而止。敢问：敌众以整，将来，待之若何？曰：先夺其所爱，则听矣。兵之情主速，乘人之不及，由不虞之道，攻其所不戒也。

孙子说：古时善于用兵的人，能使敌人前后部队无法相互策应，主力部队和小部队不能相互依靠，官兵之间不能相互救援，上下不能相互照应，士卒溃散难以集中，交战队形混乱不齐。对我有利就行动，对我不利则停止行动。请问：假如敌军人数众多且又阵势严整地向我开来，该用什么办法来对付呢？回答是：先夺取对于敌人利益来说最为关键的东西，就能使它不得不听从我的摆布了。用兵之理，贵在神速，乘敌人措手不及的时机，走敌人意料不到的道路，攻击敌人于没有戒备的状态。

本段中，"古之善用兵者"，在《孙子校释》中有"所谓"两字，但多数版本没有，本书从多数版本。"敌众以整，将来"，多数版本为"敌众整而将来"，本书从《孙子校释》，因为此句依据汉简本。关于"先夺其所爱"，人们通常解释为"夺取敌人最关键的有利条件"，我认为解释得还不到位，这里的"所爱"不单指"条件"，还有可能是"地点"、"人员"、"物资"等各方面的东西，"所爱"的指向很泛，解释不应当有局限。关于"攻其所不戒也"，所有版本均解释为"攻击敌人没有戒备的地方"，这不完全，有许多敌人没有戒备的地方并无攻击的必要，这里应当理解为"攻击敌人于没有戒备的状态"。

孙子认为，用兵之法则，就是在保持自己不乱的前提下，尽可能地使敌人乱。这种乱有多种表现，如敌前后、上下、官兵、主力与非主力之间，不能照应，不能求援，士兵离散，队形不整，用现在的军事术语说，就是作战协同出现了严重问题。从消极的方面说，我们应当待敌之乱；从积极的方面说，我们应当促敌之乱。敌乱，我则有利，有利，我则可行动出击，也就是孙子所说"合于利而动"。

"合于利而动，不合于利而止"，揭示了一条十分重要的战略原理。

孙子说的"合于利而动，不合于利而止"，有着非常普遍的指导意义。从战略上看，孙子这句话揭示了一条重要的战略原理，就是在选择战略目标和确定是否采取战略行动时，一定要以"利"作为基本的依据。就"力"与"利"的关系而言，这里要说的是，要依据"利"来决定是不是需要调动自己的力量和自己的力量朝哪个方向调动。例如，战国时期，秦国国王秦穆公决定要进攻郑国。他的谋士蹇叔和百里奚都不同意，并劝告秦穆公说：进攻郑国是劳师袭远，成则利小，不成则害大，这样做，既不明智，也不讲信用。秦穆公不听劝告，一意孤行，结果大败而归。

在战略实践中，"利"是个很难把握的东西。有些战略决策者，也知道"合于利而动"的道理，也口口声声说他的战略目标是依据"利"选择的，但实际上却是错误的，并不符合国家或集团的利益。这就需要我们在选择战略目标和确定是否采取战略行动时，对"利"进一步剖析，掌握把握"利"的基本方法。如孙子前面所说过的一句话"故策之而知得失之计"，就是告诉我们，在进行战略决策时，要知道得到多少，失去多少。这句话意思就是，所谓的"利"，是通过得失反映出来的，或者说，所谓的"利"就是得多而失少。在战略决策中，得与失是能够把握的。不过，战略上把握得与失，不是做简单的数字游戏，而是从宏观和长远着眼，从国家或集团的根本需求出发，权衡利害，计算得失。

任何强大的敌人，都有利害攸关之处，只要抓住它，再强大的敌人也不得不听你的摆布。

面对气势汹汹的强大敌人，怎么办？一般人会心里发怵，不知所措。在孙子看来，这没有什么了不得，关键看你会不会对付他。孙子用了一种对话的方式，明确回答了这个别人看来很复杂而他看来很简单的问题，即把握好两点：一是"夺其所爱"；二是"攻其不戒"。任何强大的敌人，都有利害攸关之处，只要抓住它，再强大的敌人也不得不听你的摆布。我们在电影中会常常看到这样的镜头，一个弱者，抓一件宝贝，或者用刀逼迫一个人，常常会使一个武林高手束手无策，受命于自己。这件宝贝或这个人，就是这位武林高手的"所爱"。还有，"攻其不戒"，就是在对方力量没有准备或没有聚集的情况下攻击他。当你在他意想不到的时间、意想不到的地点出现，敌方肯定会出现孙子上面所说的"乱"，这种情况下，敌人的力量再强大，也难以发挥有效的作用，结果会被你轻易击败。做到这一点，除了正确选择时间和地点之外，还有一个重要因素就是速度，也就是孙子说的"兵之情主速"。"乘人之不及，由不虞之道，攻其所不戒也"，实际就是一个"奇"字。"奇"与"速"有着非常紧密的联系，没有"速"则没有"奇"，没有"奇"也就没有"胜"。

这里，我想特别强调，速度是力量与时间和空间发生关系时的一个范畴。当你的部队具有速度时，时间就会缩短，空间就会缩小，你就会通过速度获得在特定时间或空间上的兵力优势，你虽然整体上不算强大，但在具体的时空中你却是时时处处地强大。在我的印象中，曾经有一个汽车通过高速公路的统计。统计结果表明，当汽车的速度略有提高，通行量增大，就等于多修建一条高速公路。这就看出来，速度与效益有着多么大的关系。因此，看你的部队有没有战斗力，看你的竞争实力有没有克敌制胜的威力，其中一个重要的衡量标准，就是看你有没有速度。没有速度的部队，是没有战斗力的部队；不掌握速度的将军，是无法达成"攻其所不戒"的将军。凡是高明的将帅，没有一个不重视速度的，没有一个不掌握速度的。是速度，造就了神勇的军队，实现了将帅的奇谋，形成了用兵之理。

凡为客之道：深入则专，主人不克；掠于饶野，三军足食；谨养而勿劳，并气积力；运兵计谋，为不可测。投之无所往，死且不北。死，焉不得士人尽力。兵士甚陷则不惧，无所往则固，入深则拘，不得已则斗。是故不修而戒，不求而得，不约而亲，不令而信，禁祥去疑，至死无所之。吾士无余财，非恶货也；无余命，非恶寿也。令发之日，士坐者涕沾襟，卧者涕交颐。投之无所往者，诸刿之勇也。

孙子说：进入敌国境内作战的一般规律是，越是深入敌境，军心士气就越牢固，敌人越不能战胜我军。在丰饶的田野上掠取粮草，全军就会有足够的给养；注意休整减少疲劳，鼓舞士气积聚力量；部署兵力，巧设计谋，使敌人无法判断我军企图。把部队置于无路可走的绝境，士兵就会死而不退。既然士兵死都不怕，怎么能不尽全力而战呢？士兵深陷危险的境地反而不会恐惧，无路可走时军心反而会稳固，深入敌国军队反而不会涣散，到了迫不得已的时候士兵就会殊死搏斗。所以，处在这种情况下的军队，不用整治就会加强戒备，不用要求就会完成好任务，不用约束就会彼此团结，不用严令就会遵守纪律，再加上禁止迷信消除疑虑，他们至死也不会逃避。我军士兵没有多余的财物，并不是他们厌恶财物；不贪生怕死，并不是他们厌恶长寿。当作战命令下达的时候，士兵们坐着的泪湿衣襟，躺着的泪流满面。然而，一旦把他们投到无路可走的绝境，就会像专诸和曹刿一样勇敢。

本段中，"客"，古代称主动前往进攻的一方和在敌国境内作战的军队为客军。"死，焉不得士人尽力"是从《孙子校释》，多数版本为"死焉不得，士人尽力"，虽然语句整齐，但意思不通。"是故不修而戒"，十一家注本"故"下有"其兵"二字，汉简本没有，从《孙子校释》。"禁祥去疑"，祥，吉凶的预兆，言禁止迷信和谣言之事，避免士兵疑虑。"士坐者涕沾襟，卧者涕交颐"，在多数版本为"士卒坐者涕沾襟，偃卧者涕交颐"，多了"卒"字和"偃"字，本书从《孙子校释》，因为汉简本没有这两个字。"颐"是指脸颊、腮。"投之无所往者"，比多数版本多一个"者"字，与汉简本同。"诸刿"是指古代的两位勇将。诸，专诸，春秋时期吴国的勇士；刿，曹刿，春秋时期鲁国的战将。

孙子在这一段集中论述了军队越境作战的一个突出问题——"深入则专"。也就是说，士兵们越是深入了敌国的境内，组织纪律性就越强，勇敢的精神就越多，战斗力也就越是增大。这对孙子在上面所说了问题恰好形成了反证，即军队离自己的家乡越近，组织纪律越差，怯懦的情绪越重，战斗力也就越削弱。为什么会有这种现象？这恐怕是一个很高深的心理学问题，需要专业的人士来解答。但通过孙子揭示的现象可以看出，一般人面对死亡时都是恐惧的，会"涕沾襟"，会"涕交颐"，但是，当他真正处在即将死亡的绝境时，也就是说真正面对死神时，他反而会无所畏惧了。用孙子的话说，"无余命，非恶寿"，他们并不是不怕死，而是求生的本能激励了他们的像专诸、曹刿一样的勇敢精神，因为他们知道，拼死一战，有可能生，否则就只有死路一条。俗话说，置于死地而后生，就是这个道理。中国历史上"背水一战"的战例，就是这种思想的妙用。我们上面举过的青蛙试验，也能够对这一问题做最好的说明。

在这里，孙子的"深入则专"的思想，告诉我们一个非常深刻的哲学道理——物极必反，当人们对死亡的恐惧超过了极限时，反而什么都不怕了，什么也都无所谓了。在这种情况下，一些弱小者，会变得非常强大；一些怯懦者，会变得非常勇敢；一些不可能发生的事情，则有可能发生。我们可以用大家所熟悉的"亡命之徒"、"困兽之斗"、"破罐子破摔"、"光脚的不怕穿鞋的"等语言，来形象地理解这个哲学道理。所以，孙子特别强调避免把敌人逼到这种状态上，要"围师必阙"，"穷寇勿迫"。我们可以想像，在冷兵器时代，如果把敌人逼急了，逼疯了，将会是一种什么样的状况。就我们广义的竞争范畴而言，通常情况下，不要把对手逼入绝境，要留有余地。在这个地方能够看出，中国人"胜"的理念与西方人不同，中国人以迫使对方屈服接受条件为目的，并不是将他们完全消灭，一解心头之气。西方的许多战争，如普法战争和第一次世界大战，就是不给战败者留有余地，将他们逼入绝境，故而埋下了以后更大规模冲突的隐患。就商战来说也是一样，当你把竞争对手逼急了，反而会把他逼强了，使你更难对付。所以说，把对手逼到一个什么程度上，这是一个战略上"用度"的问题，有很大的学问在里面。

故善用兵者，譬如率然；率然者，恒山之蛇也，击其首则尾至，击其尾则首至，击其中则首尾俱至。敢问：兵可使如率然乎？曰：可。夫吴人与越人相恶也，当其同舟而济，其相救也，如左右手。是故方马埋轮，未足恃也；齐勇若一，政之道也；刚柔皆得，地之理也。故善用兵者，携手若使一人，不得已也。

孙子说：善于用兵作战的将帅，能使部队行动像"率然"一样。"率然"就是恒山上的一种蛇。打它的头，尾就来救；打它的尾，头就来救；打它的腰，头尾都会来救。请问：能够使部队像"率然"那样吗？回答是：可以。吴国人与越国人虽然互相仇视，但当同舟共济的时候，也会相互救助，团结得像一个人的左右手那样。所以，想用缚住马匹、深埋车轮的方法，显示死战的决心来稳定部队，是靠不住的。要使部队上下齐力同勇如一人，在于管理教育有方。要使作战刚柔皆得，是充分利用地形的结果。所以善于用兵的人，能使全军携起手来像一个人一样，这是因为客观形势迫使部队不得不这样。

本段中，"方马埋轮"，指并列拴住马匹，埋下车轮，做坚守准备，同时也是古代作战稳固军心的方法。关于"兵可使如率然乎"，许多版本没有前面的"兵"字，有此字意思更为全面，故从《孙子校释》。关于"当其同舟共济"，在许多版本的此句后有"遇风"，汉简本没有此二字，从《孙子校释》。

孙子认为，战略空间的把握，必须考虑自己军队的协同，军队部署则要成为一个严密的整体。孙子将其形象比喻为一种名叫"率然"的恒山之蛇，首尾相接，首尾相顾。部队这种作战状态，是军事将领所追求的一种理想的状态。任何一位军事将领都特别希望他的部队能像"率然"一样，具有完美的整体感和协调感。在军事将领们看来，部队不仅要管理有序，行动迅速，而且要协同一致。无论遇到什么情况，整个部队都能够围绕着一个目的统一行动，首尾相接相至，浑然为一体。用现代的术语来说，这种类似"率然"的整体协同，绝不是一般意义的协同，而是依靠内部机制而形成的自组织式的协同。当情况出现时，无须号令，无须管束，大家都知道该怎样做，朝哪个方面做。从广义上说，在当今激烈竞争的情况下，不确定因素增多，控制单元的数量增大，更需要"率然"这种自组织式的协同。如何实现这种协同，已经成为现代战略研究的一个重要内容。

如何使部队行动像"率然"那样，孙子对此做了明确的回答。他认为，高明的将帅，善于利用地形，利用军队所处的位置，造成军队共同的危机感，激发士兵强烈的求生本能，从而产生强大的战斗力，形成如同一人的整体协同能力。孙子告诉我们，除了要加强部队平时管理教育和协同训练之外，关键是在战时要将部队置于一种客观的特定的处境之中。这种处境，能够使仇人变为亲友，使弱者变为强者，使不遵守纪律的人变为遵守纪律的人，使不自觉行动的人变为自觉行动的人，使许多不相干的人突然凝聚成一个人。孙子所说的"同舟而济"就是这样的处境，患难使人们联结为一体。在日常生活中，我们也会看到这种现象，突发的情况，面临的险境，会使许多有矛盾的人聚在一起，会使许多昔日的对手变为朋友。是什么使他们走到一起，是共同的利益。他们并非一定想在一起，而是由客观情况所导致的共同利益迫使他们不得不在一起。当今战略家们所关注的一个重大问题就是：发现共同利益，通过寻找或者制造某种客观的处境来显示这种共同利益，从而结成牢固的联盟。

孙子所说的"刚柔皆得",是一个重要的战略思想,不能像人们通常理解的那样,是使强弱不同的士卒都能发挥作用。通篇来看,孙子讲的"刚"并非专指"强",而"柔"更并非是"弱"。"刚"与"柔",是部队作战不可缺少的两个方面,只有"刚柔皆得",部队才能够像"率然"那样行动。部队作战,既有"刚"的一面,同时也要有"柔"的一面。有时则"刚",如同蛇的攻击;有时则"柔",如同蛇规避。在孙子看来,实现"刚柔皆得",要看当时的条件,尤其是地形条件,也就是说,部队作战的刚性或柔性,要通过对地形的利用才能够体现出来。

将军之事,静以幽,正以治。能愚士卒之耳目,使民无知;易其事,革其谋,使民无识;易其居,迂其途,使民不得虑。帅与之期,如登高而去其梯;帅与之深入诸侯之地,而发其机;若驱群羊,驱而往,驱而来,莫知所之。聚三军之众,投之于险,此谓将军之事也。

孙子说:统帅军队,要冷静而深隐,公正而严明。要能蒙蔽士兵的视听,不让他们知道他们不该知道的事情;变更作战部署,改变原定计划,使人们无法识破作战企图;经常改换驻地,故意迂回行进,使人们无法做出推测。主帅给部属下达任务,并断其退路,就像登高后抽去梯子一样;主帅令士兵深入诸侯国内,就像击发弩机射出的箭矢一样,一往无前。对士兵要像驱赶羊群一样,驱过来,赶过去,而他们却不知究竟要到哪里去。聚集全军,置于险境,这就是统帅军队要做的事情。

本段中,关于"将军之事,静以幽,正以治","静"指沉着冷静,"幽"指深隐难测,"正以治"指公正而治理严明。"使民无知"中的"民",多数版本为"人",本书从《孙子校释》,因为汉简本为"民"。"发其机"指将帅带领部队深入敌境后,像扣动弩机射出的箭矢一样,使士兵一往无前。十一家注本在此句后有"焚舟破釜"四字。

孙子认为,要使自己军队产生严密协同的整体作战效果,必须冷静思考,高深谋划,严格治军。将帅要知道如何根据不同地形而变化,要知道在不同地形上力量部署的利弊,要知道在不同地形上士兵们的心理反应。这样,将帅就可以将军队变成一个严密的整体,像一个人一样,并根据战场的情况,做出所要求的动作。

如何做到这一点？孙子在这段话中着重谈了两个方面的要求：一是要"投之于险"，"而发其机"，使士兵们拼命冲杀，勇往直前。关于这一点，前面已有大量的论述。二是要"易其事"，"迂其途"，掌握好哪些事情应该让士兵们知道，哪些事情不应该让士兵们知道，甚至让他们猜都猜不到。关于"使民无知"和"使民无识"，许多版本解释为单纯地蒙蔽士兵，这不完全正确，因为将帅统军时，不可能也无必要将士兵全部蒙蔽住，只是掩盖那些不应该让士兵们知道的事情，而有些事情，譬如说他们遇到了险境，不仅要让他们知道，而且还要大加渲染，只有这样，士兵们才会知险而力战。

应当指出，孙子在这里有着明显的封建社会所不得不采用的"愚兵"政策。孙子的治军思想，有许多是建立在士兵不自愿的基础上，是建立在士兵避害求生的消极基础上，是建立在士兵本能反应不得已而为之的基础上。由此，在孙子看来，指挥部队，就像驱赶羊群一样，必要时，还要采取一些欺骗蒙蔽的手段，采取一些"上房抽梯"的损招。用现代的观点来看，这些做法已经不适宜了，不符合现代社会"人本"和"人性"的要求，与现代的管理方式不相匹配，我们对此应当认真鉴别，去其糟粕成分。

在这段话中，孙子对将帅指出一个明确的要求，就是"静以幽，正以治"。我们特别要注意"静"和"幽"这两个字，它们包含着非常深刻的涵义，反映了道家的一种修养，反映了中国兵家与西方明显不同的一种境界，反映了一种高深的以静制动的统帅品质。战略家的冷静，特别表现在他在什么时候（无论是成功还是失败）都从不急躁，从不狂热，而是始终保持清醒的头脑。战略家的冷静，是一种理智的冷静，从不掺杂过度的个人感情。战略家的冷静，表现在他善于把复杂的问题简单处理，能够把激化的问题冷处理。战略家的冷静，表现在他能够承受常人感觉不到并且无法承受的巨大压力，具有一种常人所不具备也无法理解的沉着和稳健。

战略家的这种冷静，不仅表现在战场上，而且大量表现在商场上。我记得在一部对中国企业家访谈汇编的书中，有一段描写海尔老总张瑞敏的话，专门谈到了他的冷静。这段话是这样说的："我对张瑞敏的另一个感觉是：冷静，这一点延伸到他处理任何事情，任何时候都出奇地冷静，甚至是冷静得可怕，不管是成功还是失败的时候。张瑞敏的成功伴随着这种冷静，做任何一件事他都经过冷静的分析。在对每

十一、九 地 篇

件事做出判断的时候，感情已经起不到任何作用。这是张瑞敏的个性，也是海尔的个性，张瑞敏最成功的就是把冷静溶入到企业的个性当中，使海尔十几年的发展一直是平稳而快速。我们不能说海尔的发展速度是最快的，但起码海尔能保证：由于它冷静对待自己，对待机遇和困难，因此海尔没有过大的失误。在市场经济尚不很成熟的今天，成与败的机会是并存的。胆识固然重要，但能否冷静判断走到身边的每一个机会，是企业家最基础的能力。"

九地之变，屈伸之利，人情之理，不可不察也。凡为客之道，深则专，浅则散。去国越境而师者，绝地也；四彻者，衢地也；入深者，重地也；入浅者，轻地也；背固前隘者，围地也；无所往者，死地也。是故散地，吾将一其志；轻地，吾将使之属；争地，吾将趋其后；交地，吾将谨其守；衢地，吾将固其结；重地，吾将继其食；圮地，吾将进其途；围地，吾将塞其阙；死地，吾将示之以不活。故兵之情，围则御，不得已则斗，过则从。

孙子说：九种地形的不同处置，攻防进退的利害得失，官兵上下的不同心理状态，这些都是将帅不能不认真研究和考察的问题。进攻作战规律是：进入敌国境内越深，军队的聚集力就越强；进入敌国境内越浅，军队就越容易涣散。离开本国进入敌境作战的地区为"绝地"，四通八达的地区为"衢地"，深入敌国纵深的地区为"重地"，进入敌国浅近纵深的地区为"轻地"，背后有险地前面有隘路的地区为"围地"，无路可走的地区为"死地"。因此，在"散地"上，我要统一军队的意志；在"轻地"上，我要使军队绝对服从管制；在"争地"上，我要使后续部队尽快跟上；在"交地"上，我要谨慎防守；在"衢地"上，我要巩固与邻国的联盟；在"重地"上，我要继续补充粮食；在"圮地"上，我要迅速通过；在"围地"上，我要堵塞受敌威胁的缺口；在"死地"上，我要显示决一死战的信念。所以，士兵们通常的心理反映是，被包围时会坚决抵抗，迫不得已时会拼死战斗，深陷危境时会听从指挥。

本段中，"四彻者"的"彻"，许多版本为"达"或"通"，按《孙子校释》的解释，汉简本此字为"𢾿"，即今"彻"，汉代为避武帝讳而改此字，现按汉简本改回。"吾将使之属"的"属"，许多版本没有将孙子的意思表达清楚，这里所强调的意思不完全是部队的联结，而是强调部队要绝对服从我管制，以防止士兵逃散。关于"围地，吾将塞其阙"，许多版本只是简单解释为塞住缺口，不通，应当先堵塞住受敌威胁的缺口，为我尔后谋划突围创造条件，这与前面孙子说的"围地则谋"一致起来。也有古人将此解释为"意欲突围，示以守固"，意思是"塞其阙"是为尔后突围激励士气，制造假象。"过"是指深陷危境。

孙子在本段开始所说的"九地之变，屈伸之利，人情之理，不可不察也"，是他对所有"将军之事"上升到战略层次、哲学层次的高度概括，有着非常普遍的指导价值，可以适用于各个竞争领域之中。这句话，是本段的一个提示性的语句，是本段所有内容的一个结论。我们仔细分析一下本段的内容，实际上就是综合论述"九地之变"、"屈伸之利"、"人情之理"这三层意思。我们可将其归结为"将军三察"，也就是"将军之事"所要考察的三个基本问题。我所见到的所有版本，均将此句话放在上一段，而我认为放在此段的开头比较合适。这样，本段读起来，能够扣题，与上段以及第一段的逻辑关系也比较清晰。另外，将这句话放下来，上一段的结尾"此将军之事也"与开始的"将军之事"能够首尾呼应，保持了上段中心思想的齐整；本段后面的"兵之情"也自然与对前面的"人之情"首尾呼应。

孙子在本段又对"九地之变"加以论述。从表面上看，这段与第一段有重复，如果认真分析一下能够发现，孙子论述的虽然还是"九地"，但侧重点不同。第一段主要分析了"九地"的类型和作战利弊，而本段侧重于阐述"将军之事"即我们现在所说的作战指导，而这一作战指导正是基于"九地之变"、"屈伸之利"和"人情之理"综合分析基础上形成的。并且，孙子是作为统兵的主帅用第一人称"吾"来阐述的。最后，孙子将阐述落于"兵之情"上，提出了"兵之情"的三个基本的规律性的认识，即"围则御，不得已则斗，过则从"。

按照我们上面所说的思路和把握的角度，对孙子的这段话的具体理解，难度不算很大，每个读者大致能够吃透其中的要义，无须再详细解释。不过，我想特别提醒大家注意"深则专，浅则散"这句话。这句话，说出一个普遍性的真理，它不仅表现在部队的越境作战方面，还表现在其他许许多多方面。试想一下，我们从政、经商、求学、交友，哪一样不都要体现于孙子所说的这句话上。这句话，完全可以作为我们的座右铭，时时刻刻提醒我们该怎样做。尤其在当今某些浮躁的领域和氛围中，孙子的这句话更有一种特殊的警示作用。

是故，不知诸侯之谋者，不能预交；不知山林、险阻、沮泽之形者，不能行军；不用乡导者，不能得地利。四五者，一不知，非王霸之兵也。夫王霸之兵，伐大国，则其众不得聚；威加于敌，则其交不得合。是故，不争天下之交，不养天下之权，信己之私，威加于敌，故其城可拔，其国可隳。施无法之赏，悬无政之令，犯三军之众，若使一人。犯之以事，勿告以言；犯之以害，勿告以利。投之亡地然后存，陷之死地然后生。夫众陷于害，然后能为胜败。故为兵之事，在于顺详敌之意，并敌一向，千里杀将，此谓巧能成事者也。

孙子说：不了解诸侯各国的战略图谋，就不要与之结交；不熟悉山林、险阻、湖沼等地形，就不能行军；不使用向导，就不能得到地利。这几方面，有一方面不了解，都不能成为王霸的军队。凡是王霸的军队，进攻大国就能使敌方的军民不能够聚集抵抗；兵威加在敌人头上，就能使它的盟国不能配合策应。因此，不必争着同天下诸侯结交，也不必在各诸侯国培植自己的势力，只要发展并坚信自己强大的实力，把威力加在敌人的头上，就可以拔取敌人的城池，毁灭敌人的国家。施行超越惯例的奖赏，颁布打破常规的号令，指挥全军就如同指挥一个人一样。赋予作战任务，但不告诉其中的意图。赋予危险的任务，但不指明有利的条件。把部队投入亡地后方可保存；当部队陷于死地后方可生还。这因为，当军队陷于非常危险的境地时，反而有可能转败为胜。所以，从事战争，在于谨慎地观察敌人的意图，集中兵力于主攻方向，千里奔袭，斩杀敌将，这就是所谓通过巧妙用兵而达成制胜目的的做法。

本段中，"不能预交"的"预"，从《孙子校释》。"四五者"，颇让人费解，也很有意思，学者们争论较多。多数专家认为是"九"，故四加五为九的意思。有的古代学者认为，这是"此三者"之误，因为"此"字声近"四"，"三"字形近"五"。用"此三者"，与上文贯通。还有古代学者说："以四加五为九，然古人文字，向无此体例，且近于儿戏，不可从也。"本书依《孙子校释》，从后一种说法。关于"犯之以害,勿告以利",与其他版本的"犯之以利,勿告以害"恰好相反,本书按《孙子校释》,从汉简本,依此义解释与下面"陷之死地然后生"一致。"隳",按古人解释"隳,坏也",意为毁灭,音"恢"。"此谓巧能成事者也"依《孙子校释》,与其他版本不同。

孙子在这一段中仍然在讲"九地之变"、"屈伸之利"和"人情之理",仍然在这"三察"的基础上讲"将军之事"。不过,这里突出了两个重点,其中蕴涵非常丰富和极为深刻的战略思想。我们下面详细讨论这两个重点。

第一个重点是讲如何与诸侯国打交道。因为在"九地"中有"衢地","衢地则合交","衢地,吾将固其结"。这是一个大战略的问题。孙子在此阐述的思想非常适用于现代的外交领域。在孙子看来,与其他国家打交道,并不需要主动结交它,或者在别国境内培植势力,而在于"威加于敌"。从现代战略的角度理解,"威加于敌",反映的就是战略威慑,这与孙子前面所说的"不战而屈人之兵"的思想有联系。

以孙子之见,实现"威加于敌",必须据"王霸之兵"。什么是"王霸之兵"?这需要对中国传统的"王霸"思想有所了解。在中国古人的战略著述中,有"王"、"霸"、"强"的说法。按照荀子解释:"王夺之人,霸夺之与,强夺之地。夺之人者臣诸侯,夺之与者友诸侯,夺之地者敌诸侯。臣诸侯者王,友诸侯者霸,敌诸侯者危。"(《荀子·王制》)由荀子的这段话可以看出,所谓"王",就是能够得人心,使诸侯们臣服;所谓"霸",就是掌握他人所需的东西,也就是孙子所说的他人之所爱,有着与他人的共同利益,使诸侯们主动交好与自己。那么,所谓的"王霸之兵",就是占据有道义优势和利益优势的军队,就是能够使诸侯们主动臣服和示好的军队。用这样军队去攻打敌国,敌国的民众不会聚集起来抵抗;用这样军队去向诸侯国示威,这些国家就不会背叛你而结交其他国家。

在结交诸侯国方面,孙子还有一个十分重要的战略思想,这就是"信己之私"。关于"信己之私",有两种解释:一种是相信自己的力量,不求助于他国;一种是伸张自己的战略意图,发展自己的势力,因为古文中"信"有"伸"义。这一思想的基本涵义就是:无论做什么事情,无论与什么人打交道,首先要把自己的事情做好,要首先使自己强大起来,要使自己具有别人所信服的道义和实力。有了这种道义和实力,你就不必再去主动去讨好什么人,也没有必要用什么伎俩去损害什么人,别人会主动地来结交你,因为你值得别人结交,或者别人不得不与你结交。这就是现代战略所特别强调的"求其在我"的思想。这与孙子所说的"致人而不致于人","不可胜在己","恃吾有以待之"等思想一脉相承。

第二个重点是讲如何将军队变成"若使一人",这里面具体谈的是治军问题和力量运用问题。在这些问题上,孙子强调,治军要采取一些必要的超常规的做法,如"施无法之赏","悬无政之令"。不过,这种超常规的做法是不能随便乱用的,否则它就不是超常规的了,也就产生不了特殊的作用。另外,孙子仍然强调军队在作战的时候,为了保持高度的凝聚力,必须"陷之死地然后生"。在这方面,孙子告诉我们一个具有普遍指导意义的深刻道理,就是"夫众陷于害,然后能为胜败"。在战争中,在激烈的竞争中,人的积极性和主动性最大限度地调动,往往不在顺利的时候,而在困难的时候,不在有利的时候,而在不利的时候,不在胜利的时候而在失败的时候。大量的实践经验可以证明,人的群体通常是在最困难的时候,最团结,最有战斗力。所以,我们在平时,一定要有忧患意识,要保持一种危机的压力,只有经常想到失败并为此做好准备的人,才会最大限度地减少失败。这就是孙子所说的陷于害而能转败为胜的深层涵义。这里面充满了中国古人关于"利"与"害"、"胜"与"败"的深邃的辩证思想。

在本段的最后,孙子对"为兵之事"也就是"将军之事"做了归纳,强调了谨慎观察敌情和集中兵力于主要方向。这些都是我们用兵作战所必须遵循的基本原则,也适用于其他竞争领域。在这里,我们要着重理解孙子说的"巧能成事"的"巧"字。这个字反映了中国战略思想的精髓。中国战略强调用巧力而不用蛮力,在运用力量时不迎面硬撞,而是借势发力,"四两拨千斤"。这就需要在运用力量时,充分调动将帅的智慧,懂得虚实,懂得迂直,懂得奇正,懂得借助天时地利,关于这些,孙子在前面已经做过详细的阐述。

是故,政举之日,夷关折符,无通其使;厉于廊庙之上,以诛其事。敌人开阖,必亟入之。先其所爱,微与之期。践墨随敌,以决战事。是故,始如处女,敌人开户;后如脱兔,敌不及拒。

孙子说:因此,决定战争行动的时候,就要封锁关口,销毁通行证件，不许敌国使者来往；在庙堂再三谋划，做出战略决策。敌方一旦出现间隙，就要迅速乘机而入。首先夺取敌人的战略要地，但不要轻易约期决战。破除成规，因敌变化，灵活决定自己的作战行动。因此，战争开始之前要像处女那样沉静，诱使敌人戒备松懈，暴露弱点；战争展开之后，要像脱逃的野兔一样迅速行动，使敌措手不及。

本段中，"夷"意为削平，毁灭，引申为封锁。"厉"，砥砺，意为反复推敲。"以诛其事"，在有的古代注本中为"以谋其事"，"诛"与"谋"形近，可能为误写。"阖"，指门扇。"微与之期"的"微"意为无。"践墨随敌"的"践"，通作"刬"，古人注："刬，除也。""墨"是指墨守成规，这四字的意思是避免墨守成规，随敌情变化而变化。

本篇的最后这段话，文字虽然不多，但却反映了大量战略问题，有战前保密的问题，战前决策的问题，战略时机把握的问题，战略要点夺占的问题，战略决战的问题，战略决策变化的问题，战略欺骗的问题，以及战略突袭的问题。对这些问题，孙子都有明确的回答，即战前要高度保密，不能走漏一丝风声；要运筹于帷幄，认真进行战略决策，做好充分准备；盯住敌人动向，捕捉有利时机，迅速采取行动；行动的当务之急是夺取战略要点；不待时机成熟，不与敌人决战；将帅的战略决心和决策，不能墨守成规，要因敌而变；战前要进行战略欺骗，能而示之不能，诱敌于无备；一旦开战，实施迅速而猛烈的战略突袭，击敌于不及。这些战略问题的阐述，有着内在的逻辑顺序。孙子在此按照战争准备与实施的整个展开过程及其逻辑关系，描述了"将军之事"所要把握的基本要点，可以说是字字真经。如果有战争经历或竞争经验的人，无论把孙子其中所说的那一句话单独拿出来，仔细研究琢磨，都会有种彻悟的感觉，都会对你今后克敌制胜有很大的帮助。

全面掌握孙子这段话的核心思想，需要把握"静"与"动"两个字以及它们之间的辩证关系。在战前准备的时候，在战场没有出现有利时机的时候，一定要"静"，"静"得就像一个大姑娘，沉静无言，纤弱无力，使任何人都不会感到威胁。当你准备充分的时候，当你决心采取行动的时候，在战场上出现有利时机的时候，一定要"动"，"动"得就像奔跑的野兔一样，动得要快，动得要猛，使任何人都来不及防备。孙子这一思想与其前面所谈的"势险而节短"的思想有联系，用现代战略术语说，这是一个把握战略节奏的问题。无论是战争，还

十一、九 地 篇

是其他竞争领域，都存在一个"静"与"动"的问题，存在一个"张"与"弛"的问题，存在一个节奏把握的问题。有时候要"静"，有时候要"动"，什么时候"静"，什么时候"动"，"静"到什么程度，"动"到什么程度，采取什么方式"静"或"动"，这都是将帅们在临机把握的问题，并由此体现出他们的统帅指挥艺术。我想通过孙子这一思想提醒大家，当你与一个高手对阵的时候，他突然静了下来，静得像一个大姑娘，这或许就是一个最可怕的征兆，因为随之而来的是他对你的迅猛甚至有可能是致命的一击。

十二、火攻篇

孙子在这一篇中主要谈到如何用火的战法。这种作战方法,体现了中国古代巧妙借助自然力量战胜对手的战略思想。三国时的"火烧八百里连营"的战例,使人记忆犹新。还有一个大家熟悉的例子,就是三国时期的赤壁大战。在这场战争中,吴蜀两国借用火战胜了强大的魏军。这种方法,在古代是适用的,但在现代战争中不多用了。不过,中国古代借自然之力为我所用的战略思想,仍然有其现实价值,应当根据现实的具体情况,加以继承和运用。

孙子曰:凡火攻有五:一曰火人,二曰火积,三曰火辎,四曰火库,五曰火队。行火必有因,因必素具。发火有时,起火有日。时者,天之燥也;日者,月在箕、壁、翼、轸也。凡此四者,风起之日也。

孙子说:火攻的形式有五种:一是火烧敌军的人,二是火烧敌军的军需物品,三是火烧敌军的辎重,四是火烧敌军的仓库,五是火烧敌军的粮道。实施火攻必须有一定的条件,这些条件必须平时有所准备。放火要看准天时,起火要看准日子。天时是指气候干燥的时节。日子是指月亮运行经过箕、壁、翼、轸四个星宿的时候。月亮经过这四个星宿的时候,便是起风之日。

本段中,"火队"在解释中有不同的说法,一种认为是火烧敌人的队伍,一种认为是火烧敌人的粮道,因为古语的"队(隊)"通"隧"。关于"行火必有因,因必素具",多数版本解释为"行火必有因,烟火必素具",差别较大,本书从《孙子校释》,据因于汉简本。关于"凡此四者",许多版本为"凡此四宿者",因汉简本无"宿"字,故从之。箕、壁、翼、轸,是二十八宿中四座星宿的名称。古人认为,当月亮运行经过这四座星宿时,就会起风。

孙子在这里具体阐述了古时作战火攻的五种类型及其相关的运用要求。我们跳出火攻的局限，从广义上来思考孙子的阐述，同样可以得到一些非常有益的战略启迪。譬如说，我们作战或者竞争，都要借助外部的力量，也包括自然界的力量，这些力量的作用点，不能只有一个，而是要有多个，有的是作用于人本身，有的是作用于物资储备，有的是作用于敌方可利用的其他条件。我们在借助外部力量或外部条件时，还要考虑到制约这些力量和条件的那些力量和条件，这叫做"因外有因"，如孙子考虑火攻时的"时"和"日"。我们要想借助外部力量和条件，必须平时有所准备，有些需要准备的东西，平时就要想到，就要做到，否则，"时"来了，"日"来了，你同样借不到力。平时就要想到，需要将帅具有渊博的知识，上知天文，下知地理。你的知识越多，你比对手想到的外力就越多，你比对手借到的外力就越强。所以说，一名战略家，必须要比平常人懂得多，尤其是要精通自己所要借力的领域。

凡火攻，必因五火之变而应之。火发于内，则早应之于外。火发其兵静而勿攻，极其火央，可从而从之，不可从而止之。火可发于外，无待于内，以时发之。火发上风，无攻下风。昼风久，夜风止。凡军必知有五火之变，以数守之。

孙子说：凡是火攻，必须根据这五种火攻所引起的不同变化，灵活地派兵接应。从敌营内部放火，就要及时派兵从外部接应。火已经烧起但敌营仍然保持镇静，应持重等待，不可贸然进攻，应根据火势情况，可攻则攻，不可攻则止。火可以从外面放，就不必等待内应了，只要适时放火就行。从上风放火时，不可从下风进攻。白天风刮久了，夜晚就容易停止。军队必须懂得灵活运用这五种火攻形式，并等待放火的时日条件具备时实施火攻。

本段中，"火发其兵静而勿攻"依据汉简本，与许多版本不同。"极其火央"据汉简本改，许多版本为"极其火力"，古人解释："央，尽也。"这句话是说"尽其火势"。"不可从而止之"据汉简本改，许多版本为"不可从则止"。"凡军必知有五火之变"比其他版本多一个"有"字，从《孙子校释》。"以数守之"的"数"，是指月亮经过上面四星宿的准确日期。

孙子在这一段主要论述了如何根据火攻情况来具体部署和运用

自己的兵力。作为一名古代的军事家，只会放火，不会用兵，还是等于没有掌握火攻的战法，达不到作战目的。在这一段，我们要着重理解孙子的三个思想：一是要使自己的力量与所借的外力配合起来，这样才能形成合力，增强作战的效能。聪明的将帅，不仅会借力，而且会用力，会将自己的力量同外部力量和外部条件恰到好处地结合起来。蠢笨的将帅，借到力而不会用力，反而会被外力伤了自己，结果适得其反。二是做事不要勉强，如孙子所说"可从而从之，不可从而止之"，有把握能够做的事情就去做，没有把握不能做的事情就不要去做，千万不能在条件不成熟的时候和自己没有把握的时候，硬是强求某件事。这样做的结果，要么是碰得头破血流，要么是得不偿失，弊大于利。三是掌握规律，待机而动，这就是孙子说的"以数守之"。这里的"数"，我们可理解为规律。所谓规律，就是事物内在的联系和发展的必然趋势，它在自然界和人类社会中是客观存在的，并且可被重复验证。我们只要认识规律，掌握规律，我们就可通过精确计算和推测，在规律显示的时候，驾驭规律，获得我们预期的战果。

故以火佐攻者明，以水佐攻者强。水可以绝，不可以夺。

孙子说：用火辅助军队进攻，效果明显；用水辅助军队进攻，可以使攻势加强。水可以把敌军分割隔绝，但不能焚毁敌军的军需物资。

本段中，"夺"是指焚毁的意思。有的古代学者认为，"不可以夺"应是"火可以夺"，因为"不"与"火"形近易误。

按照许多版本的分段方法，这一段话，不是放在上一段，就是放在下一段。《孙子校释》将这一段单独成立，我认为是对的。这一段话是独立的一个意思，与上下两段的段落大意有差别，放在上段或下段都很勉强。

孙子在此运用了一种比较的方法，来阐述火攻的作用和威力。在古代的军事家们看来，火与水，都是军队作战不可不依重的辅助力量，但又是作用和威力不同的两种力量。因此，将帅们要根据作战的需要来组织火攻或水攻，"夺"则用火，"绝"则用水，或者将两者综合起来运用，既"明"又"强"，从而获得更大的作战效果。

十二、火攻篇

夫战胜攻取，而不修其功者，凶，命曰费留。故曰：明主虑之，良将修之。非利不动，非得不用，非危不战。主不可以怒而兴军，将不可以愠而致战。合于利而动，不合于利而止。怒可复喜，愠可复悦，亡国不可以复存，死者不可以复生。故明君慎之，良将警之，此安国全军之道也。

孙子说：凡是打了胜仗，夺取了土地城池，而不能巩固战果的，则很危险，这就叫做浪费钱财的"费留"。所以说，明智的国君要慎重地考虑这个问题，贤良的将帅要认真地处理这个问题。没有利的时候不可行动，没有得胜把握的时候不能用兵，不到十分危险的时候不能致战。国君不可因一时愤怒而发兵，将帅不可因一时气忿而求战。符合国家利益时才行动，不符合国家利益时就停止。愤怒还可以重新变为欢喜，气忿还可以重新变为高兴；国亡了就不能复存，人死了就不能复生。所以，对于战争，明智的国君要慎重，贤良的将帅要警惕，这是安定国家和保全军队的重要原则。

本段中，"夫战胜攻取，而不修其功者，凶"，在许多版本中此句不断开，本书从《孙子校释》。"费留"，指耗费钱财，白白浪费。"主不可以怒而兴军"的"军"，在许多版本中为"师"，本书从《孙子校释》，以汉简本为准。"愠"，音同"运"，怨愤，恼怒。

我们要注意的是这一篇的最后一段话。这段话很重要，带有总括性质，很有气势。有专家认为，这一段像是整个《孙子兵法》全书的结尾，怀疑有人在后来整理这部兵书时，将《用间篇》与《火攻篇》搞颠倒了。在这一段中，孙子非常精辟地说道："非利不动，非得不用，非危不战。"他强调，要从根本的利益出发，从得失利害出发，慎重考虑战争问题，不到非常危急的时候，不能轻易发动战争。在现代社会，我们要慎重地从国家根本利益出发分析和考虑问题，制止战争，坚决反对那些穷兵黩武的战争狂人。

在孙子看来，战争是要死人的，关系到国家的存亡，切不可轻率挑起战端。战端一起，将一发不可收拾，将不以人的主观意志为转移，它将按照自己的规律走下去，它所造成的损失是不可补救的。人们在战争问题上是没有后悔余地的。正如孙子所说的"亡国不可以复存，死者不可以复生"。德国皇帝威廉二世发动第一次世界大战遭到了失败。他20年后在侨居生活中偶然看到了《孙子兵法》一书，读到了孙子说的这段话。这位失位的国王大发感慨，说他如果在 20 年前读到这本书，就不会出现这样的结果了。

　　在战略决策中，一种违背"合于利而动"的举动，就是以冲动代替理智，以感情代替利益。在历史上，有许多战略统帅，在关键的时候情绪激动，拍案而起，不计得失，不合于利而动，结果招致了失败。在我国三国时期，刘备为了给关羽报仇，发兵攻打吴国，结果被陆逊火烧连营，打乱了诸葛亮的战略计划，导致了尔后的战略被动。这样的例子还有很多。所以，孙子说，战争的决策者千万不可感情用事，"主不可以怒而兴军，将不可以愠而致战"。我们应当牢牢记住孙子的这一提醒。

十三、用 间 篇

该篇的"间"字，就是指间谍。古文解释"间"为"隙"、"伣"等意，就是指窥测敌人的消息。孙子在这一篇主要论述了如何使用间谍（也称情报人员）来获得各种支持战争决策的情报资料。在孙子的战略思想中，"知"具有重要的地位。"知彼知己"、"知战之地"、"知战之日"，是孙子一贯强调的作战要求。在本篇中，孙子还专门指出"故明君贤将，所以动而胜人，成功出于众者，先知也"。"用间"是孙子实现其"知"的主要途径，是实现其"先知"的主要手段。

用现在的话来说，这一篇主要讲如何获取信息。没有信息，将帅不能知，军队不能动，其决策和目标都带有盲目性，这怎么能获得胜利呢？孙子早就为我们指明了信息的重要性，要求我们要比别人先获得信息，先得知情况，从而抢占先机，掌握主动。古今中外大量事实表明，成功者，大都是先知者。在当今信息时代，在现代信息化战争中，孙子的"用间"思想有着更加贴近现实的指导意义，被当代的战略决策者们所倍加重视。

孙子曰：凡兴师十万，出征千里，百姓之费，公家之奉，日费千金，内外骚动，怠于道路，不得操事者，七十万家。相守数年，以争一日之胜，而爱爵禄百金，不知敌之情者，不仁之至也，非民之将也，非主之佐也，非胜之主也。故明君贤将，所以动而胜人，成功出于众者，先知也。先知者，不可取于鬼神，不可象于事，不可验于度，必取于人，知敌之情者也。

孙子说：凡是兴兵十万，出征千里，百姓的耗费，公家的开支，每天要花费千金；前后方动乱不安，民伕士卒奔波疲惫，不能从事正常耕作的有七十万家。双方相持数年，是为了决胜于一旦，如果吝惜爵禄和金钱，不肯用来重用间谍，以致因为不能了解敌情而导致失败，那就是不仁到了极点。这种人不配做军队的统帅,算不上是国君的辅佐,也不可能是胜利的获得者。明君、贤将,其所以一出兵就能战胜敌人,得到的成功超出众人,就在于先知。要先知,不可求鬼神臆测,不可靠象数占卜,不可观天象推卦,必须依靠人,依靠那些了解敌人情况的人。

本段中,"不可操事者,七十万家"中的"操事",指操作农事,这句话意思是,不能正常耕种的农家有七十多万。"不可象于事",指不可以相似的事物做类比。有专家认为,"象事"是指中国古代的"象数之学",此句的意思是,不可以象数占筮。"度",天象的度数,具体指日月星辰运行的位置。

孙子在这一段主要强调了获得情况和使用情报人员的重要性。孙子并没有用简单的论述方法来谈这一点,而是通过列举大量的战争耗费来谈这一点。通过大量的战争耗费,孙子实际上是在告诉我们:事先获得准确可靠的情况,获得战略决策必需的信息,是非常重要的,关系到战争的胜利,关系到战争巨大的耗费是否付诸东流。这种思想与他前面一直强调的避战争之害获战争之利的思想是一致的。在我们大量以往战争或其他竞争中,因情报不准、信息不明而失败的实例有很多。一份情报,一个信息,在有些人看来,并不起眼,尤其在危险不明显的时候,或者将帅们注意不够时,简直是一文不值。可是,一到关键时候,到了需要的时候,有的将帅想到了它,想到了自己从前看到过一个情报,看到过一个信息,得到过某些提醒,但往往为时已晚,结果导致了成千上万的巨大损失。美国兰德公司在朝鲜战争前,向美国国防部提交了一份研究报告,准确预测了朝鲜战争中国出兵情况,要价为30万美元,但被美国官方束之高阁,结果美国在这场战争中耗费了400亿美元,赔上了近40万美军士兵。所以,我们无论做什么事情,在决策和行动之前,一定要掌握情况,掌握必要的信息,特别是对支持主要判断结论的那些情况和信息,掌握得越准确、越详细越好。

获取情报,是要付出代价的,用现代的话说,信息本身也是有价值的。有时候,你要付出代价还很大。因此,孙子特别强调要舍得对情报工作投入,要重视那些了解敌情的人,要重赏那些能够提供有价值情报的人。他特别指出,那些对情报人员酬劳斤斤计较的人,不是为民的将帅,不是君王的助手,不能够获得胜利。也就是说,是一帮废物，是一群无用之才。为什么？孙子的言下之意是说，他们连最简单的帐都不会算。战争要花多少钱？付给一个间谍人员能有多少钱？一个是"日费千金"，"内外骚动"，"不得操事者，七十万家"，一个充其量"爵禄百金"，究竟哪个划算？对于我们现在来说，孙子这些话不能说没有针对性。往往有许多决策者，眼光近视，只看眼前的小利，算不清长远的大利；只看局部的小利，算不清全局的大利；只看到付给某些人的小利，没有看到为整个事业带来的大利。这些人当然不配做统帅。但是，我们也要看到，孙子之所以特别强调这一点，是因为在平时做到这一点是有很大难度的，主要表现在有些情报信息的价值很难衡量，其真伪也不好辨别，将帅们很难下决心。即使将帅看到这些情报信息的价值，也很难说服其他人认同，也很难避免有些人的责怪。这种情况下，没有魄力的将帅往往瞻前顾后，难下决心。

孙子在此提出了"先知"，并指出高明的将帅之所以战无不胜、建功立业，关键就是先知。这里的"先"字很重要，就是强调先于敌人掌握信息，强调战略决策的预测性。如何先知？在中国古代常用求神占卜的方法。孙子特别反对这些方法。他主张通过了解敌情的人来实现将帅的先知。重"人"而不重"神"，体现了孙子朴素的唯物论思想。现代军事领域，求神占卜的先知方法已经销声匿迹了。所有的战争决策者都非常重视情报人员的培养，有专门的学校，也有专门的训练方式，并且也有大量经费予以保障。就连现代商战领域，也非常重视情报人员的培养，并且也设立了专门的学校。有的外国报刊报道：法国巴黎有所专门培养商战情报人员的学校，学习的课程参照军事情报人员的方法，任教的教官也均为从事军事情报教学的人员。这所学校的收费极高，要求学员的素质也极高，培养的学员在商战中发挥了很大作用，受到许多国际大企业的欢迎。

不过，我想在这里提醒大家一句，在现代信息爆炸的社会里，战略决策者需要借助情报，但绝不能完全依赖于情报，否则就会被情报所淹没，被信息所淹没。起决定作用的，是战略决策者的智慧，是他的主观判断，是他把握本质问题和必然趋势的敏锐眼光。他重视情报，但不迷信情报。他的先知方法，是从获得的情报中找出最有价值的东西为其所用，而不是盲目地被情报牵着走。什么都信，等于无信，等于无知。

故用间有五：有乡间、有内间、有反间、有死间、有生间。五间俱起，莫知其道，是谓神纪，人君之宝也。乡间者，因其乡人而用之。内间者，因其官人而用之。反间者，因其敌间而用之。死间者，为诳事于外，令吾间知之，而传于敌间也。生间者，反报也。

孙子说：间谍运用的方式有五种：有"乡间"、"内间"、"反间"、"死间"、"生间"。五种间谍同时都使用起来，使敌人莫知我用间的规律，这乃是使用间谍神妙莫测的方法，是国君胜敌的法宝。所谓"乡间"，是利用敌国乡人做间谍。所谓"内间"，是利用敌方官吏做间谍。所谓"反间"，是利用敌方间谍为我所用。所谓"死间"，就是制造假情报，并通过潜入敌营的我方间谍传给敌间（使敌军受骗，一旦真情败露，我方间谍不免被处死）。所谓"生间"，是探知敌人情报后能够生还的人。

本段中，"乡间"在许多版本中为"因间"，本书依据于《孙子校释》，主要考虑上下文一致。"神纪"，纪，理、道也，指神妙莫测之道。

孙子列举了五种"用间"的方式。第一个是"乡间"，就是通过老乡来打听消息，这个"乡"可从更大范围理解，不仅指老乡，还包括亲戚、朋友和各方面的熟人。第二个是"内间"，就是利用对方的官吏为我提供情报。这些官吏之所以能够为我所用，一是用金钱收买，二是通过其信仰或其对其当局的不满报复情绪。第三个是"反间"，就是利用敌方的间谍，一是抓起来后强迫其为我服务，二是发现他但不动他，让他在没有觉察的时候为我所用。第四个是"死间"，这是那种冒死将假情报传给敌人的情报人员。战争中，为了使敌方受骗，有时不得不付出一些人的生命代价。现代战争中，有一些利用敌军尸体做假情报的实例，也可以作为"死间"来理解。第五个是"生间"，就是我们平常所说的情报人员。这些人员虽说不一定非要以生命为代价获取情报，但处境也是相当危险的。孙子说的这五种"用间"方式，在古代大量运用，在现代也同样大量运用，只不过具体的表现形式不同而已。除此之外，我们还应看到，随着信息技术发现，大量高技术手段运用于情报收集，如天上的间谍卫星。这是我们在孙子"用间"思想基础上，应当特别关注和发展的新的"用间"领域。

通过孙子对"用间"方式的论述，我们可以发现，孙子并不是简单谈如何搜集情报，而是在组织一场信息大战，这里面除了"知敌"以外，还包括"欺敌"、"误敌"等许多内容。在未战之前，通过"用间"大战，使我知敌之形，而不使敌知我之形，这本身就掌握了制胜的主动权，为不战而屈人之兵创造了条件。由此可见，"用间"，绝不可简单就"间谍"、"情报"的字面来理解，而应当从一种战略对抗的高度来理解。这是一种特殊的战略对抗，对抗的结果将直接影响战争的胜负。现代战争，除了重视信息的获取之外，还十分注意信息的处理。这种处理不单指对信息的筛选，还包括对信息的扭曲，即制造虚假的情报。美国国防部就有专门制造假新闻的机构，并且设备和手段十分先进。

孙子在此段论述精彩的地方是"五间俱起，莫知其道，是谓神纪"。他讲的意思是，不要局限于一种"用间"的方法，而要同时采用多种"用间"的方法，使敌人难以察觉，防不胜防。这种"五间俱起"的"用间"方法实在是太有意思了，这里面充满了智慧，也充满了战略上的艺术。"五间"之间，相互配合，相互印证，有虚有实，有真有伪，有主有次，有先有后，有正向的也有逆向的，有上层的也有底层的，有的唱白脸也有的唱黑脸，有的以害逼之也有的以利诱之，总之，形成一个"用间"的网络体系，构成了一个精心组织"用间"战场。在这里，聪明的将帅，充分发挥自己的才智，导演出许多有声有色、惊心动魄的"用间"大战，在"知彼知己"的战略较量中先置敌于死地。

故三军之亲，莫亲于间，赏莫厚于间，事莫密于间。非圣不能用间，非仁不能使间，非微妙不能得间之实。微哉微哉，无所不用间也。间事未发，而先闻者，间与所告者皆死。

孙子说：所以在军队的亲密关系中，没有比间谍更亲近的，奖赏没有比间谍更优厚的，事情没有比间谍更秘密的。不是圣贤之人不能使用间谍，不是仁义之人不能指使间谍，不是精细之人不能辨别间谍提供情报的真伪。微妙呀，微妙！无时无处不在使用间谍。用间的事情尚未实施，先被泄露出去，那么间谍和听到秘密的人都要处死。

本段中，"非圣不能用间，非仁不能使间"，与其他版本不同，少了"智"和"义"两个字，此处按照《孙子校释》修改，依据于汉简本。

孙子指出，"用间"是一种特殊的领域，谍报是一种特殊的职业，间谍则是一些特殊的人物。这种特殊性充分体现于一个"密"字上，不能泄露一丝一毫，不能有半点马虎大意。这不仅关系到间谍的生命安全，而且关系到战争的胜败，关系到国家的安全。所以，孙子认为，对待间谍不能像对待其他人一样，要给予特殊的照顾，在奖赏方面应当是最优厚的，绝不能吝惜。君王、将帅与间谍的关系也应当是一种特殊的关系，是一种非常亲密的关系。孙子还指出，由于间谍具有这些特殊性，没有特殊能力的君王和将帅，是不能使用好间谍的，这些特殊能力体现在智慧、道义、处事作风等各个方面。孙子在此对使用间谍的君王和将帅提出了三个方面的明确要求，这就是"圣"、"仁"和"微妙"。

孙子用了一种文学的语言谈道："微哉，微哉，无所不用间也。"他为我们形象描绘了"用间"的普遍性。他告诫我们，"用间"要用到极致，无时不用，无处不用，无人不用。他同时也在提醒我们，要时时处处提防间谍的存在，间谍就在你的周围，你的每一句话或每一个疏漏，都有可能导致泄密，给军队和国家带来损失。现实已向我们展示了孙子所说的"用间"的普遍性。在军事领域，间谍战与反间谍战贯穿于战争的始终，渗透于各个军事领域。除了军事领域之外，"用间"作为一种获取信息的手段，也大量体现于其他竞争领域。在某些方面，商战领域的"用间"程度不亚于军事领域。经济情报具有极高的价值，"商业秘密"备受关注。经济情报人员作为一种职业也在受到企业家越来越多的重视。曾有一份商战资料报道说：美国的雅芳公司与玛丽凯公司是竞争对手。为了更深地了解竞争对手的战略计划，雅芳公司让公司的职员在玛丽凯公司总部外面的垃圾箱里进行"淘金"式的搜集，通过这种方式不断收集到其最大的竞争对手的资料。当玛丽凯公司发觉后，引发了一场法律战。为了证明垃圾和捡拾垃圾的合法性，雅芳公司使用摄像机来监测对方的垃圾搬运情况。结果，雅芳公司反而胜诉。

凡军之所欲击，城之所欲攻，人之所欲杀，必先知其守将、左右、谒者、门者、舍人之姓名，令吾间必索知之。

孙子说：凡是要攻打敌方军队，要攻占敌方城堡，要刺杀敌方官员，必须预先知道其主管将领、左右亲信、传事官员、守门官吏和门客幕僚的姓名，命令我方间谍必须探查清楚。

本段中，"谒者"是负责传达情况的官员。"舍人"是主将的门客及幕僚。

孙子指出，要想获得真实有价值的情报，必须进入到对方决策者的周围，必须接近周围的各类人员，必须利用周围的各种渠道。我们通常决策时，为了进一步了解对方的情况，往往不知道从何入手。有时候，从对方决策人物和决策机构周围进入，往往比直接进入，更容易成功，这也可以算是在"用间"上的"以迂为直"吧。周围人往往要比核心人物容易攻破，并且行动也比较安全。我们不要期望在现实中一下子把敌方最核心的机密搞到手。间谍片中大量窃取核心机密的镜头，那只是电影，而不是现实，现实中这种成功的机会是很少的。所以，我们只要通过自己的谍报人员大量了解敌人决策核心周围的情况，完全可以从中掌握到大量有关敌人动向的迹象。我们要大量结识敌方君主和将帅身边的人，或是利用他们，或是收买他们，通过他们了解到我们所要了解的敌情。这些君主和将帅身边的人，不只是一个，张三不行，我们就去找李四，总会找到突破口，如果顺利的话，我们的谍报人员还可能通过他们中的某些人直接进入到敌主帅的身边，直接获取最有价值的情报。

必索敌人之间来间我者，因而利之，导而舍之，故反间可得而用也。因是而知之，故乡间、内间可得而使也；因是而知之，故死间为诳事，可使告敌；因是而知之，故生间可使如期。五间之事，主必知之，知之必在于反间，故反间不可不厚也。

孙子说：必须搜查出前来侦察我军的敌方间谍，加以收买，再行劝导，然后放回去，这样我可将其作为"反间"而用了。由于使用了"反间"，这样"乡间"、"内间"就可以为我所用了；由于使用了"反间"，这样就能使"死间"传假情报给敌人；由于使用了"反间"，就可以使"生间"按预定时间回报敌情。五种间谍的使用，君主都必须了解掌握。了解情况关键在于使用"反间"，所以对"反间"不可不给予优厚待遇。

本段中，"导而舍之"的"舍"意思为放弃、放走。

在五种"用间"的方法中，孙子特别强调用"反间"。通过"反间"，可以充分利用"乡间"和"内间"，因为"反间"是从敌国派来的，在敌国境内有大量的老乡和官吏朋友可供利用。通过"反间"，可以积极配合"死间"，将假情报传给敌人，并使敌主帅相信。通过"反间"，可使"生间"按时返回报告情况，因为"反间"可为"生间"提供非常有利的掩护条件。由此可见，"反间"由于其身分特殊，在"五间"中有着特殊的地位和作用。通过利用"反间"，可有利于推动和培育其他的"用间"的方式，并产生整体的互动效果。这样，五种"用间"的方式就全盘皆活了。

既然"反间"如此重要，那么如何才能掌握和利用"反间"呢？孙子对此发表了见解。他认为，一是要"索"，就是千方百计地寻找敌方派过来的间谍，而且这些人就在你的周围。二是要"利"，就是要用金钱和高官收买他。这就是孙子说的"利而诱之"在"用间"方面的运用。当然也不排除必要的"害"，因为任何人都有趋利而避害的本性。三是要"导"，就是晓以大义，晓以利害，劝说这些人弃敌而奔我。四是"厚"，就是要给这些人最优厚的待遇。这种待遇不仅体现在物质上，而且体现在精神上，尤其体现在他们与主帅的关系上。有的人返身投靠于你，并不在于高官厚禄，而在于你对他的重视和尊重。他们愿为知己者而死。

昔殷之兴也，伊挚在夏；周之兴也，吕牙在殷。故惟明君贤将，能以上智为间者，必成大功。此兵之要，三军之所恃而动也。

孙子说：从前商朝的兴起，在于伊挚曾经在夏为间，了解夏朝内情；周朝的兴起，在于姜尚曾经在商为间，了解商朝的内情。所以明智的国君，贤能的将帅，能用高超智慧的人做间谍，必成大功。这是用兵重要之处，整个军队都要依重于它来行动。

本段中，"殷"是公元前17世纪汤灭夏朝后建立起来的奴隶制国家，历史上称做商代。"伊挚"即伊尹，原为夏王大臣，后归商汤为相，助商灭夏。"吕牙"即吕尚，也叫姜子牙，人称姜太公，本为殷纣王之臣，后被周文王立为师，助周武王灭殷。

孙子一上来举了两个历史上朝代更替的实例。一个是商灭夏；一个是周灭商。孙子指出，在这两个朝代更替中，起着关键作用的是两个著名人物，一个是伊挚，一个是吕牙。伊挚是商王成汤的军师，商朝开国的功臣，是一个著名的战略家。传说商王成汤为了探明夏朝内部情况，曾派伊挚到夏朝去。伊挚目睹了夏朝的虚实，返回商国，与成汤一起制定了灭夏大计。吕牙是周文王和周武王的军师，周朝开国的功臣。吕牙本是商朝人，先世曾为贵族，后来败落。吕牙年轻时穷困潦倒，在商朝的都城里卖过肉，在孟津城里卖过酒。他对商朝的内情十分了解。所以，他能够为周王制订出完整的伐商战略，并获得成功。

　　孙子举这两个例子要说明什么问题？他是告诉我们，商为什么能够灭夏，周为什么能够灭商，其中一个重要原因，是伊挚和吕牙在敌国充当了间谍，并且这不是一般的间谍行为，而是"上智为间"。孙子是在说，间谍对于战争胜负来说实在是太重要了，正因为重要，一般人不能担当此任，必须要用"上智"之人。作为英明的君主和将帅，不仅要舍得往间谍身上投钱，而且还要舍得让自己最优秀的人才来担当间谍的重任。历史大量事实表明，派往敌国了解情况人，聪明不聪明，智慧高不高，效果明显不一样。不聪明的、智慧不高的人去充当间谍，可能搞不到情报，可能搞到的是假情报，甚至把自己搭了进去并且牵连了许多人。聪明的、智慧高的人去充当间谍，他知道哪些情况重要，哪些情况不重要。他可以比较轻易地捕捉到敌方最本质、最要害的内情，能够为统帅决策提供最有价值的信息。如果他本人就是决策者之一，就像伊挚和吕牙那样，就可以使获取情报与分析判断直接结合为一体，这样的战略决策无疑会"必成大功"。

　　孙子的"用间"篇，内容结构十分紧密，逻辑关系十分清晰。孙子以"先知"切入点题，指明了"用间"的重要性，列举了"用间"的五种类型和方法，揭示了"反间"与其他"用间"方法的关系，强调了"上智之间"的作用，阐述了主帅如何"用间"如何"待间"的要求。我们要特别注意，孙子本篇论述方式也独具匠心，形象生动。他首先由描述战争大量耗费的场面开始，再到伊挚、吕牙的两个事例结束，对"用间"问题阐述得深入浅出，给人留下深刻的印象。最后，孙子用"此兵之要，三军之所恃而动也"这句话作为全篇的收尾。这个收尾非常有分量，给了我们一个非常明确的提示：要重视"用间"，要重视用"反间"，要重视用"上智之间"。我们应当全力投入于"用间"的较量，这是一场"三军之所恃"的战略对抗，充满了风险，充满了智慧，体现了战略家们"用间"的大智大勇。

附录一:《孙子兵法》名言

兵者,国之大事也。死生之地,存亡之道,不可不察也。
势者,因利而制权也。
兵者,诡道也。故能而示之不能,用而示之不用,近而示之远,远而示之近。
攻其不备,出其不意。
未战而庙算胜者,得算多也。多算胜,少算不胜。
故不尽知用兵之害者,则不能尽知用兵之利也。
兵贵胜,不贵久。
不战而屈人之兵,善之善者也。
上兵伐谋,其次伐交,其次伐兵,其下攻城。
知彼知己,百战不殆。
先为不可胜,以待敌之可胜。
善守者,藏于九地之下;善攻者,动于九天之上。故能自保而全胜。
古之所谓善战者,胜于易胜也。故善战者之胜也,无奇胜,无智名,无勇功。
胜兵先胜而后求战,败兵先战而后求胜。
胜兵若以镒称铢,败兵若以铢称镒。
凡治众如治寡,分数是也;斗众如斗寡,形名是也;三军之众,可使毕受敌而无败者,奇正是也;兵之所加,如以碫投卵者,虚实是也。
凡战者,以正合,以奇胜。
善战者,其势险,其节短。
善战者,求之于势,不责于人,故能择人而任势。
善战人之势,如转圆石于千仞之山者,势也。

善战者，致人而不致于人。

故形人而我无形，则我专而敌分。

寡者，备人者也；众者，使人备己者也。

知战之地，知战之日，则可千里而战；不知战地，不知战日，则左不能救右，右不能救左，前不能救后，后不能救前。

策之而知得失之计，作之而知动静之理，形之而知死生之地，角之而知有余不足之处。

形兵之极，至于无形。

故其战胜不复，而应形于无穷。

兵无成势，无恒形。能因敌变化而取胜者，谓之神。

先知迂直之计者胜，此军争之法也。

善用兵者，避其锐气，击其惰归。

途有所不由，军有所不击，城有所不攻，地有所不争，君命有所不受。

智者之虑，必杂于利害。杂于利，而务可信也；杂于害，而患可解也。

无恃其不来，恃吾有以待也；无恃其不攻，恃吾有所不可攻也。

兵非多益，惟无武进，足以并力、料敌、取人而已。

知彼知己，胜乃不殆；知天知地，胜乃可全。

合于利而动，不合于利而止。

将军之事，静以幽，正以治。

投之亡地然后存，陷之死地然后生。

践墨随敌，以决战事。

始如处女，敌人开户；后如脱兔，敌不及拒。

非利不动，非得不用，非危不战。

主不可以怒而兴军，将不可以愠而致战。

附录二：《孙子兵法》原文

计　篇

　　孙子曰：兵者，国之大事也。死生之地，存亡之道，不可不察也。
　　故经之以五，校之以计而索其情：一曰道，二曰天，三曰地，四曰将，五曰法。道者，令民与上同意也。故可与之死，可与之生而不诡也。天者，阴阳、寒暑、时制也。地者，高下、远近、险易、广狭、死生也。将者，智、信、仁、勇、严也。法者，曲制、官道、主用也。凡此五者，将莫不闻，知之者胜，不知者不胜。故校之以计，而索其情。曰：主孰有道？将孰有能？天地孰得？法令孰行？兵众孰强？士卒孰练？赏罚孰明？吾以此知胜负矣。
　　将听吾计，用之必胜，留之；将不听吾计，用之必败，去之。
　　计利以听，乃为之势，以佐其外。势者，因利而制权也。
　　兵者，诡道也。故能而示之不能，用而示之不用，近而示之远，远而示之近。利而诱之，乱而取之，实而备之，强而避之，怒而挠之，卑而骄之，佚而劳之，亲而离之。攻其不备，出其不意。此兵家之胜，不可先传也。
　　夫未战而庙算胜者，得算多也；未战而庙算不胜者，得算少也。多算胜，少算不胜，而况于无算乎！吾以此观之，胜负见矣。

作战篇

　　孙子曰：凡用兵之法，驰车千驷，革车千乘，带甲十万，千里馈粮，则内外之费，宾客之用，胶漆之材，车甲之奉，日费千金，然后十万之师举矣。
　　其用战也，胜久则钝兵挫锐，攻城则力屈，久暴师则国用不足。夫钝兵挫锐，屈力殚货，则诸侯乘其弊而起，虽有智者，不能善其后矣。故兵闻拙速，未睹巧之久也。夫兵久而国利者，未之有也。故不尽知用兵之害者，则不能尽知用兵之利也。

善用兵者，役不再籍，粮不三载，取用于国，因粮于敌，故军食可足也。国之贫于师者：远师者远输，远输则百姓贫。近师者贵卖，贵卖则财竭，财竭则急于丘役。屈力中原，内虚于家，百姓之费十去其七。公家之费，破车罢马，甲胄矢弩，戟楯矛橹，丘牛大车，十去其六。故智将务食于敌，食敌一钟，当吾二十钟，（忌）秆一石，当吾二十石。故杀敌者，怒也；取敌之利者，货也。故车战，得车十乘已上，赏其先得者，而更其旌旗，车杂而乘之，卒善而养之，是谓胜敌而益强。

故兵贵胜，不贵久。故知兵之将，民之司命，国家安危之主也。

谋攻篇

孙子曰：凡用兵之法，全国为上，破国次之；全军为上，破军次之；全旅为上，破旅次之；全卒为上，破卒次之；全伍为上，破伍次之。是故百战百胜，非善之善者也；不战而屈人之兵，善之善者也。

故上兵伐谋，其次伐交，其次伐兵，其下攻城。攻城之法，为不得已，修橹轒辒，具器械，三月而后成，距闉，又三月而后已。将不胜其忿而蚁附之，杀士三分之一，而城不拔者，此攻之灾也。

故善用兵者，屈人之兵而非战也，拔人之城而非攻也，毁人之国而非久也，必以全争于天下，故兵不顿而利可全，此谋攻之法也。

故用兵之法：十则围之，五则攻之，倍则战之，敌则能分之，少则能守之，不若则能避之。故小敌之坚，大敌之擒也。

夫将者，国之辅也，辅周则国必强，辅隙则国必弱。

故君之所以患于军者三：不知军之不可以进而谓之进，不知军之不可以退而谓之退，是谓縻军。不知三军之事，而同三军之政，则军士惑矣。不知三军之权，而同三军之任，则军士疑矣。三军既惑且疑，则诸侯之难至矣。是谓乱军引胜。

故知胜有五：知可以战与不可以战者胜，识众寡之用者胜，上下同欲者胜，以虞待不虞者胜，将能而君不御者胜。此五者，知胜之道也。

故曰：知彼知己，百战不殆；不知彼而知己，一胜一负；不知彼不知己，每战必殆。

形 篇

孙子曰：昔之善战者，先为不可胜，以待敌之可胜。不可胜在己，可胜在敌。故善战者，能为不可胜，不能使敌必可胜。故曰：胜可知，而不可为。

不可胜者，守也；可胜者，攻也。守则有余，攻则不足。善守者，藏于九地之下；善攻者，动于九天之上。故能自保而全胜。

见胜不过众人之所知，非善之善者也；战胜而天下曰善，非善之善者也。故举秋毫不为多力，见日月不为明目，闻雷霆不为聪耳。古之所谓善战者，胜于易胜也。故善战者之胜也，无奇胜，无智名，无勇功。故其战胜不忒；不忒者，其所措必胜，胜已败者也。故善战者，立于不败之地，而不失敌之败也。是故，胜兵先胜而后求战，败兵先战而后求胜。善用兵者，修道而保法，故能为胜败正。

法：一曰度，二曰量，三曰数，四曰称，五曰胜。地生度，度生量，量生数，数生称，称生胜。故胜兵若以镒称铢，败兵若以铢称镒。称胜者之战民也，若决积水于千仞之溪者，形也。

势 篇

孙子曰：凡治众如治寡，分数是也；斗众如斗寡，形名是也；三军之众，可使毕受敌而无败者，奇正是也；兵之所加，如以碫投卵者，虚实是也。

凡战者，以正合，以奇胜。故善出奇者，无穷如天地，不竭如江河。终而复始，日月是也；死而复生，四时是也。声不过五，五声之变不可胜听也；色不过五，五色之变不可胜观也；味不过五，五味之变不可胜尝也；战势不过奇正，奇正之变不可胜穷也。奇正相生，如环之无端，孰能穷之？

激水之疾，至于漂石者，势也；鸷鸟之击，至于毁折者，节也。是故善战者，其势险，其节短。势如彍弩，节如发机。

纷纷纭纭，斗乱而不可乱也；浑浑沌沌，形圆而不可败也。乱生于治，怯生于勇，弱生于强。治乱，数也；勇怯，势也；强弱，形也。故善动敌者：形之，敌必从之；予之，敌必取之。以此动之，以卒待之。

故善战者，求之于势，不责于人，故能择人而任势。任势者，其战人也，如转木石；木石之性：安则静，危则动，方则止，圆则行。故善战人之势，如转圆石于千仞之山者，势也。

虚实篇

孙子曰：凡先处战地而待敌者佚，后处战地而趋敌者劳。故善战者，致人而不致于人。

能使敌人自至者，利之也；能使敌人不得至者，害之也。故敌佚能劳之、饱能饥之、安能动之，出其所必趋也。

行千里而不劳者，行于无人之地也；攻而必取者，攻其所不守也；守而必固者，守其所必攻也。故善攻者，敌不知其所守；善守者，敌不知其所攻。微乎微乎，至于无形；神乎神乎，至于无声；故能为敌之司命。

进而不可御者，冲其虚也；退而不可追者，速而不可及也。故我欲战，敌虽高垒深沟，不得不与我战者，攻其所必救也；我不欲战，画地而守之，敌不得与我战者，乖其所之也。

故形人而我无形，则我专而敌分；我专为一，敌分为十，是以十攻其一也。则我众而敌寡，能以众击寡者，则吾之所与战者约矣。

吾所与战之地不可知，不可知，则敌所备者多；敌所备者多，则吾所与战者寡矣。故备前则后寡，备后则前寡；备左则右寡，备右则左寡；无所不备，则无所不寡。寡者，备人者也；众者，使人备己者也。

故知战之地，知战之日，则可千里而战；不知战地，不知战日，则左不能救右，右不能救左，前不能救后，后不能救前，而况远者数十里，近者数里乎？以吾度之，越人之兵虽多，亦奚益于胜哉？故曰：胜可为也。敌虽众，可使无斗。

故策之而知得失之计，作之而知动静之理，形之而知死生之地，角之而知有余不足之处。

故形兵之极，至于无形；无形，则深间不能窥，智者不能谋。因形而措胜于众，众不能知；人皆知我所以胜之形，而莫知吾所以制胜之形。故其战胜不复，而应形于无穷。

夫兵形象水，水之行，避高而趋下，兵之胜，避实而击虚。水因地而制行，兵因敌而制胜。故兵无成势，无恒形。能因敌变化而取胜者，谓之神。故五行无常胜，四时无常位；日有短长，月有生死。

军争篇

孙子曰：凡用兵之法，将受命于君，全军聚众，交和而舍，莫难于军争。军争之难者，以迂为直，以患为利。故迂其途而诱之利，后人发，先人至，此知迂直之计者也。

故军争为利，军争为危。举军而争利则不及，委军而争利则辎重捐。是故卷甲而趋，日夜不处，倍道兼行，百里而争利，则擒三军将；劲者先，罢者后，其法十一而至。五十里而争利，则蹶上军将，其法半至。三十里而争利，则三分之二至。是故军无辎重则亡，无粮食则亡，无委积则亡。

故不知诸侯之谋者，不能豫交；不知山林、险阻、沮泽之形者，不能行军；不用乡导者，不能得地利。故兵以诈立，以利动，以分合为变者也。故其疾如风，其徐如林，侵掠如火，不动如山，难知如阴，动如雷震。掠乡分众，廓地分利，悬权而动。先知迂直之计者胜，此军争之法也。

《军政》曰：言不相闻，故为金鼓；视不相见，故为旌旗。故夜战多金鼓，昼战多旌旗。夫金鼓旌旗者，所以一民之耳目也，民既专一，则勇者不得独进，怯者不得独退。此用众之法也。

故三军可夺气，将军可夺心。是故朝气锐，昼气惰，暮气归。故善用兵者，避其锐气，击其惰归，此治气者也。以治待乱，以静待哗，此治心者也。以近待远，以佚待劳，以饱待饥，此治力者也。无邀正正之旗，勿击堂堂之陈，此治变者也。

故用兵之法：高陵勿向，背丘勿逆，佯北勿从，锐卒勿攻，饵兵勿食，归师勿遏，围师必阙，穷寇勿迫，此用兵之法也。

九变篇

孙子曰：凡用兵之法，将受命于君，合军聚众，圮地无舍，衢地合交，绝地无留，围地则谋，死地则战。途有所不由，军有所不击，城有所不攻，地有所不争，君命有所不受。故将通于九变之利者，知用兵矣。将不通于九变之利者，虽知地形，不能得地之利矣。治兵不知九变之术，虽知五利，不能得人之用矣。

是故，智者之虑，必杂于利害。杂于利，而务可信也；杂于害，而患可解也。是故，屈诸侯者以害，役诸侯者以业，趋诸侯者以利。

故用兵之法：无恃其不来，恃吾有以待也；无恃其不攻，恃吾有所不可攻也。

故将有五危：必死，可杀也；必生，可虏也；忿速，可侮也；廉洁，可辱也；爱民，可烦也。凡此五者，将之过也，用兵之灾也。覆军杀将，必以五危，不可不察也。

行军篇

孙子曰：凡处军相敌，绝山依谷，视生处高，战隆无登。此处山之军也。绝水必远水；客绝水而来，勿迎之于水内，令半济而击之，利；欲战者，无附于水而迎客；视生处高，无迎水流。此处水上之军也。绝斥泽，惟亟去无留。若交军于斥泽之中，必依水草而背众树。此处斥泽之军也。平陆处易，右背高，前死后生。此处平陆之军也。凡四军之利，黄帝之所以胜四帝也。

凡军好高而恶下，贵阳而贱阴，养生而处实，军无百疾，是谓必胜。丘陵堤防，必处其阳而右背之。此兵之利，地之助也。上雨，水沫至，止涉，待其定也。绝天涧、天井、天牢、天罗、天陷、天隙，必亟去之，勿近也。吾远之，敌近之；吾迎之，敌背之。军旁有险阻、潢井、葭苇、山林、蘙荟者，必谨覆索之，此伏奸之所处也。

敌近而静者，恃其险也；远而挑战者，欲人之进也；其所居易者，利也；众树动者，来也；众草多障者，疑也；鸟起者，伏也；兽骇者，覆也；尘高而锐者，车来也；卑而广者，徒来也；散而条达者，薪来也；少而往来者，营军也；辞卑而益备者，进也；辞强而进驱者，退也；轻车先出居其侧者，陈也；无约而请和者，谋也；奔走而陈兵者，期也；半进半退者，诱也；杖而立者，饥也；汲役先饮者，渴也；见利而不进者，劳也；鸟集者，虚也；夜呼者，恐也；军扰者，将不重也；旌旗动者，乱也；吏怒者，倦也；粟马肉食，军无悬　，不返其舍者，穷寇也；谆谆翕翕，徐言人人者，失众也；数赏者，窘也；数罚者，困也；先暴而后畏其众者，不精之至也；来委谢者，欲休息也。兵怒而相迎，久而不合，又不相去，必谨察之。

兵非多益，惟无武进，足以并力、料敌、取人而已。夫惟无虑而易敌者，必擒于人。

卒未亲附而罚之，则不服，不服则难用也；卒已亲附而罚不行，则不可用也。故合之以文，齐之以武，是谓必取。令素行以教其民，则民服；令素不行以教其民，则民不服。令素行者，与众相得也。

地形篇

孙子曰：地形有通者，有挂者，有支者，有隘者，有险者，有远者。我可以往，彼可以来，曰通。通形者，先居高阳，利粮道，以战则利。可以往，难以返，曰挂。挂形者，敌无备，出而胜之；敌有备，出而不胜，难以返，不利。我出而不利，彼出而不利，曰支。支形者，敌虽利我，我无出也，引而去之，令敌半出而击之，利。隘形者，我先居之，必盈之以待敌；若敌先居之，盈而勿从，不盈而从之。险形者，我先居之，必居高阳以待敌；若敌先居之，引而去之，勿从也。远形者，势均，难以挑战，战而不利。凡此六者，地之道也，将之至任，不可不察也。

故兵有走者，有弛者，有陷者，有崩者，有乱者，有北者。凡此六者，非天地之灾，将之过也。夫势均，以一击十，曰走。卒强吏弱，曰弛。吏强卒弱，曰陷。大吏怒而不服，遇敌怼而自战，将不知其能，曰崩。将弱不严，教道不明，吏卒无常，陈兵纵横，曰乱。将不能料敌，以少合众，以弱击强，兵无选锋，曰北。凡此六者，败之道也，将之至任，不可不察也。

夫地形者，兵之助也。料敌制胜，计险易、远近，上将之道也。如此而用战者必胜，不如此而用战者必败。故战道必胜，主曰无战，必战可也；战道不胜，主曰必战，无战可也。故进不求名，退不避罪，唯民是保，而利合于主，国之宝也。

视卒如婴儿，故可与之赴深谿；视卒如爱子，故可与之俱死。厚而不能使，爱而不能令，乱而不能治，譬若骄子，不可用也。

知吾卒之可以击，而不知敌之不可击，胜之半也。知敌之可击，而不知吾卒之不可以击，胜之半也。知敌之可击，知吾卒之可以击，而不知地形之不可以战，胜之半也。故知兵者，动而不迷，举而不穷。故曰：知彼知己，胜乃不殆；知天知地，胜乃可全。

九地篇

孙子曰：用兵之法，有散地，有轻地，有争地，有交地，有衢地，有重地，有圮地，有围地，有死地。诸侯自战其地者，为散地。入人之地而不深者，为轻地。我得则利、彼得亦利者，为争地。我可往、彼可以来者，为交地。诸侯之地三属、先至而得天下之众者，为衢地。入人之地深、背城邑多者，为重地。山林、险阻、沮泽，凡难行之道者，为圮地。所由入者隘、所从归者迂、彼寡可以击吾之众者，为围地。疾战则存、不疾战则亡者，为死地。是故散地则无战，轻地则无止，争地则无攻，交地则无绝，衢地则合交，重地则掠，圮地则行，围地则谋，死地则战。

古之善用兵者，能使敌人前后不相及，众寡不相恃，贵贱不相救，上下不相收，卒离而不集，兵合而不齐。合于利而动，不合于利而止。敢问：敌众以整，将来，待之若何？曰：先夺其所爱，则听矣。兵之情主速，乘人之不及，由不虞之道，攻其所不戒也。

凡为客之道：深入则专，主人不克；掠于饶野，三军足食；谨养而勿劳，并气积力；运兵计谋，为不可测。投之无所往，死且不北。死，焉不得士人尽力。兵士甚陷则不惧，无所往则固，入深则拘，不得已则斗。是故不修而戒，不求而得，不约而亲，不令而信，禁祥去疑，至死无所之。吾士无余财，非恶货也；无余命，非恶寿也。令发之日，士坐者涕沾襟，卧者涕交颐。投之无所往者，诸刿之勇也。

故善用兵者，譬如率然；率然者，恒山之蛇也，击其首则尾至，击其尾则首至，击其中则首尾俱至。敢问：兵可使如率然乎？曰：可。夫吴人与越人相恶，当其同舟而济，其相救也，如左右手。是故方马埋轮，未足恃也；齐勇若一，政之道也；刚柔皆得，地之理也。故善用兵者，携手若使一人，不得已也。

将军之事，静以幽，正以治。能愚士卒之耳目，使民无知；易其事，革其谋，使民无识；易其居，迂其途，使民不得虑。帅与之期，如登高而去其梯；帅与之深入诸侯之地，而发其机；若驱群羊，驱而往，驱而来，莫知所之。聚三军之众，投之于险，此谓将军之事也。

九地之变，屈伸之利，人情之理，不可不察也。凡为客之道，深则专，浅则散。去国越境而师者，绝地也；四彻者，衢地也；入深者，重地也；入浅者，轻地也；背固前隘者，围地也；无所往者，死地也。是故散地，吾将一其志；轻地，吾将使之属；争地，吾将趋其后；交地，吾将谨其守；衢地，吾将固其结；重地，吾将继其食；圮地，吾将进其途；围地，吾将塞其阙；死地，吾将示之以不活。故兵之情，围则御，不得已则斗，过则从。

是故，不知诸侯之谋者，不能预交；不知山林、险阻、沮泽之形者，不能行军；不用乡导者，不能得地利。四五者，一不知，非王霸之兵也。夫王霸之兵，伐大国，则其众不得聚；威加于敌，则其交不得合。是故，不争天下之交，不养天下之权，信己之私，威加于敌，故其城可拔，其国可隳。施无法之赏，悬无政之令，犯三军之众，若使一人。犯之以事，勿告以言；犯之以害，勿告以利。投之亡地然后存，陷之死地然后生。夫众陷于害，然后能为胜败。故为兵之事，在于顺详敌之意，并敌一向，千里杀将，此谓巧能成事者也。

是故，政举之日，夷关折符，无通其使；厉于廊庙之上，以诛其事。敌人开阖，必亟入之。先其所爱，微与之期。践墨随敌，以决战事。是故，始如处女，敌人开户；后如脱兔，敌不及拒。

火攻篇

孙子曰：凡火攻有五，一曰火人，二曰火积，三曰火辎，四曰火库，五曰火队。行火必有因，因必素具。发火有时，起火有日。时者，天之燥也；日者，月在箕、壁、翼、轸也。凡此四者，风起之日也。

凡火攻，必因五火之变而应之。火发于内，则早应之于外。火发其兵静而勿攻，极其火央，可从而从之，不可从而止之。火可发于外，无待于内，以时发之。火发于上风，无攻下风。昼风久，夜风止。凡军必知有五火之变，以数守之。

故以火佐攻者明，以水佐攻者强。水可以绝，不可以夺。

夫战胜攻取，而不修其功者，凶，命曰费留。故曰：明主虑之，良将修之。非利不动，非得不用，非危不战。主不可以怒而兴军，将不可以愠而致战。合于利而动，不合于利而止。怒可复喜，愠可复悦，亡国不可以复存，死者不可以复生。故明君慎之，良将警之，此安国全军之道也。

用间篇

孙子曰：凡兴师十万，出征千里，百姓之费，公家之奉，日费千金，内外骚动，怠于道路，不得操事者，七十万家。相守数年，以争一日之胜，而爱爵禄百金，不知敌之情者，不仁之至也，非民之将也，非主之佐也，非胜之主也。故明君贤将，所以动而胜人，成功出于众者，先知也。先知者，不可取于鬼神，不可象于事，不可验于度，必取于人，知敌之情者也。

故用间有五：有乡间、有内间、有反间、有死间、有生间。五间俱起，莫知其道，是谓神纪，人君之宝也。乡间者，因其乡人而用之。内间者，因其官人而用之。反间者，因其敌间而用之。死间者，为诳事于外，令吾间知之，而传于敌间也。生间者，反报也。

故三军之亲，莫亲于间，赏莫厚于间，事莫密于间。非圣不能用间，非仁不能使间，非微妙不能得间之实。微哉微哉，无所不用间也。间事未发，而先闻者，间与所告者皆死。

凡军之所欲击，城之所欲攻，人之所欲杀，必先知其守将、左右、谒者、门者、舍人之姓名，令吾间必索知之。

必索敌人之间来间我者，因而利之，导而舍之，故反间可得而用也。因是而知之，故乡间、内间可得而使也；因是而知之，故死间为诳事，可使告敌；因是而知之，故生间可使如期。五间之事，主必知之，知之必在于反间，故反间不可不厚也。

昔殷之兴也，伊挚在夏；周之兴也，吕牙在殷。故惟明君贤将，能以上智为间者，必成大功，此兵之要，三军之所恃而动也。

附录三：《孙子兵法》译文

计　篇

　　孙子说：战争，是国家的大事，关系到国家的生死存亡，不能不认真地观察和对待。

　　因此，要通过对敌我五个方面的分析，通过对双方七种情况的比较，来探索战争胜负的情势。（这五个方面）一是政治，二是天时，三是地利，四是将领，五是法制。政治，就是要让民众和君主的意愿一致，因此可以叫他们为君主死，为君主生，而不存二心。天时，就是指昼夜、晴雨、寒冷、炎热、四时节候的变化。地利，就是指高陵洼地、远途近路、险要平坦、广阔狭窄、死地生地等地形条件。将领，就是指智谋、诚信、仁慈、勇敢、严明。法制，就是指军队的组织编制、将吏的管理、军需的掌管。凡属这五个方面的情况，将帅都不能不知道。充分了解这些情况的就能打胜仗，不了解这些情况的就不能打胜仗。所以要通过对双方七种情况的比较，来探索战争胜负的情势。（这七种情况）是：哪一方君主政治开明？哪一方将帅更有才能？哪一方拥有更好的天时地利？哪一方法令能够贯彻执行？哪一方武器装备精良？哪一方士兵训练有素？哪一方赏罚公正严明？我们依据这些，就能够判断谁胜谁负了。

　　将领如果同意并执行我的战争计划，就会获胜，就留下来用；如果不同意和不执行我的战争计划，就会失败，就应该让他离去。

　　战略筹划确定并通过之后，就要考虑"势"的问题了，以便充分利用外部的条件。所谓的"势"，就是根据有利条件而灵活去应变。

　　用兵打仗，实际上是一种诡异、欺诈的行动。因此要做到：有能力，要装作没有能力；要行动，装作不会采取行动；在逼近对方的时候，要使对方感到很远，当离对方很远的时候，要使对方感已经临近了。对方贪利，就用小利引诱他；对方混乱，就乘机攻取他；对方力量充实，就注意防备他；对方兵强卒锐，就暂时避开他；对方士气旺盛，就设法衰竭它；对方辞卑沉静，就设法使他骄横丧智；对方休整良好，就设法使之疲劳；对方内部团结，就设法制造矛盾离间他。要在对方不备之时和不备之处发动进攻，要在对方意想之外采取行动。这是军事家制胜的奥秘，无法事先来讲明。

在开战之前，我们如果经过认真推算预计能够获胜的话，获胜的把握就多；如果经过认真推算预计不能够获胜的话，获胜的把握就少。筹划的越是周密，获胜的可能就越大，筹划的越是疏漏，获胜的可能就越小，更何况一点都不去筹划呢？我们根据这些来观察，就可以判定胜负的结果了。

作战篇

孙子说：凡用兵作战，需动用轻型战车千辆，重型战车千辆，军队十万，还要越境千里运送军粮，那么前方后方的经费，款待使节、游士的用度，作战器材的费用，车辆兵甲的维修开支，每天都要耗资巨万，然后十万大军才能出动。

用兵作战，如果时间拖的太久了，就会使军事行动受阻，使军队的锐气挫伤，攻城就会使兵力耗损，军队长期在外作战会使国家财政发生困难。如果军事行动受阻，军队士气受挫，军力耗尽，国家经济枯竭，那么一些诸侯列国就会乘机作乱，那时候即使有再高明的统帅，也无力回天了。所以，在军事上，只听说过用笨拙的办法求取速胜，没有见过用精巧的办法将战争拖向持久。战争久拖不决而对国家有利的情形，从来不曾有过。所以，不完全了解用兵有害方面的人，也就不能完全了解用兵的有利方面。

善于用兵打仗的人，兵员不再次征集，粮秣不多次运送，武器装备从国内取用，粮食饲料在敌国补充，这样，军队的粮草供给就充足了。国家之所以用兵而贫困的，就是由于军队的远征，远程运输。军队远征，远程运输，将会使老百姓陷于贫困。临近驻军的地方物价必然飞涨，物价飞涨就会使国家财政枯竭。国家因财政枯竭就急于加重赋役。军力耗尽于战场，国内十室九空，百姓的财产耗去了十分之七。政府的财力，也会由于车辆破损、马匹疲病、盔甲、箭弩、戟矛、盾橹的制作补充以及征用运送辎重的牛车，而损失掉十分之六。所以，明智的将领务求在敌国解决粮草供应问题。消耗敌国的一钟（中国古代计量单位）粮食，相当于从本国运输二十钟；动用敌国的一石草料，等同于从本国运送二十石。要使军队英勇杀敌，就应激励部队的士气；要使军队夺取敌人的军需物资，就必须依靠物资的奖赏。所以，在车战中，凡是缴获战车十辆以上者，就奖赏最先夺得战车的人，并且将缴获的战车换上我军的旗帜，混合编入自己的战车行列。对于战俘，要善待他们，为我所用。这就是所说的通过战胜敌人而使自己更加强大的意思。

因此，用兵贵在速战速决，而不宜旷日持久。所以，懂得战争特点的将帅，是民众生死的掌握者，国家安危的主宰。

谋攻篇

孙子说：战争的指导法则是，能够保全敌"国"而胜是上策，击破敌"国"而胜则次之；能够保全敌"军"而胜是上策，击破敌"军"而胜则次之；能够保全敌"旅"而胜是上策，击破敌"旅"而胜则次之；能够保全敌"卒"而胜是上策，击破敌"卒"而胜则次之；能够保全敌"伍"而胜是上策，击破敌"伍"而胜则次之。因此，百战百胜，不能算是高明中最高明的；不经交战就能使敌人屈服，才算是高明中最高明的。

所以上策是挫败敌人的战略，其次是挫败敌人的外交，再次是击败敌人的军队，下策就是攻打敌人的城池。攻城的办法是不得已的。制造攻城的大盾和四轮大车，准备攻城的器械，需要几个月才能完成；构筑攻城的土山又要几个月才能竣工。将帅控制不住自己忿怒的情绪，驱使士卒像蚂蚁一样去爬梯攻城，结果士卒伤亡了三分之一，而城池依然未能攻克。这就是攻城带来的灾难。

善于用兵的人，使敌人屈服而不是靠硬打，攻占敌人的城堡而不是靠强攻，毁灭敌人的国家而不是靠久战。必须用全胜的战略争胜于天下，在实力不受到太大耗损的情况下获得全部的利益，这就是以谋攻敌的法则。

用兵的原则是，有十倍于敌的兵力就包围敌人，有五倍于敌的兵力就进攻敌人，有两倍于敌的兵力就可以应战于敌人，有与敌相等的兵力就要设法分散敌人，当兵力少于敌人的时候就要坚守防御，当不能匹敌的时候就要设法躲避敌人。所以，弱小的军队假如固执坚守，就会成为强大敌人的俘虏。

所谓将帅，就像是国家的辅木，辅木设置运行得周密可靠，则国家定会强盛；辅木设置运行得有空隙不牢靠，国家就一定会衰弱。在中国古代，辅木是安装在车子上的一个重要设备，"辅"与"车"两者必须紧密地联结在一起，才能使车辆正常安全地运行。所以，中国古人有"辅车相依"的说法。孙子在这里用一种比喻的方法说明将帅与国家的关系，说明将帅在国家安全中的重要地位。

国君危害军队行动的情况有三种：不了解军队不可以前进而硬让军队前进，不了解军队不可以后退而硬让军队后退，这叫做束缚军队。不了解军队的内部事务，而去干预军队的行政，就会使将士迷惑；不懂得军事上的权宜机变，而去干涉军队的指挥，就会使将士疑虑。军队既迷惑又疑虑，那么诸侯列国乘机进犯的灾难也就到来了。这就是所谓自乱其军，自取败亡。

预知胜利的情况有五种：知道可以战或不可以战的，能够胜利；明白实力强弱之运用规律的，能够胜利；上下同心同德的，能够胜利；以己有备对敌无备的，能够胜利；将帅有指挥才能而君主不加牵制的，能够胜利。这五条，是预知胜利的方法。

所以说，既了解敌人，又了解自己，百战都不会有危险；不了解敌人但了解自己，或者胜利，或者失败；既不了解敌人，也不了解自己，那么每次用兵都会有危险。在这段话中，"殆"是指"危险"的意思。

形　篇

孙子说：从前善于作战的人，先要做到不会被敌战胜，然后待机战胜敌人。不会被敌战胜的主动权操在自己手中，能否战胜敌人则在于敌人是否有隙可乘。所以，善于作战的人，能够做到自己不被敌人所战胜，但不能绝对保证自己一定会战胜敌人。所以说，胜利可以预知，但并不能强求。

要想不被敌所战胜，就要组织好防御；要想战胜敌人，就要采取进攻行动。采取防御，是因为敌人兵力有余；采取进攻，是因为敌人兵力不足。善于防御的人，隐蔽自己的兵力如同深藏于很深的地下；善于进攻的人，展开自己的兵力就像是自重霄而降。这样话，就能够保全自己，达到全胜的目的。

预见胜利不超过一般人的见识，不算是高明中最高明的。激战而后取胜，即便是普天下人都说好，也不算是高明中最高明的。这就像能举起羽毛称不上力气大，能看见日月算不上眼睛好，能听到雷声算不上耳朵灵一样。古时候所说的善于作战的人，总是战胜那些容易战胜的敌人。因此，善于作战的人打了胜仗，没有使人惊奇的胜利，没有智慧的名声，没有勇武的战功。他们求取胜利，不会有失误；之所以不会有失误，是由于他们的作战措施建立在必胜的基础之上，是战胜那些已经处于失败地位的敌人。善于作战的人，总是使自己立于不败之地，而不放过击败敌人的机会。所以，胜利的军队先有胜利的把握，而后才寻求与敌交战；失败的军队往往是先冒险与敌交战，而后企求侥幸取胜。善于指挥战争的人，必须掌握"自保而全胜"的规律和原则，这样才能够掌握胜败的主动权。

获胜的基本原则有五条：一是土地面积的"度"，二是物产资源的"量"，三是兵员众寡的"数"，四是兵力对比的"称"，五是胜负优劣的"胜"。敌我所处地域的不同，产生双方土地面积大小不同的"度"；敌我土地面积大小的"度"的不同，产生双方物产资源多少不同的"量"；敌我物产资源多少的"量"的不同，产生双方兵员多寡不同的"数"；敌我兵员多寡的"数"的不同，产生双方兵力对比不同的"称"；敌我兵力对比"称"的不同，最终决定战争胜负的结果。胜利的军队较之于失败的军队，有如以"镒"称"铢"那样占有绝对的优势；而失败的军队较之于胜利的军队，就像用"铢"称"镒"那样处于绝对的劣势。实力强大的胜利者统帅部队作战，就像在万丈悬崖决开山涧的积水一样，这就是军事实力的"形"。

势 篇

孙子说：管理众人如同一人，取决于管理体制；调动千军如同一军，取决于指挥控制；统领全军迎敌而不败，取决于"奇正"战术的运用；战胜敌人如同石头击卵一样，这是避实击虚思想的体现。

凡是作战，都是以"正"迎敌，以"奇"取胜。所以善于出奇制胜的将帅，其战法变化就像天地那样不可穷尽，像江河那样不会枯竭。终而复始，如同日月的运行；去而又来，就像四季的更替。声音不过五种音阶，可这五种音阶却能变化出听不完的乐章；颜色不过五种色素，可这五种色素却能变化出看不完的图画；味道不过有五种味觉，可这五种味觉却能变化出尝不完的佳肴；作战运筹不过"奇正"，但"奇正"却能变化出无穷无尽的战法。"奇正"相互转化，就像圆环那样旋转不断，无始无终，谁能够穷尽它呢？

湍急的流水能够漂起石头，是"势"的作用；天上的猛禽能够捕杀雀鸟，是"节"的作用。善于用兵的人，他创造的"势"是险峻的，他掌握的"节"是急促的。险峻的"势"就像张满的弓一样，急促的"节"就像刚射出的箭一样。

旌旗纷纷，人马纭纭，要在混乱的作战中使自己不乱；浑浑车行，沌沌人奔，要在繁杂的部署机动中使自己不败。示敌混乱，是由于有严密的组织；示敌怯懦，是由于有勇敢的素质；示敌弱小，是由于有强大的兵力。严密与混乱，是由组织编制好坏决定的；勇敢与怯懦，是由态势优劣造成的；强大与弱小，是由实力大小对比显现的。善于调动敌人的将帅，伪装假象迷惑敌人，敌人就会听从调动；用小利引诱敌人，敌人就会来夺取。用这样的办法去调动敌人就范，然后用重兵去消灭它。

善于作战的人，借助于有利的态势而取胜，并不是局限于力量的自身，所以他能将自身的力量与巧妙的借势结合起来。善于创造有利态势的将帅指挥部队作战，就像滚动木头、石头一样。木头、石头的特性：放在平稳的地方就静止，放在陡险的地方就滚动；方的容易静止，圆的容易转动。所以，善于指挥作战的人所造成的有利态势，就像转动圆石从万丈高山上滚下来那样。这就是所谓的"势"。

虚实篇

孙子说：凡先占据战场有利位置等待敌人的就主动安逸，后到达战场有利位置仓促应战的就被动疲劳。所以善于指挥作战的人，能调动敌人而不被敌人所调动。

能使敌人自动进到我预定地域的，是用小利引诱的结果；能使敌人不能到达其预定地域的，是制造困难阻止的结果。在敌人休息时使之疲劳，在敌人粮食充足时使之饥饿，在敌人驻扎安稳时使之移动，关键是要触及到他不得不为我所动的地方。

行军千里而不劳累，因为走的是敌人没有部署的地方；进攻而必然会得手，因为攻的是敌人没有设防的地方；防御而必然能稳固，因为防守的是敌人必来进攻的地方。所以善于进攻的，使敌人不知道怎么防守；善于防守的，使敌人不知道怎么进攻。微妙呀！微妙到看不出形迹；神奇呀！神奇到听不到声息；所以能成为敌人命运的主宰者。

前进而使敌人不能抵御的，是因为冲击它空虚的地方；撤退而使敌人无法追击的，因为行动迅速使敌人追赶不上。所以我想打，敌人即使高垒深沟也不得不脱离阵地作战，这是因为我攻击到了敌人必救的要害之处。我不想打，虽然像"画地"一样构筑一种毫无意义的防御，敌人也不会来攻，这是因为我已将敌人调往其他方向。

示形于敌，使敌人暴露而我军不露痕迹，这样我军的兵力就可以集中而敌人兵力就不得不分散。我军兵力集中在一处，敌人的兵力分散在十处，我就能用十倍于敌的兵力去攻击敌人，这就造成了我众敌寡的有利态势。能做到以众击寡，那么同我军当面作战的敌人就有限了。

我军所要进攻的地方敌人不得而知，不得而知，那么他所要防备的地方就多了；敌防备的地方越多，那么我军所要进攻的敌人就越少。所以防备了前面，后面的兵力就薄弱；防备了后面，前面的兵力就薄弱；防备了左边，右边的兵力就薄弱；防备了右边，左边的兵力就薄弱；处处都防备，就处处兵力薄弱。之所以兵力薄弱，就是因为处处去防备别人；之所以兵力充足，就是因为迫使敌人处处防备自己。

所以，能预知交战的地点，预知交战的时间，那么即使相距千里也可以同敌人交战。不能预知在什么地方打，不能预知在什么时间打，那就会左翼不能救右翼，右翼也不能救左翼，前面不能救后面，后面也不能救前面，何况远在数十里，近在数里呢？依我分析，越国的军队虽多，对争取战争的胜利又有什么补益呢？所以说，胜利是可以造成的。敌军虽多，可以使它无法同我较量。

所以，要仔细策划一下，来分析敌人作战计划的得失；要挑动一下敌军，来了解敌人的活动规律；要侦察一下情况，来了解哪里有利哪里不利；要进行一下小战，来了解敌人兵力虚实强弱。

所以伪装佯动做到最好的地步，就看不出形迹；看不出形迹，即便有深藏的间谍也窥察不到我军底细，聪明的敌将也想不出对付我军的办法。根据敌情变化而灵活运用战术，即使把胜利摆在众人面前，众人还是看不出其中的奥妙。人们只知道我用来战胜敌人的方法，但不知道我是怎样运用这些方法取胜的。所以每次战胜，都不是重复老一套的方法，而是适应不同的情况，变化无穷。

用兵的规律好像水的流动，水的流动，是由于避开高处而流向低处；用兵获胜，是由于避开敌人的"实"而攻击敌人的"虚"。水因地形的高低而制约其流向，作战则根据不同的敌情而决定不同的战法。所以，用兵作战没有固定刻板的战场态势，没有一成不变的作战方式。能够根据敌情变化而取胜的，就叫做用兵如神。五行相生相克没有哪一个固定常胜，四季相接相代也没有哪一个固定不移，白天有短有长，月亮有缺有圆。

军争篇

孙子说：大凡用兵的法则，将帅接受国君的命令，从征集民众、组织军队到同敌人对阵，在这过程中没有比争取先机之利更困难的。争取先机之利最困难的地方，是要把迂回的弯路变为捷径，要把不利变成有利。所以用迂回绕道的伴动，并用小利引诱敌人，这样就能比敌人后出发而先到达所要争夺的要地，这就是懂得以迂为直的方法了。

军争有有利的一面，同时军争也有危险的一面。如果全军整装去争利，就不能按时到达预定位置；如果轻装去争利，辎重就会丢失。因此，收起铠甲日夜兼程，走上百里去争利，三军的将领都可能被敌俘虏；强壮的士兵先走，疲弱的士兵随后，其结果只会有十分之一的兵力赶到；走五十里去争利，上军的将领会受挫折，只有半数的兵力赶到；走三十里去争利，只有三分之二的兵力赶到。因此，军队没有辎重就不能生存，没有粮食就不能生存，没有物资储备就不能生存。

不了解列国诸侯战略企图的，不能与之结交；不熟悉山林、险阻、水网、沼泽等地形的，不能行军；不重用向导的，不能得到地利。所以，用兵作战要善于用"诈"，采取行动要取决于"利"，部署与战术的变化要通过集中或分散来实现。所以，军队行动迅速时象疾风，行动舒缓时像森林，攻击时像烈火，防御时像山岳，隐蔽时像阴天，冲锋时像雷霆。要分兵掠取敌域内作战物资，要派兵扼守扩张地域内的有利地形，要衡量利害得失相机而动。事先懂得以迂为直方法的就胜利，这就是军争的法则。

《军政》说过，作战中用话语难以传递指挥信息，所以设置了金鼓；用动作难以让士兵看清指挥信号，所以设置了旌旗。因此夜间作战多用金鼓，白天作战多用旌旗。金鼓和旌旗，是统一全军行动的。全军行动既然一致，那么，勇敢的士兵就不会单独冒进，怯懦的士兵也不会畏缩后退。这就是指挥大部队作战的方法。

　　对于敌人的军队,可使其士气衰落;对于敌人的将领,可使其决心动摇。军队初战时士气饱满,过一段时间,就逐渐懈怠,最后士气就衰竭了。所以善于用兵的人,要避开敌人初来时的锐气,等待敌人士气懈怠衰竭时再去打它,这是通过削弱敌军士气而获胜的办法。用自己的严整对付敌人的混乱,用自己的镇静对付敌人的喧嚣,这是通过利用敌军心理躁动而获胜的办法。在离自己较近的战场上等待远道而来的敌人,在自己部队得到充分休息的状态下等待疲惫不堪的敌人,在自己部队吃饱肚子的情况下等待饥肠辘辘的敌人,这是通过消耗敌军力气而获胜的办法。不要试图缴获排列整齐的军旗,不要试图攻击堂堂之阵的敌人,这是通过待敌之变获胜的办法。

　　用兵的法则是:敌军占领山地不要仰攻,敌军背靠高地不要正面迎击,敌军假装败退不要跟踪追击,敌军的精锐不要去攻击,敌人的诱兵不要去理睬,敌军退回本国不要去拦截,包围敌人要虚留缺口,敌军已到绝境时不要过分逼迫。这些,就是用兵的法则。

九变篇

　　孙子说:大凡用兵的法则,主将接受国君的命令,组织军队,聚集军需,出征时在难以通行的"圮地"不可宿营,在四通八达的"衢地"应结交邻国,在难以生存的"绝地"不可停留,在被敌包围的"围地"要巧设计谋,陷入走投无路的"死地"就要坚决奋战。有的道路不要走,有的敌军不要打,有的城池不要攻,有的地方不要争,国君的有些命令不要执行。所以,将帅能够精通以上各种机变的运用,就是懂得用兵了。将帅不精通以上各种机变的运用,虽然了解地形,也不能得到地利。指挥军队不知道各种机变的方法,虽然知道上面的"途"、"军"、"城"、"地"、"君命"五事之利,也不能充分发挥军队的作用。

　　聪明的将帅思考问题,必须兼顾到"利害"两个方面。考虑到"利",能够充分估计到顺"利"的一面;考虑到"害",能够预先解除祸患。要通过"害"迫使诸侯屈服,通过繁杂之事役使诸侯忙乱,通过"利"诱使诸侯上当。

　　用兵的法则是,不要寄希望于敌人不会来,而要依靠自己做好了充分准备;不要寄希望于敌人不进攻,而要依靠自己拥有使敌人无法进攻的力量。

将帅有五种致命的弱点：只知死拼可能被诱杀，贪生怕死可能被俘虏，急躁易怒可能中敌人轻侮的阴谋，廉洁好名可能入敌人污辱的圈套，一味"爱民"可能导致烦扰而不得安宁。以上五点，是将帅的过错，也是用兵的灾害。军队覆灭，将帅被杀，必定是由于这五种危险引起的，是不可不充分认识的。

行军篇

孙子说：凡在不同地形上部署军队和观察判断敌情，应当在通过山地时选择有水草的溪谷穿行，应当在居高向阳的地方驻扎，不应当仰攻敌人占领的高地。这就是在山地部署军队的方法。我横渡江河，应当远离水流驻扎。敌渡水来战，不要在水中迎击，要等它渡过一半时再攻击，这样最为有利。如果要同敌人决战，不要紧靠水边列阵；在江河地带扎营，也要居高向阳，切不可处于敌人的下游。这就是在水网地带部署军队的方法。路经盐碱沼泽地带，要迅速通过，不要逗留；如果同敌军在盐碱沼泽地带遭遇，必须旁依水草而背靠树林。这就是在盐碱沼泽地带上部署军队的方法。在平原上应占领开阔地域，而主要翼侧要依托高地，前低后高。这就是在平原地带部署军队的方法。以上四种"处军"方法的好处，就是黄帝之所以能战胜其他四帝的原因。

大凡驻军总是喜欢干燥的高地，避开潮湿的洼地；重视向阳之处，避开阴暗之地；靠近水草地区，军需供应充足，将士百病不生，这样就有了胜利的保证。在丘陵堤防行军，必须占领它向阳的一面，并把主要翼侧背靠着它。这些对于用兵有利的措施，是利用地形作为辅助条件的。上游下雨，洪水突至，禁止徒涉，应等待水流稍平稳后再行动。通过"天涧"、"天井"、"天牢"、"天罗"、"天陷"、"天隙"，必须迅速离开，不要接近。我们应远离这种地形，让敌人去靠近它；我们应面向这种地形，而让敌人去背靠它。军队两旁遇到有险峻的隘路、湖沼、水网、芦苇、山林和草木茂盛的地方，必须谨慎地反复搜索，这些都是敌人可能隐伏奸细的地方。

敌人逼近而安静的，是依仗它占领险要地形；敌人离我很远而来挑战的，是想诱我前进；敌人之所以驻扎在平坦的地方而弃险不守，是因为对它有某种好处。许多树木摇动，是敌人隐蔽前来；草丛中有许多遮障物，是敌人布下的疑阵；群鸟惊飞，是下面有伏兵；野兽骇奔，是敌大举突袭；尘土高而尖，是敌人的战车驰来；尘土低而宽广，是敌人的步兵开进；尘土疏散飞扬，是敌人正在曳柴而走；尘土少而时起时落，是敌人正在扎营；敌人使者措辞谦卑却又在加紧战备的，是准备进攻；措辞强硬而军队又做出前进姿态的，是准备撤退；轻车先出动，部署在两翼的，是在布列阵势；敌人尚未受挫而来讲和的，是另有阴谋；敌人急速奔跑并排兵布阵的，是企图约期同我决战；敌人半进半退的，是企图引诱我军；敌兵倚着兵器站立的，是饥饿的表现；供水的士兵打水先自己喝，是干渴的表现；敌人见利而不进兵争夺的，是疲劳的表现；敌人营寨上集聚鸟雀的，下面是空营；敌人夜间惊叫的，是恐慌的表现；敌营惊扰纷乱的，是敌将没有威严的表现；旗帜摇动不整齐的，是敌人队伍已经混乱；敌军吏士怨怒的，是一种疲倦的表现；用粮食喂马，杀牲口吃肉，丢弃吃饭喝水的器皿，不返回营舍的，是准备拼死作战的穷寇；低声下气同部下讲话的，是敌将失去了人心；不断犒赏士卒的，表明敌军陷入窘境；不断处罚部属的，表明敌军处于困境；先强暴然后又害怕部下的，是最不精明的将领；派来使者送礼言好的，是敌人想休兵息战；敌人逞怒同我对阵，但久不交锋又不撤退的，必须谨慎地观察它的企图。

打仗不在于兵力多就好，只要不轻敌冒进，并集中兵力，判明敌情，取得部下的拥戴，也就足够了。那种既无深谋远虑而又轻敌的人，必定会被敌人所俘虏。

士卒还没有亲近依附就执行惩罚，那么他们会不服，不服就很难使用。士卒已经亲近依附，如果仍不执行军纪军法，也不能用来作战。所以要用说服教育的手段使他们自觉顺从，用法规惩罚的手段使他们畏惧服从，这样就必能取得部下的敬畏和拥戴。平时严格贯彻条令，管教士卒，士卒就能养成服从的习惯；平时不严格贯彻条令，不管教士卒，士卒就会养成不服从的习惯。平时命令能够贯彻执行的，这表明将帅同部属之间相处融洽。

地形篇

孙子说：地形有"通形"、"挂形"、"支形"、"隘形"、"险形"、"远形"六种。我们可以去，敌人可以来的地域叫做"通形"。在"通形"地域上，应先占领视界开阔的高地，保持粮道畅通，这样作战就有利。可以前出，难以返回的地域叫做"挂形"。在"挂形"地域上，如果敌人没有防备，就可以突然出击而战胜它；如果敌人有防备，出击又不能取胜，难以返回，就不利了。我军前出不利，敌军前出也不利的地域叫做"支形"。在"支形"地域上，敌人虽然以利诱我，也不要出击，而应率军假装败走，诱使敌人出来一半时再回兵攻击，这样就有利。在"隘形"地域上，我们应先敌占领隘口，并用重兵据守隘口，以等待敌人的到来。如果敌人先占领隘口，并用重兵据守隘口，就不要去打；如果敌人没有用重兵封锁隘口，则可以不去打。在"险形"地域上，如果我军先敌占领，必须控制视界开阔的高地，以等待敌人来犯；如果敌人先占领，就应引兵撤退，不要去打它。在"远形"地域上，双方地势均同，不宜挑战，勉强求战，就不利。以上六条，是利用地形的原则。这是将帅的重大责任所在，不可不认真考察研究。

军事上有"走"、"弛"、"陷"、"崩"、"乱"、"北"等六种必败的情况。这六种情况，不是天时地理的灾害，而是将帅的过错造成的。凡是地势均同而以一击十的，必然败逃，叫做"走"。士卒强悍，军官懦弱的，叫做"弛"。军官强悍，士卒懦弱的，叫做"陷"。偏将怨怒而不服从指挥，遇到敌人擅自率军出战，主将又不了解他们的能力，叫做"崩"。将帅懦弱又无威严，治军没有章法，官兵关系混乱紧张，布阵杂乱无章，叫做"乱"。将帅不能正确判断敌情，以少击众，以弱击强，手中又没有掌握精锐部队，叫做"北"。以上六种情况，是造成失败的原因，是将帅重大责任之所在，不可不认真考察研究。

地形是用兵的辅助条件。判断敌情，为夺取胜利，考察地形险易，计算道路远近，这是高明的将领必须掌握的方法。懂得这些道理去指挥作战的，必然会胜利；不懂得这些道理去指挥作战的，必然会失败。遵照战争指导规律分析，战略上需要并有必胜把握，即使国君不敢下决心打，坚持打是可以的。遵照战争指导规律分析，没有必胜把握的，即使国君说一定要打，不打也是可以的。进不企求战胜的名声，退不回避违命的罪责，只求保全民众符合国君的利益，这样的将帅，才是国家的宝贵财富。

对待士兵像对婴儿，士兵就可以跟他共赴患难；对待士兵像对爱子，士兵就可以跟他同生共死。对士兵厚待而不使用，溺爱而不教育，违法而不惩治，那就好像娇惯坏的子女一样，是不能用来作战的。

只了解自己的部队能打，而不了解敌人不可以打，胜利的可能只有一半；了解敌人可以打，而不了解自己的部队不能打，胜利的可能也只有一半；了解敌人可打，也了解自己的部队能打，而不了解地形不利于作战，胜利的可能也只有一半。所以懂得用兵的人，他行动起来决不会迷惑，他的战术变化不致困窘。所以说，了解对方，了解自己，争取胜利就不会有危险；懂得天时，懂得地利，胜利就可保万全。

九地篇

孙子说：按照用兵的原则，兵要地理可分为"散地"、"轻地"、"争地"、"交地"、"衢地"、"重地"、"圮地"、"围地"、"死地"。诸侯在本国境内作战的地区，叫做"散地"。在敌国浅近纵深作战的地区，叫做"轻地"。我军得到有利，敌军得到也有利的地区，叫做"争地"。我军可以去，敌军也可以去的地区，叫做"交地"。多国交界的地区，先到就可以得到诸侯列国援助的地区，叫做"衢地"。深入敌境，背后有众多敌人城邑的地区，叫做"重地"。山林、险阻、沼泽等难于通行的地区，叫做"圮地"。进军的道路狭隘，退归的道路迂远，敌军能够以劣势兵力打击我方优势兵力的地区，叫做"围地"。迅速奋勇作战就能生存，不迅速奋勇作战就会全军覆灭的地区，叫做"死地"。因此在"散地"，不宜作战；在"轻地"，不宜停留；遇"争地"，不要贸然进攻；逢"交地"，行军序列不要断绝；在"衢地"，则应结交诸侯；深入"重地"，就要掠取军需物资；遇到"圮地"，就要迅速通过；陷入"围地"，就要巧于谋划；置于"死地"，就要奋勇作战，死里求生。

古时善于用兵的人，能使敌人前后部队无法相互策应，主力部队和小部队不能相互依靠，官兵之间不能相互救援，上下不能相互照应，士卒溃散难以集中，交战队形混乱不齐。对我有利就行动，对我不利则停止行动。请问：假如敌军人数众多且又阵势严整地向我开来，该用什么办法来对付呢？回答是：先夺取对于敌人利益来说最为关键的东西，就能使它不得不听从我的摆布了。用兵之理，贵在神速，乘敌人措手不及的时机，走敌人意料不到的道路，攻击敌人于没有戒备的状态。

进入敌国境内作战的一般规律是，越是深入敌境，军心士气就越牢固，敌人越不能战胜我军。在丰饶的田野上掠取粮草，全军就会有足够的给养；注意休整减少疲劳，鼓舞士气积聚力量；部署兵力，巧设计谋，使敌人无法判断我军企图。把部队置于无路可走的绝境，士兵就会死而不退。既然士兵死都不怕，怎么能不尽全力而战呢？士兵深陷危险的境地反而不会恐惧，无路可走时军心反而会稳固，深入敌国军队反而不会涣散，到了迫不得已的时候士兵就会殊死搏斗。所以，处在这种情况下的军队，不用整治就会加强戒备，不用要求就会完成好任务，不用约束就会彼此团结，不用严令就会遵守纪律，再加上禁止迷信消除疑虑，他们至死也不会逃避。我军士兵没有多余的财物，并不是他们厌恶财物；不贪生怕死，并不是他们厌恶长寿。当作战命令下达的时候，士兵们坐着的泪湿衣襟，躺着的泪流满面。然而，一旦把他们投到无路可走的绝境，就会像专诸和曹刿一样勇敢。

关于用兵作战的将帅，能使部队行动像"率然"一样。"率然"就是恒山上的一种蛇。打它的头，尾就来救；打它的尾，头就来救；打它的腰，头尾都会来救。请问：能够使部队像"率然"那样吗？回答是：可以。吴国人与越国人虽然互相仇视，但当同舟共济的时候，也会相互救助，团结的像一个人的左右手那样。所以，想用缚住马匹、深埋车轮的方法，显示死战的决心来稳定部队，是靠不住的。要使部队上下齐力同勇如一人，在于管理教育有方。要使作战刚柔皆得，是充分利用地形的结果。所以善于用兵的人，能使全军携起手来像一个人一样，这是因为客观形势迫使部队不得不这样。

统帅军队，要冷静而深隐，公正而严明。要能蒙蔽士兵的视听，不让他们知道他们不该知道的事情；变更作战部署，改变原定计划，使人们无法识破作战企图；经常改换驻地，故意迂回行进，使人们无法做出推测。主帅给部属下达任务，并断其退路，就像登高后抽去梯子一样；主帅令士兵深入诸侯国内，就像击发弩机射出的箭矢一样，一往无前。对士兵要像驱赶羊群一样，驱过来，赶过去，而他们却不知究竟要到哪里去。聚集全军，置于险境，这就是统帅军队要做的事情。

九种地形的不同处置，攻防进退的利害得失，官兵上下的不同心理状态，这些都是将帅不能不认真研究和考察的问题。进攻作战规律是：进入敌国境内越深，军队的聚集力就越强；进入敌国境内越浅，军队就越容易涣散。离开本国进入敌境作战的地区为"绝地"，四通八达的地区为"衢地"，深入敌国纵深的地区为"重地"，进入敌国浅近纵深的地区为"轻地"，背后有险地前面有隘路的地区为"围地"，无路可走的地区为"死地"。因此，在"散地"上，我要统一军队的意志；在"轻地"上，我要使军队绝对服从管制；在"争地"上，我要使后续部队尽快跟上；在"交地"上，我要谨慎防守；在"衢地"上，我要巩固与邻国的联盟；在"重地"上，我要继续补充粮食；在"圮地"上，我要迅速通过；在"围地"上，我要堵塞受敌威胁的缺口；在"死地"上，我要显示决一死战的信念。所以，士兵们通常的心理反映是：被包围时会坚决抵抗，迫不得已时会拼死战斗，深陷危境时会听从指挥。

不了解诸侯各国的战略图谋，就不要与之结交；不熟悉山林、险阻、湖沼等地形，就不能行军；不使用向导，就不能得到地利。这几方面，有一方面不了解，都不能成为王霸的军队。凡是王霸的军队，进攻大国就能使敌方的军民不能够聚集抵抗；兵威加在敌人头上，就能使它的盟国不能配合策应。因此，不必争着同天下诸侯结交，也不必在各诸侯国培植自己的势力，只要发展并坚信自己强大的实力，把威力加在敌人的头上，就可以拔取敌人的城池，毁灭敌人的国家。施行超越惯例的奖赏，颁布打破常规的号令，指挥全军就如同指挥一个人一样。赋予作战任务，但不告诉其中的意图。赋予危险的任务，但不指明有利的条件。把部队投入亡地后方可保存；当部队陷于死地后方可生还。这因为，当军队陷于非常危险的境地时，反而有可能转败为胜。所以，从事战争，在于谨慎地观察敌人的意图，集中兵力于主攻方向，千里奔袭，斩杀敌将，这就是所谓通过巧妙用兵而达成制胜目的的做法。

因此，决定战争行动的时候，就要封锁关口，销毁通行证件，不许敌国使者来往；在庙堂再三谋划，做出战略决策。敌方一旦出现间隙，就要迅速乘机而入。首先夺取敌人的战略要地，但不要轻易约期决战。破除成规，因敌变化，灵活决定自己的作战行动。因此，战争开始之前要像处女那样沉静，诱使敌人戒备松懈，暴露弱点；战争展开之后，要像脱逃的野兔一样迅速行动，使敌措手不及。

火攻篇

孙子说：火攻的形式有五种：一是火烧敌军的人，二是火烧敌军的军需物品，三是火烧敌军的辎重，四是火烧敌军的仓库，五是火烧敌军的粮道。实施火攻必须有一定的条件，这些条件必须平时有所准备。放火要看准天时，起火要看准日子。天时是指气候干燥的时节。

日子是指月亮运行经过箕、壁、翼、轸四个星宿的时候。月亮经过这四个星宿的时候，便是起风之日。

凡是火攻，必须根据这五种火攻所引起的不同变化，灵活地派兵接应。从敌营内部放火，就要及时派兵从外部接应。火已经烧起但敌营仍然保持镇静，应持重等待，不可贸然进攻，应根据火势情况，可攻则攻，不可攻则止。火可以从外面放，就不必等待内应了，只要适时放火就行。从上风放火时，不可从下风进攻。白天风刮久了，夜晚就容易停止。军队必须懂得灵活运用这五种火攻形式，并等待放火的时日条件具备时实施火攻。

用火辅助军队进攻，效果明显；用水辅助军队进攻，可以使攻势加强。水可以把敌军分割隔绝，但不能焚毁敌军的军需物资。

凡是打了胜仗，夺取了土地城池，而不能巩固战果的，则很危险，这就叫做浪费钱财的"费留"。所以说，明智的国君要慎重地考虑这个问题，贤良的将帅要认真地处理这个问题。没有利的时候不可行动，没有得胜把握的时候不能用兵，不到十分危险的时候不能致战。国君不可因一时愤怒而发兵，将帅不可因一时气忿而求战。符合国家利益时才行动，不符合国家利益时就停止。愤怒还可以重新变为欢喜，气忿还可以重新变为高兴；国亡了就不能复存，人死了就不能复生。所以，对于战争，明智的国君要慎重，贤良的将帅要警惕，这是安定国家和保全军队的重要原则。

用间篇

孙子说：凡是兴兵十万，出征千里，百姓的耗费，公家的开支，每天要花费千金；前后方动乱不安，民伕士卒奔波疲惫，不能从事正常耕作的有七十万家。双方相持数年，是为了决胜于一旦，如果吝惜爵禄和金钱，不肯用来重用间谍，以致因为不能了解敌情而导致失败，那就是不仁到了极点。这种人不配做军队的统帅，算不上是国君的辅佐，也不可能是胜利的获得者。明君、贤将，其所以一出兵就能战胜敌人，得到的成功超出众人，就在于先知。要先知，不可求鬼神臆测，不可靠象数占卜，不可观天象推卦，必须依靠人，依靠那些了解敌人情况的人。

间谍运用的方式有五种：有"乡间"、"内间"、"反间"、"死间"、"生间"。五种间谍同时都使用起来，使敌人莫敌我用间的规律，这乃是使用间谍神妙莫测的方法，是国君胜敌的法宝。所谓"乡间"，是利用敌国乡人做间谍。所谓"内间"，是利用敌方官吏做间谍。所谓"反间"，是利用敌方间谍为我所用。所谓"死间"，就是制造假情报，并通过潜入敌营的我方间谍传给敌间（使敌军受骗，一旦真情败露，我方间谍不免被处死）。所谓"生间"，是探知敌人情报后能够生还的人。

所以在军队的亲密关系中，没有比间谍更亲近的，奖赏没有比间谍更优厚的，事情没有比间谍更秘密的。不是圣贤之人不能使用间谍，不是仁义之人不能指使间谍，不是精细之人不能辨别间谍提供情报的真伪。微妙呀，微妙！无时无处不在使用间谍。用间的事情尚未实施，先被泄露出去，那么间谍和听到秘密的人都要处死。

凡是要攻打敌方军队，要攻占敌方城堡，要刺杀敌方官员，必须预先知道其主管将领、左右亲信、传事官员、守门官吏和门客幕僚的姓名，命令我方间谍必须探查清楚。

必须搜查出前来侦察我军的敌方间谍，加以收买，再行劝导，然后放回去，这样我可将其作为"反间"而用了。由于使用了"反间"，这样"乡间"、"内间"就可以为我所用了；由于使用了"反间"，这样就能使"死间"传假情报给敌人；由于使用了"反间"，就可以使"生间"按预定时间回报敌情。五种间谍的使用，君主都必须了解掌握。了解情况关键在于使用"反间"，所以对"反间"不可不给予优厚待遇。

从前商朝的兴起，在于伊挚曾经在夏为间，了解夏朝内情；周朝的兴起，在于姜尚曾经在商为间，了解商朝的内情。所以明智的国君，贤能的将帅，能用高超智慧的人做间谍，必成大功。这是用兵重要之处，整个军队都要依重于它来行动。